日本の色辞典

吉岡幸雄《よしおかさちお》

紫紅社

はじめに

人が美しい色を求め続けるのはなぜだろうか。

季節を待って咲く花に、土にあって深くのびている根に、枝に実る果実に、さらには樹皮の内側の肌に、と、ひそんでいる自然界の色素を汲み出すようにして、糸や布や紙を染めることを、私は生業《なりわい》としている。

私の工房では、毎早朝、庭先にある竈《かまど》に火が入り、手入れの行き届かない雑木の間を煙がただよいはじめる。椿や櫟《くぬぎ》の生木、あるときは藁《わら》を燃やしている。そこで得る灰は、染色の工程に欠かせない。染場では、鍋の煮えたぎる湯のなかで樹の実や草の根が踊っている。和漢の生薬を煎じるように、あたりには独特の匂いがたちこめてくる。

やがて、色素が汲み出された液に、布や糸が浸けられ、たっぷりとした液のなかで、泳がすように手で繰《く》ると、色は糸の芯の奥まで入っていく。

つぎに竈で燃やした椿などの木灰の液のなかに浸す。同じように繰っていくと、次第に糸や布に染み込んだ色はいっそう鮮やかに澄んでいく。

無言でゆっくりとした染色の作業は、時の流れに答えを聞くしかないのだ。

自然とひたすら向き合う仕事にたずさわってから、私は、人が古来より美しいものに憧れ求め続けてきたのは、眼に映ずる自然の移ろいを身近に引き寄せたいと願うからであると、確信するようになってきた。

たとえば朝、太陽を拝する。その光に照らし出された山や野の万緑が輝き、海や川の水は天を映して碧く澄む。季の花が鮮やかな彩りをそえる。

そうした自然の一瞬の姿、花のひとひら、風に揺れる枝葉の表裏に、木の実の色と形に、人々は魅せられて、それらにゆかしい名をつけるようになっていった。

とりわけ、ユーラシア大陸の東の大海にうかぶわが列島の自然は、寒暑日ごとにけしきの色をゆるやかに変えていく。人々はその色彩の変容を瞬時にとらえて、色名を冠し、歌に詠み、文に託し、衣に纏うようになってきた。こうしたことは、万葉の頃に始まり、王朝の貴人たちに育まれ、武家のたしなみとなり、江戸の庶民にまでも受け継がれてきた日本人の魂である。

これが日本の伝統色である。

私の仕事はいわば、明治になって日本に化学染料がもたらされるまでの、万葉から江戸時代の終わりまでの染職人が行なっていた、自然の植物から日本の色を出す業をたどるものである。その懐旧の美しさへ帰着したいと願っていることなのである。

無口な彼らは黙々と、日本人が観て感じてきた色を、あらわそうとしてきたにちがいない。そう思いを馳せながら、日本の伝統色を、自然の恵みから得た染料や顔料をもとに、技法もいにしえの無名の職人たちに学びながら再現したのが本書である。

色名にまつわる逸話や知見も、あるときは先人がのこした歌や物語に拠り、またあるときは先達の研究を参照しつつ、染場での私なりの、また、「染司よしおか」の練達の染師福田伝士氏の体験をまじえながら綴ったものである。

日本人が掌中の珠と育んできた日本の色をここに集大成できたと、私かに自負している。

最後に、企画、編集にあたっては、ことに畏友槇野修氏のご尽力があったことを記して謝意を表し、本書の巻頭としたい。

吉岡幸雄

■目次■

はじめに……2

赤系の色……16

朱色 しゅいろ……20

真朱 まそほ しんしゅ……23

洗朱 あらいしゅ……23

弁柄色 べんがらいろ……24

代赭色 たいしゃいろ……25

赤銅色 しゃくどういろ……25

珊瑚色 さんごいろ……26

煉瓦色 れんがいろ……27

蒲色 樺色 かばいろ……27

茜色 あかねいろ 緋 あけ……28

深緋 こきあけ……33

紅葉色 もみじいろ……34

朱紱 しゅふつ……36

纁 そひ……36

曙色 あけぼのいろ 東雲色 しののめいろ……37

紅 くれない べに……38

掻練 かいねり……41

紅絹色 もみいろ……41

艶紅 つやべに ひかりべに……42

深紅 ふかきくれない……44

韓紅 唐紅 からくれない……45

今様色 いまよういろ……46

桃染 ももぞめ つきぞめ……47

撫子色 なでしこいろ……48

石竹色 せきちくいろ……49

桜色 さくらいろ……50

桜鼠 さくらねずみ……52

一斤染 いっこんぞめ 聴色 ゆるしいろ……53

退紅 たいこう 粗染 あらぞめ……53

赤

赤系の色

赤

赤系の色

朱華《はねず》……54
紅鬱金《べにうこん》……55
橙色《だいだいいろ》……55
赤香色《あかこういろ》……56
支子色　梔子色《くちなしいろ》……56
牡丹色《ぼたんいろ》……57
躑躅色《つつじいろ》……58
朱鷺色　鴇色《ときいろ》……58
小豆色《あずきいろ》……59
羊羹色《ようかんいろ》……59
赤朽葉《あかくちば》……60
赤白橡《あかしろ(ら)つるばみ》……61
蘇芳色《すおういろ》……62
紅梅色《こうばいいろ》……64
黄櫨染《こうろぜん》……66
柿色《かきいろ》……68
黄丹《おうに　おうだん》……68

萩色《はぎいろ》……69
臙脂色《えんじいろ》……70
猩々緋《しょうじょうひ》……78
その他の赤系の色……80
赤丹《あかに》／洗柿《あらいがき》／暗紅色《あんこうしょく》
杏色《あんずいろ》／苺色《いちごいろ》
薄柿色《うすがきいろ》／潤朱《うるみしゅ》
鉛丹色《えんたんいろ》／オールド・ローズ
ガーネット／黒柿色《くろがきいろ》
サーモン・ピンク／シェル・ピンク
シグナル・レッド／宍色《ししいろ》
洒落柿(晒柿)《しゃれがき》／甚三紅《じんざもみ》
蘇芳香《すおうこう》／スカーレット／赭《そほ》
チェリー・ピンク／長春色《ちょうしゅんいろ》
照柿色《てりがきいろ》／鴇浅葱《ときあさぎ》
鴇羽色《ときはいろ》／丹色《にいろ》／人参色《にんじんいろ》
灰桜色《はいざくらいろ》／肌色《はだいろ》
薔薇色《ばらいろ》／火色《ひいろ》／人色《ひといろ》
ピンク／フレッシュ・ピンク
紅柿色《べにがきいろ》／紅樺色《べにかばいろ》
ベビー・ピンク／マゼンタ／蜜柑色《みかんいろ》
ルビー／ローズ・ピンク

紫系の色……84
深紫こきむらさき 黒紫ふかきむらさき……88
帝王紫ていおうむらさき
貝紫かいむらさき……92
古代紫こだいむらさき
京紫きょうむらさき……94
江戸紫えどむらさき……96
半色はしたいろ 中紫なかのむらさき……98
浅紫あさむらさき 薄色うすいろ……98
紫鈍むらさきにび……99
滅紫けしむらさき……99
藤色ふじいろ 藤紫ふじむらさき……100
藤布……101
杜若色かきつばたいろ……102
菖蒲色あやめいろ しょうぶいろ……104
楝色おうちいろ……105
菫色すみれいろ……105

葡萄色えびいろ……106
紫苑色しおんいろ……107
藤袴色ふじばかまいろ……108
桔梗色ききょういろ……109
二藍ふたあい……110
似紫にせむらさき……114
茄子紺なすこん……114
紺青色こんじょういろ……115
脂燭色しそくいろ……115
その他の紫系の色……116
アメジスト／ウイスタリア
オーキッド／コスモス
紫紺色しこんいろ／バイオレット
鳩羽紫はとばむらさき
パンジー／プラム
紅掛花色べにかけはないろ
紅藤べにふじ／モーブ
ライラック／ラベンダー
ワイン・レッド

紫

紫系の色

青系の色……118
藍　あい……128
藍染の色二趣……134
紺　こん……136
縹色　花田色はなだいろ……138
青黛　せいたい……139
浅葱色　あさぎいろ……140
水浅葱　みずあさぎ……140
水色　みずいろ……141
甕覗　かめのぞき……141
褐色　かち(ん)いろ　青黒あおぐろ……142
鉄紺色　てつこんいろ……142
納戸色　なんどいろ……143
藍鼠　あいねず……143
青鈍　あおにび……144
露草色　つゆくさいろ　花色はないろ……145
山藍摺　やまあいずり　青摺あおずり……147

空色　そらいろ……148
群青色　ぐんじょういろ……148
瑠璃色　るりいろ……149
その他の青系の色……150
インディゴ
褐返し　かちがえし／呉須色ごすいろ
コバルト・ブルー／サックス・ブルー
シアン・ブルー／新橋色しんばしいろ
スカイ・ブルー／ゼニス・ブルー
セルリアン・ブルー
ターコイズ・ブルー
千草色ちぐさいろ／鉄色てついろ
留紺とまりこん　とめこん
ナイル・ブルー／ネイビー・ブルー
ピーコック・ブルー
ベビー・ブルー
紅掛空色べにかけそらいろ
舛花色ますはないろ／マリン・ブルー
ミッドナイト・ブルー
勿忘草色わすれなぐさいろ

青

青系の色

緑系の色……152
柳色 やなぎいろ……158
裏葉色 うらはいろ……160
木賊色 とくさいろ……161
蓬色 よもぎいろ……161
緑色 みどりいろ……162
青緑 あおみどり……162
若竹色 わかたけいろ……163
青竹色 あおたけいろ……163
萌黄色 もえぎいろ……164
鶯色 うぐいすいろ……164
鶸萌黄 ひわもえぎ……165
鶸色 ひわいろ……165
千歳緑 ちとせみどり せんざいみどり……166
常磐色 ときわいろ……166
松葉色 まつばいろ……167
若菜色 わかないろ……168

若苗色 わかなえいろ……168
若草色 わかくさいろ……169
苗色 なえいろ……169
麹塵 きくじん 青白橡 あおしろ(ら)つるばみ
山鳩色 やまばといろ……170
青朽葉 あおくちば……172
苔色 こけいろ……172
海松色 みるいろ……173
青磁色 せいじいろ 秘色 ひそく……173
緑青色 ろくしょういろ……174
白緑色 びゃくろくいろ……174
虫襖 むしあお 玉虫色 たまむしいろ……175
その他の緑系の色……176
青丹 あおに／浅緑 あさみどり
アップル・グリーン／エメラルド・グリーン
老竹色 おいたけいろ／オリーブ
オリーブ・グリーン／オリーブ・ドラブ
草色 くさいろ／クロム・グリーン

緑

緑系の色

黄

黄系の色

ターコイズ・グリーン／ティール・グリーン
パロット・グリーン／ピー・グリーン
ピーコック・グリーン／ビリジャン

黄系の色……178
刈安色《かりやすいろ》……182
黄蘗色《きはだいろ》……184
鬱金色《うこんいろ》……185
山吹色《やまぶきいろ》……186
黄支子色《きくちなしいろ》……187
柑子色《こうじいろ》……188
安石榴色《ざくろいろ》……189
朽葉色《くちばいろ》……190
黄朽葉《きくちば》……191
黄橡《きつるばみ》……191
女郎花色《おみなえしいろ》……192
萱草色《かんぞういろ》……194
波自色 櫨色《はじいろ》……195

深緑《ふかみどり》／抹茶色《まっちゃいろ》
マラカイト・グリーン／モス・グリーン
若緑《わかみどり》／山葵色《わさびいろ》

菜の花色《なのはないろ》……196
楊梅色 山桃色《やまももいろ》……196
卵色《たまごいろ》……197
承和色《そがいろ》……197
黄金色《こがねいろ》……198
芥子色《からしいろ》……198
黄土色《おうどいろ》……199
雌黄《しおう》……199
その他の黄系の色……200
油色《あぶらいろ》／イエロー・オーカー
カーキ／カナリア／款冬色《かんとういろ》
クリーム／クロム・イエロー
蒲公英色《たんぽぽいろ》／藤黄《とうおう》
菜種色／ネープルス・イエロー
向日葵色《ひまわりいろ》／ミモザ
利休色《りきゅういろ》／レモン・イエロー

茶系の色……202
唐茶 からちゃ……206
樺茶 かばちゃ……207
団栗色 どんぐりいろ……207
榛摺 はりずり……208
柴染 しばぞめ ふしぞめ……209
阿仙茶 あせんちゃ……209
檜皮色 ひわだいろ……210
肉桂色 にっけいいろ……210
胡桃色 くるみいろ……211
柿渋色 かきしぶいろ……212
栗色 くりいろ 落栗色 おちぐりいろ……214
栗皮色 くりかわいろ……215
桑染 くわぞめ……215
白茶 しらちゃ……216
鳥の子色 とりのこいろ……216
生壁色 なまかべいろ……217

砥粉色 とのこいろ……217
木蘭色 もくらんいろ……218
香色 こういろ 丁子色 ちょうじいろ……220
蝉の羽色 せみのはねいろ……221
一位色 いちいいろ……222
錆色 さびいろ……222
亜麻色 あまいろ……223
生成色 きなりいろ……223
苦色 にがいろ……224
象牙色 ぞうげいろ……224
江戸茶 えどちゃ……225
路考茶 ろこうちゃ……225
璃寛茶 りかんちゃ……226
梅幸茶 ばいこうちゃ……226
団十郎茶 だんじゅうろうちゃ……227
芝翫茶 しかんちゃ……227
土器茶 かわらけちゃ 枇杷茶 びわちゃ……228

茶

茶系の色

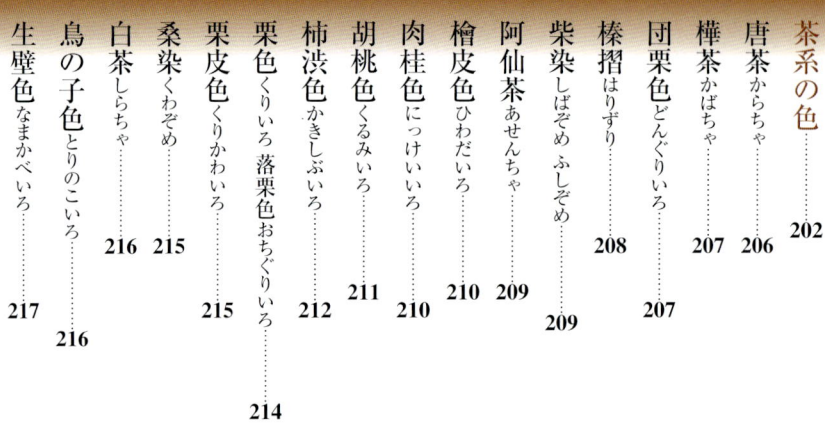

枯茶かれちゃ …… 228
媚茶こびちゃ …… 229
焦茶こげちゃ …… 229
褐色かっしょく …… 230
金茶きんちゃ …… 231
鳶色とびいろ …… 231
訶梨勒かりろく …… 232
杉色すぎいろ …… 232
葡萄茶えびちゃ …… 233
琥珀色こはくいろ …… 233
雀茶すずめちゃ …… 234
煤竹色すすたけいろ …… 234
四十八茶百鼠 …… 238

その他の茶系の色 …… 235

藍海松茶あいみるちゃ
飴色あめいろ／アンバー
岩井茶いわいちゃ
鶯茶うぐいすちゃ
薄香色うすこういろ
遠州茶えんしゅうちゃ
御召茶おめしちゃ／狐色きつねいろ
キャメル／伽羅色きゃらいろ
キャラメル／栗梅色くりうめいろ
コーヒー／木枯茶こがらしちゃ
焦香こがれこう／ココア
小麦色こむぎいろ／コルク
沈香色じんこういろ／セピア
煎茶色せんちゃいろ
宗伝唐茶そうでんからちゃ
チョコレート／テラコッタ
礪茶とのちゃ／トパーズ／バフ
ブラウン／ベージュ／紅鳶べにとび
紅檜皮べにひわだ／マホガニー
マルーン／海松茶みるちゃ
百塩茶ももしおちゃ／利休茶りきゅうちゃ

茶

茶系の色

黒・白系の色……240
鈍色にびいろ……244
橡色つるばみいろ 黒橡くろつるばみ……246
檳榔樹黒びんろうじゅぐろ……247
憲法黒けんぽうぐろ……248
梅染うめぞめ……249
紅下黒べにしたぐろ……250
藍下黒あいしたぐろ……251
空五倍子色うつぶしいろ……252
お歯黒……253
墨すみ……254
呂色ろいろ 蝋色ろういろ……256
鼠色ねずみいろ……256
灰色はいいろ……257
涅色すみいろ 皂色くりいろ……258
銀鼠ぎんねず……259
丼鼠どぶねずみ……259

利休鼠りきゅうねずみ……260
深川鼠ふかがわねずみ……260
藤鼠ふじねずみ……261
鳩羽鼠はとばねずみ……261
白土はくど……262
胡粉ごふん……262
卯の花色うのはないろ……263
雲母きら……264
氷色こおりいろ……264
その他の黒・白系の色……265
アイボリー／灰汁色あくいろ
薄墨色うすずみいろ／梅鼠うめねず
葡萄鼠えびねず／グレー
消炭色けしずみいろ／シルバ・ーグレー
白鼠しろねずみ／真珠色しんじゅいろ
スノー・ホワイト／鉛色なまりいろ
納戸鼠なんどねず／乳白色にゅうはくしょく
紅消鼠べにけしねずみ／瑩色みがきいろ
柳鼠やなぎねずみ

黒白

黒・白系の色

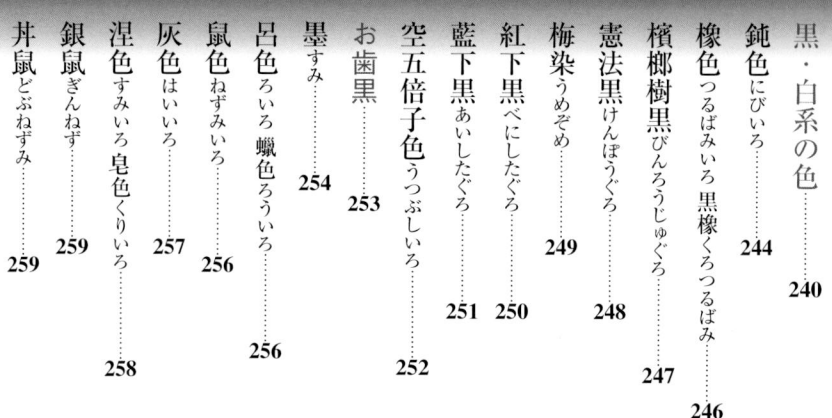

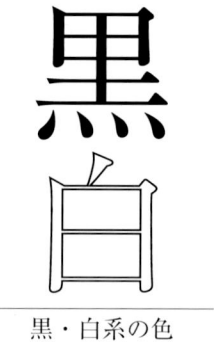

金
銀

金・銀系の色

金・銀系の色……266

金色《きんいろ》……270

白金《はっきん》……273

銀色《ぎんいろ》……274

日本の色を深く知るために……275

色をあらわす材料……276

五行思想……278

位と色について……280

『延喜式』……282

襲の色目……286

索引……301

主な参考文献……302

【制作協力】（順不同敬称略）

正倉院　文化庁　宮内庁三の丸尚蔵館　東京国立博物館　京都国立博物館　奈良国立博物館　高槻市教育委員会　高槻市立埋蔵文化財調査センター　福井県立若狭歴史民俗資料館　大阪市立東洋陶磁美術館　印籠美術館　国際染織美術館　澤乃井櫛かんざし美術館　サントリー美術館　徳川美術館　根津美術館　林原美術館　平木浮世絵美術館　前田育徳会　三木文庫　厳島神社　高台寺　四天王寺　神護寺　東寺　東大寺　法隆寺　曼殊院　武蔵御嶽神社　薬師寺　天藤製薬　見聞社　古梅園　放光堂　日本俳優協会　今昔西村　離山房　ニューカラー写真印刷写真部　市川団十郎　一ノ橋智也　上野妙子　後藤勝実　白畑よし　鷲見逸平　野口晴代　藤本均　水谷洋子　梅村豊　小口喜生　岡田克敏　永野一晃　藤城鉄也　藤森武　槇野尚一　吉田真一郎　Kamal Vijay Vargiya

装幀・題字「色」――著者
企画・編集――槇野　修
染色――染司よしおか工房
福田伝士
秦　宏子
大和文子
小川恒二
山本多恵
デザイン・DTP――金澤佳代子
編集協力――岸本三代子

表紙カバー
表　艶紅染
裏　藍蠟染
本扉　青墨染

【著者註記】

●本書は、日本の伝統色のうち二百九色を中心に、また、近年身近で用いられるようになった外国の色名も含め、三百七十九種の色名を取り上げて解説するものである。

●全体を、赤系の色、紫系の色、青系の色、緑系の色、黄系の色、茶系の色、白・黒系の色、金・銀系の色に、私の判定により大別した。

●三百七十九色のうち、本文で解説した二百九色の伝統色については、一部をのぞき、すべて天然の染料で絹布を染め、もしくは天然の顔料（岩絵具）を和紙に塗って再現した色見本を付した。染色したものにはそれぞれ染料名および媒染剤を要するものはその名称を付し、顔料の場合はその種類も掲げた。なお、「女郎花色」については、元来が「女郎花の織物」として用いられることが多く、染色ではその微妙な色合を表現しにくいため、経糸と緯糸の構成がわかる織り見本を掲げた。

●色見本は、実際の染め見本から直接製版し、補色を用いながらできる限り染色に近付けて印刷したものだが、実物との若干の差異がある。

●各色系の最後に掲げた、その他の色名に対して、目安となるように付した色見本は、天然染料で染めたものではなく、インクの掛け合わせであらわしたものである。

●数多い襲の色目のなかから四十二種を再現し、本文中に掲げるとともに、一部を巻末に四季に別してまとめて掲げた。

●色見本、および襲の色目をあらわす染色布は、私と福田伝士氏の指導のもと、染司よしおか工房で製作したものである。

●日本の色の原点ともいえる『延喜式』に染色材料および処方を拠っているが、衡《こう》量《りょう》については、大一斤約六百グラム、大一両約四十グラム（小斤、小両はそれぞれ三分の一）、一囲は約百五十センチの長さの縄でくくった束、をおおよその目安とする。

●古来の色名につき、その用例を多く『源氏物語』『枕草子』に拠ったのは、古典文学のなかでも両者がとくに人々に親しまれるものと思われるからである。

●巻末に、色についての理解をより深めていただくために、天然染料、五行思想、冠位と服色、『延喜式』、襲の色目などについて簡単に解説した。

●巻末に、色名および襲の色目に関する索引を付した。

日本の色辞典

敦煌の砂漠に昇る太陽

赤系の色

人間が眼にする色には、何千何万という数えきれないほどの色彩がある。一口に「赤」といっても、そのなかにもさまざまな色相があるわけだが、人間の眼は赤の系統に、素早く反応する。

現代のように二十四時間、まさに不夜城のごとく明るい都会に住んでいるものにとっては、真の暗闇にいてまったく何も見えないという世界は想像のなかだけかもしれない。

私が暮らしている京都のような、三方を山で囲まれた街に育ったもの、いや、日本というまさに山が重なり合うような島国に育ったものは、海辺に住んでいる人は別として、太陽はいつも山から昇ってくるように思っている。

朝、山の端から昇る太陽を拝むときには、すでに太陽はその山の向こうの地平線からは、その姿をのぞかせているわけで、光が反射することによって、人の眼にはわずかに明るい朝ぼらけ、曙《あけぼの》の様相が映っているわけである。

植物染による伝統染色を生業《なりわい》としている私にとって、はるか二千年近く前、中国の都長安とローマを結んだシルクロードの壮大な文化交流の路は、仕事の原点であると考えており、絹を中心に行なわれたその長い道程を、機会をみては旅している。敦煌の街に泊まったときであった。まだ明けやらぬうちに宿所を出て、白い残月が空にほのかに残り、星が無数に輝いているなかを、地平線を一望する砂漠の平原で太陽が昇るのを待っていた。

10月22日に行なわれる
京都、鞍馬の火祭

郵便はがき

申し訳ありませんが切手をお貼りください

605-0089

（受取人）

京都市（東山局区内）
東山区古門前通大和大路東入元町三六七

紫紅社

ゆき

日本の色辞典

ご購読ありがとうございました。
下の項目についてご意見をおきかせ下さい。

ふりがな
お名前　　（男・女）　　歳

ご住所（〒　　　）（☎　　　）

職　業　会社員（事務・技術・管理職）　公務員（事務・技術・管理職）　商・工・サービス業　農・林・漁業　教員　学生　自由業（　　　）　主婦　無職　その他

お買い求めの書店をお教え下さい。

購読新聞

購読雑誌

この本の出版を何でお知りになりましたか。
イ　書店の店頭で見て
ロ　広告を見て（新聞・雑誌名　　　）
ハ　書評・紹介記事を見て（新聞・雑誌名　　　）
ニ　人にすすめられて
ホ　小社の新刊案内・内容見本を見て
ヘ　その他（　　　）

この他に小社の出版物をお持ちですか？　ハイ　イイエ
書名

本書についてのご感想をおきかせ下さい。

真っ暗闇のなかから、鋭い光が揺れるようにわずかずつ地平線から現われて、その光によって広い平原の景色が三百六十度見渡せるようになった瞬間、思わず「祈り」に似た気持ちをいだいた。その敬虔な感動を今も忘れることができない。後に訪れたタクラマカン砂漠でも同じ経験をした。また、シリアのパルミュラに遺る神殿の巨大な石柱の間から昇ってきた太陽も、同じように私の眼に焼きついている。

人がこの地球上に生活を始めたときから、このように太陽が昇り、人の眼に光が与えられて世界が広がる瞬間、その赤光に神の存在を認めたのではないだろうか。

太陽によって一日がアケル。そのアケルという言葉が「アカ」になった。アカはまさに神の色といえるのである。日本でいえば、古代神話のなかで、天照《あまてらす》大神《おおみかみ》は文字どおり天を照らす太陽神をあらわしているのもその一つの例といえる。

太陽は高く昇り、人に光を与え、植物を育む。そして西の空に傾くときには、その光に感謝して、それから暗闇の世界に入ることへの一抹の淋しさをこめて、地平線に沈みゆく太陽を見送りながら祈った。

人間が太陽の光の恵みを受けて、まず「アカ」の色について関心を示したのは自然なことである。

そして暗闇のなかでも少しは眼に光を与えて生活にやすらぎをもたらす「火」を発見した。原始の時代、自然に発生した山火事のようなものを見て、それをいかに保持するのか考え、あるいは石を打ち合わせたり木をこすり合わせたりして着火する方法

紅牙撥鏤撥　奈良時代　正倉院
象牙を染め、表面を彫って繊細な文様をあらわした、琵琶の撥。この赤は紅花の艶紅か、臙脂虫で染められている

赤地唐花文錦　奈良時代　正倉院
臙脂虫で染められた赤色が鮮烈である

以前、競走馬の装蹄師は焼いた鉄を打って蹄鉄を作っていた

を編み出したりしながら、次第に火に慣れていったのであろう。

人間が火を使って生活をしたのは、四、五十万年前、北京原人の頃からといわれる。火はその周りを明るくするとともに、物を焼いたり煮たりして調理するということも、そして暖をとることも可能にした。

狩猟採集時代になり、捕ってきた獲物を焼く、あるいは水で煮て食料を口にする習わしができてきた。

さらに、土やそのなかに含まれる鉱石を、水で練って器の形にして、火で焼成することによって陶器を生み出した。やがて鉄などの金属も、熱で溶かして思いのままの形にして道具を作るようになったのである。

火は太陽とともに人間にとっては神であり、清浄なものと崇《あが》められたのである。

さらには、人間の体のなかを流れる生命の源でもある血にも赤を発見したであろう。

このように人間にとって「陽、火、血」という赤色のものは生きていく根源をなすものであり、人々は生活のなかにも赤をあらわしたいと強く感じ、赤によってまた人の眼を引き付けようとした。

土のなかから朱《しゅ》、弁柄《べんがら》などの金属化合物の赤を発見し、茜《あかね》の根、紅花《べにばな》の花びら、蘇芳《すおう》の木の芯材、そして虫からも赤色を取り出そうとしたのは、まさに、陽、火、血が人間にとっての神聖な色であったからにほかならない。

朱色

しゅいろ

顔料　鎌倉朱

朱《しゅ》色は赤系の色のなかでもっとも代表的な色。わずかに黄がかった鮮烈な赤、一点の曇りもない輝く太陽の色といえる。

朱の発見は、地震などの地殻変動で断層ができて地中の一部が露出したとき、土のなかに水銀が硫化した状態になって、鮮やかな赤黄色となっているのを見たことに始まると考えられる。

その鮮烈さは、神と崇《あが》める太陽や炎を、生活のなかでより身近なものにする色材としてはまたとないものであった。

日本においても縄文時代には朱が使われたようで、福井県の鳥浜貝塚から朱が塗られた鉢（下図）が出土しており、その色が美しく残っていて、印象深い。京都府乙訓《おとくに》郡大宝寺《だいほうじ》の古墳からは天然の朱の塊も出土している。

女王卑弥呼の耶馬台国を記した『魏志倭人伝』に「真珠・青玉を出だす。その山には丹あり」と、山には丹（朱）があると記している。耶馬台国の論争で畿内説を採るとすれば、吉野山かその近くの山々に、丹《に》つまり朱か弁柄《べんがら》あるいは鉛丹《えんたん》のような赤系の色層があっ

彩文土器　縄文時代前期　福井県立若狭歴史民俗資料館
朱もしくはかなり純度の高い弁柄で彩色されたと思われる。
福井県鳥浜貝塚出土

赤色漆塗箸状木製品
弥生時代前期
高槻市教育委員会
朱を漆に混ぜて塗ったもの。
大阪府高槻市安満遺跡出土

辰砂

朱の粉

たことが知られる。現に、吉野には、かつて朱を採取したであろうと考えられる跡に、丹生《にう》神社が二カ所祀られている。

弥生時代から古墳時代にかけては、墳墓の内壁へ朱を塗るという施朱、また、死者の再生を願って遺骨へ朱を塗ることが行なわれた。土偶には顔面あるいは身体全体に朱が塗られているものもある。

中国には、春秋時代から戦国時代に成立したといわれる「五行思想」があって、人間が自然界のなかで生活していくための五つの基本として、「木、火、土、金、水」があげられており、火にあたる色を赤としている。

土から出土する顔料では、朱がもっとも鮮やかで珍重された。それらは朱砂《しゅさ》、真朱《しんしゅ》と表記され、とりわけ優美なものが中国辰州で産出されたところから、それを辰砂《しんしゃ》と呼んでいる。

日本においては六世紀に仏教が伝来して中国の政治文化の影響が顕著になるにしたがって、藤原京などの大きな都が造営され、宮殿に加えて巨大な寺院の建築が盛んになった。そびえ立つ五重の塔や金堂などの建造物には赤が塗られ、法隆寺の金堂壁画のような絵画にも朱が彩りとして使われた。

ただ、建造物に塗られた赤については、すべてが純粋な朱であったか、弁柄や鉛丹であったのか、その点は確認されていない。

朱は、中国では水銀を使って人工的に作る技術が古くから考案されており、それをとくに「銀朱」と記したが、明時代に著わされた『天工開物《てんこうかいぶつ》』によると、皇帝が用いるような高級なものには、先に記した辰州と錦州からもたらされる天然朱だけを使ったという。

わが国では、今日まで古代の朱の美しさを伝えるものとして、

練行衆盤（部分）
永仁六年（1298）
重文　東大寺
黒漆に朱漆を塗り重ねたいわゆる根来塗の盤。東大寺二月堂修二会（お水取り）のおり、練行衆の食事に用いられたもので、俗に日の丸盆と称される

法隆寺の玉虫厨子《たまむしのずし》がもっとも印象的である。

また、これもかなり古い時代からあったとされる根来塗《ねごろぬり》という、社寺で使われる祭器が知られる。「根来」の名の由来は、中世より紀州の根来寺でその器がつくられたことにあるが、必ずしもそこだけの生産ではなかった。なかには鎌倉時代の遺品もあって、朱漆器の歴史の深さとその美しさを知ることができる。

玉虫厨子須弥座絵　七世紀中頃　国宝　法隆寺
玉虫厨子の扉や須弥座には、浄土や釈迦の本生譚などの仏画が、朱や緑青で描かれ、今なおその彩色をとどめる

真朱

❖まそほ　❖しんしゅ

自然界の土のなかから掘り出した朱《しゅ》、すなわち硫化水銀鉱物で、「真」とは自然のままの意である。これをとくに「辰砂《しんしゃ》」とあらわすが、それは中国の湖南省辰州産のものがきわめて質がよく、有名であったことによる。

日本でも縄文時代より、この真朱《しんしゅ》が発掘されていたことは知られている（20頁）が、『万葉集』にはとくに「まそほ」と呼ばれて、「真金《まかね》吹く丹生《にふ》の真朱《まそほ》の色に出《で》て言はなくのみそ吾《あ》が恋ふらくは」（巻十四。恋する私の気持ちは、鉄を精錬する赤土のように表立って色に出すのではなく、内に秘めていわないだけなのです）などと詠まれている。

顔料　辰砂

辰砂

洗朱

❖あらいしゅ

これまでの色名辞典の一般的な説では、洗朱《あらいしゅ》とは、朱《しゅ》が風雨に洗われて黄味の残った朱のことといわれてきた。

朱は土のなかにある水銀が硫黄と結合して色を発しており、比重が重く微粒子でもある。絵具として使う場合には、膠水《にかわ》を少しずつ加えながら練り合わせ、しばらく時間をおいてから水を入れてよく混ぜ合わせて、さらに放置すると、表面に黄色の硫黄が浮いてくる。それを捨てる。この工程を五回ほど繰り返すと、赤味の強い、朱本来の色になっていく。この作業を「朱を洗う」という。こうして塗った澄んだ深い朱をとくに「洗朱」とするのが正統である。

顔料　鎌倉朱

弁柄色

❖べんがらいろ

顔料　弁柄

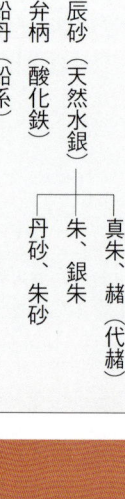

弁柄の粉

顔料のなかでもよく知られた弁柄《べんがら》を塗り重ねた、赤味にわずかに茶色がかった色である。

弁柄は、土のなかに含まれる鉄分が酸化、つまり腐食したような状態になっているもので、日本中どこの土地でも産出している。

赤色系の顔料のなかでも、朱《しゅ》とともにもっとも古く、縄文時代から使われてきた。土のなかに含まれる金属であるから、純粋に単一で存在することはなく、水銀の辰砂《しんしゃ》と混同される場合が多い。

ベンガラの名の由来は、インドのベンガル地方で良質のものが多く産出されて各地に舶載されたことによるという。紅殻、紅柄、榜葛剌などの文字でもあらわされる。

日本人は江戸時代から町家《まちや》などの建物の柱や格子戸にこの弁柄が塗られたさまをいつも見てきたから、かなり茶味のある赤色を弁柄色と称してきた。ただ、古代では、朱と総称されている顔料には、左記のように何種類もあって、弁柄が朱とあらわされることもあったわけで、代赭《たいしゃ》色（次頁）のようにかなり黄味をおびた色であったこともある。

- 朱
  - 辰砂（天然水銀）
    - 真朱、赭（代赭）
    - 朱、銀朱
    - 丹砂、朱砂
  - 弁柄（酸化鉄）
  - 鉛丹（鉛系）

京都祇園、一力茶屋の弁柄色の壁

代赭色

たいしゃいろ

土から採取する赤系の色で、鉄分が酸化、すなわち錆びて赤くなったものを代赭《たいしゃ》色という。いわゆる弁柄《べんがら》の一種である。それを細かく砕いて顔料とするが、そのなかで黄味の強い赤褐色の良質のものを「代赭」と称している。「赭」とは文字どおり赤いもので、神を崇《あが》め祝うもの、聖なるもの、という意味がこめられている。神社や寺院など宗教的な建造物、また朝廷の荘重な建築群である大内裏《だいだいり》などは、赤に塗られて威厳を示している。

中国北部の山西省代県《たいけん》から出土する赭が上品《じょうぼん》とされ、地名を冠して「代赭」と呼ばれた。

顔料　代赭

赤銅色

しゃくどういろ

銅は金属のなかでも柔らかくて加工しやすいところから、古くから美術工芸に用いられてきた。単体では赤色の光沢のある金属である。

赤銅《しゃくどう》は、銅に金を三〜四、銀一〜二パーセントを加えた合金で、茶味あるいは赤味をおびている。その混ぜ合わせる比率によって、紫に見えたり黒味をおびたりするため、烏金《うきん》、紫金《しきん》ともいわれる。古くから、仏像あるいは仏教の儀式用具に用いられてきた。

近代になって、赤銅色の肌などと、日焼けしたたくましい身体の形容に使われるようになった。

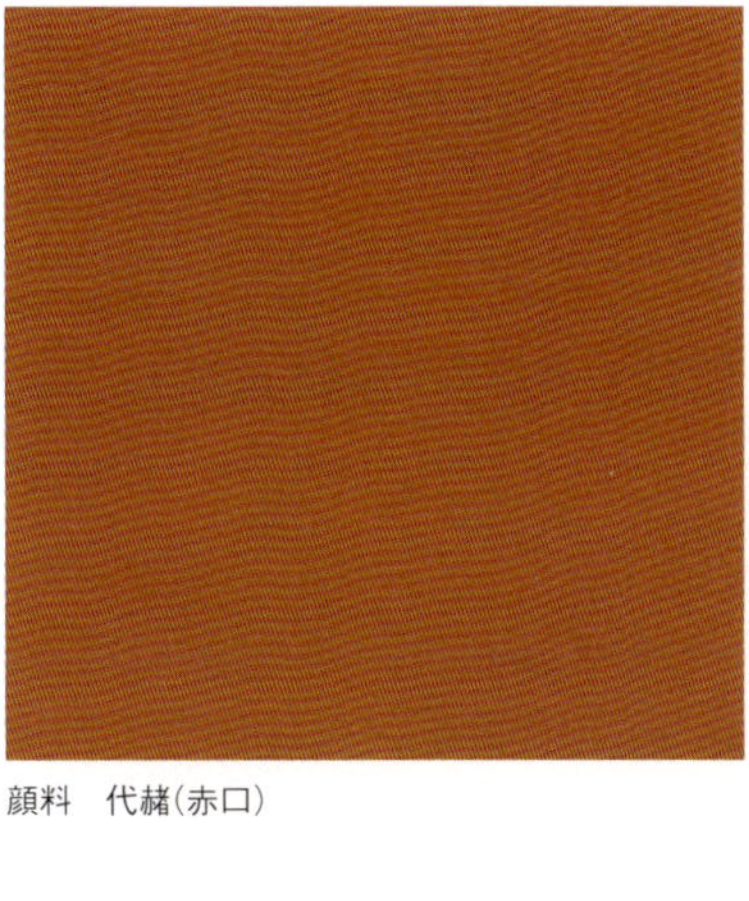

顔料　代赭(赤口)

珊瑚色

さんごいろ

波濤鶴亀飾り金銀珊瑚鼈甲櫛（部分）
江戸時代
澤乃井櫛かんざし美術館

珊瑚の顔料

珊瑚《さんご》は、海底で群体をなして固着生活をするサンゴ虫の死骸が堆積したもの。長い年月をかけて累々と重なって岩礁のようになったものが珊瑚礁と呼ばれるもので、暖かく、水の澄んだ浅瀬に広がっている。

その海中に生育する動物、イシサンゴが形成する骨軸を採集して砕いたものが、古来、宝石として珍重されてきた。それは、珊瑚を首にかけるなど身につけていると魔除けになり、しかも対人関係の融和にも効果があると考えられてきたからである。それゆえ、腕輪や首飾りなどにされた。

日本では、江戸時代になって女性の髪が結い上げられるようになると、櫛《くし》や簪《かんざし》にあしらわれ、また男性が帯に挟む印籠《いんろう》や煙草入れの緒《お》にも通された。

赤、桃、白などいくつかの色相があるが、一般に珊瑚色といわれるのは、やや黄味のある桃色である。

この珊瑚を砕いて粉末にしたものは、中国伝来の絵具として、古くから日本画に用いられている。細かくなるほど色は薄くなる。

金銀珊瑚びらびら簪　江戸時代　澤乃井櫛かんざし美術館

煉瓦色

れんがいろ

煉瓦《れんが》は、酸化した鉄分が混じった粘土を九百度近い窯で焼成し、赤褐色にしたものである。日本や中国で古くから用いられてきた弁柄《べんがら》系の色と同じようなものといえる。

地震の少ない西欧では、古代エジプト、ギリシャ・ローマ時代から建築資材として使われてきた。煉瓦を組んで積み上げる建築法は、熱帯地域から寒い地域まで、湿度の低い地方で発達した。

日本では、明治の文明開化から西洋建築物に用いられるようになってその色彩を目のあたりにするが、地震が多く湿度が高い風土には、あまり適さないものである。

顔料　朱土（赤口）

煉瓦造りの東京駅

蒲色　樺色

かばいろ

かなり濃い黄赤色を蒲色《かばいろ》と称している。

その語源は、川や池、湖など淡水の水際の湿地に群生する蒲《がま》の穂の色といわれる。蒲は夏になると葉の間から花茎を出し、その先に円柱形の花穂をつけるが、その花穂の黄赤色をさしているという。

また別の説として、樺桜《かばざくら》の樹皮の色をあらわしているので「樺色」というとするものもある。しかし、その色相から見れば茶系統の色であってこの色名には不適当であり、黄赤系であれば「蒲」のほうがふさわしく、こちらをあてるべきであろう。

顔料　代赭（黄口）×墨

蒲の穂

茜色 緋

日本茜（椿灰）

❖あかねいろ❖あけ

茜《あかね》という色に関しては、『万葉集』に詠まれた額田王《ぬかたのおおきみ》の歌「あかねさす紫野行き標野《しめの》行き野守《のもり》は見ずや君が袖振る」（巻一）によってまず親しみを憶える。もう一つ、柿本人麻呂の「あかねさす日は照らせれどぬばたまの夜渡る月の隠らく惜しも」（巻二）もよく知られるところである。

「あかねさす」は「日」「昼」「照る」「紫」などにかかる枕詞《まくらことば》であるから、空の澄んだ日に、太陽が光輝いて見えるような、赤にわずかに黄がさしこんだような色といえるだろう。そのような色をあらわせる色素を含んだ植物が茜である。その根は赤く、まさにアカネである。『正倉院文書』にも「赤根」と記されており、それで染めた色が「茜色」である。

ところが、世界を見渡すと、「茜」と称して染色に用いられてきた染料植物には、おおよそ四種類ある。日本では、Rubia akane NAKAIという種類が使われてきた。中国においても同じで、これは、漢代に成立したといわれる中国最古の本草書『神農本草経』にも記されているから、紅花《べにばな》、蘇芳《すおう》、臙脂虫《えんじむし》などの赤系の染料のなかでも、茜はもっとも古くから使われていたものといえる。

二種はインドで使われていた茜で、かつて世界を席捲したものである。化学的にいうと、日本や中国のものと比べて紅色色素のアリザリンが多く含まれており、そのためにかなり鮮やかな赤色を呈するわけである。

最後の一種は、東南アジアや沖縄の南の方面など亜熱帯に生育するヤエヤマアオキと呼ばれるもので、インドネシアの絣《かすり》布などによく見られる茜色を染めるものである。

日本や中国のものにはプリイドプルプリンだけが含まれていて、インド系の赤に比

日本茜(明礬)

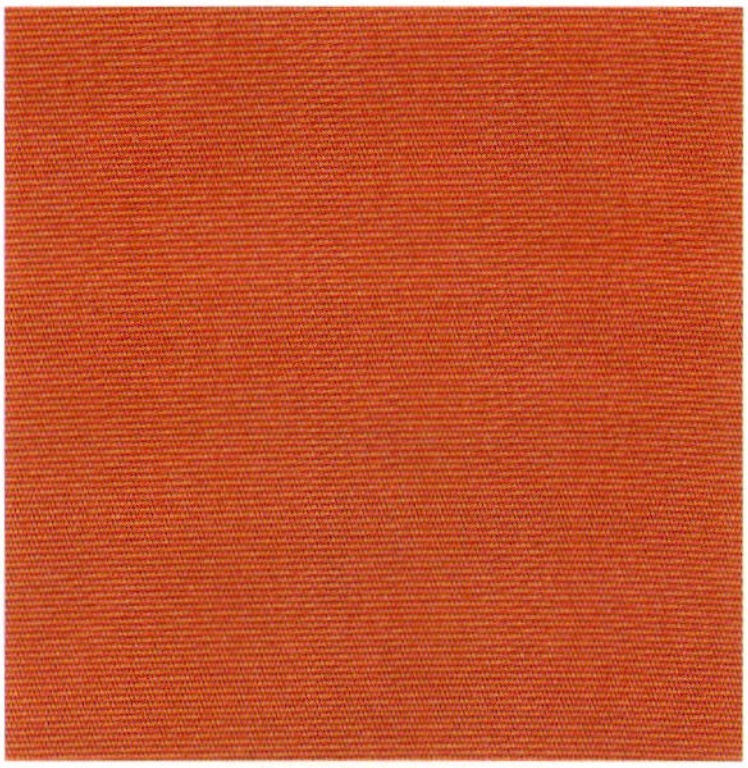
印度茜(明礬)

べると、染め色はわずかに黄がかる。これで染めた色は「緋」「絳」とも記されているが、太陽の光輝くさまをあらわしているといわれたり、「茜さす」と詠まれた歌からすればもっとも濃い色といえるだろう。ただその名称が「濃緋」とほぼ同じであると記すと、飛鳥から奈良時代にかけては、それもよしとうなずけるが、平安時代のはじめの『延喜式』に見える「深緋」には、茜で染めたうえに紫根《しこん》が加えられていて、やや紫系の茜色のようになっている（32・33頁）。

日本で用いられてきた茜は、アカネ科の多年生の蔓草で、茎は四角形で小さな下向きの刺《とげ》が表面をおおっており、葉には長い葉脈が走っている。秋になると小さな淡黄色の花を咲かせる。根は髭状に細かく分かれていて、一年目のものは黄褐色であるが、二年目のものからは赤色をおびるようになる。

茜染の技法は手間がかかるうえに色が濁ってむずかしいところから、わが国では中世の終わり頃からしばらくの間すたれていたようで、桃山時代から江戸時代の小袖、能装束など、今日まで遺された染織品を見ても、赤系の色はいずれも紅花か蘇芳で染められたものばかりである。

日本茜

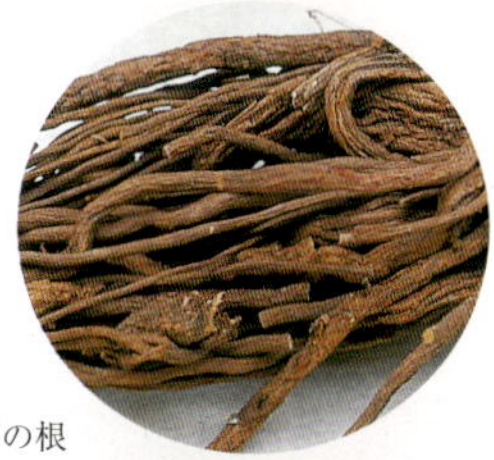
日本茜の根

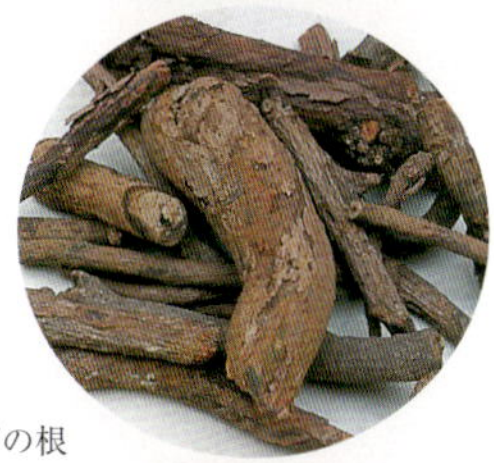
六葉茜の根

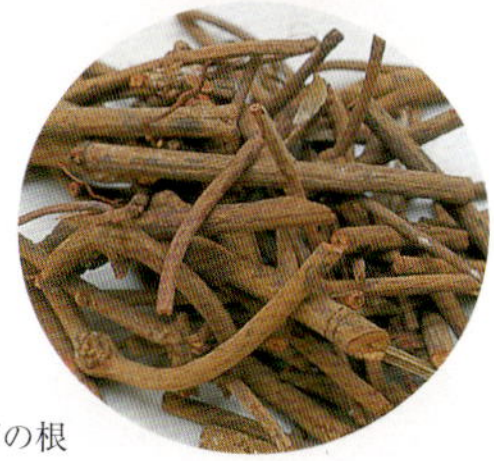
印度茜の根

茜の濃色
日本茜（椿灰）

六葉茜（明礬）

古い時代の、確実に茜染といえる遺品は、東京は青梅市にある武蔵御嶽《みたけ》神社に伝えられる赤糸《あかいと》威《おどし》鎧《よろい》であろう。源頼朝の忠臣畠山重忠（一一六四〜一二〇五）が奉納したといわれるもので、八代将軍徳川吉宗は、これを江戸城に運び、染師を招いて、この茜染の技法を復活させた話は有名で、その経緯は、古法『延喜式』に準じた染法を記す『式内染鑑《しきないそめかがみ》』という書籍に遺されている。

南蛮《なんばん》人、紅毛《こうもう》人の渡来をみる桃山時代の終わりから江戸時代にかけては、インドで染められた更紗《さらさ》が日本へも運ばれるようになり、インド系の茜で染めたその鮮烈な赤の木綿布は、異国情緒漂う文様ということもあって、将軍、大名、茶人など数寄者、そして富める町人たちに愛された。

赤糸威鎧兜・大袖付　平安時代　国宝
武蔵御嶽神社
平安時代後期の日本茜の色を伝える鎧。威の色の薄い部分は明治36年に化学染料を用いて修理されたものだが、今は褪色している

斜め格子に丸文様裂（経帙縁、裏面） 平安時代　東寺

赤地七曜文纐纈絁　八世紀　正倉院

茜地小文様更紗　十七世紀　東京国立博物館

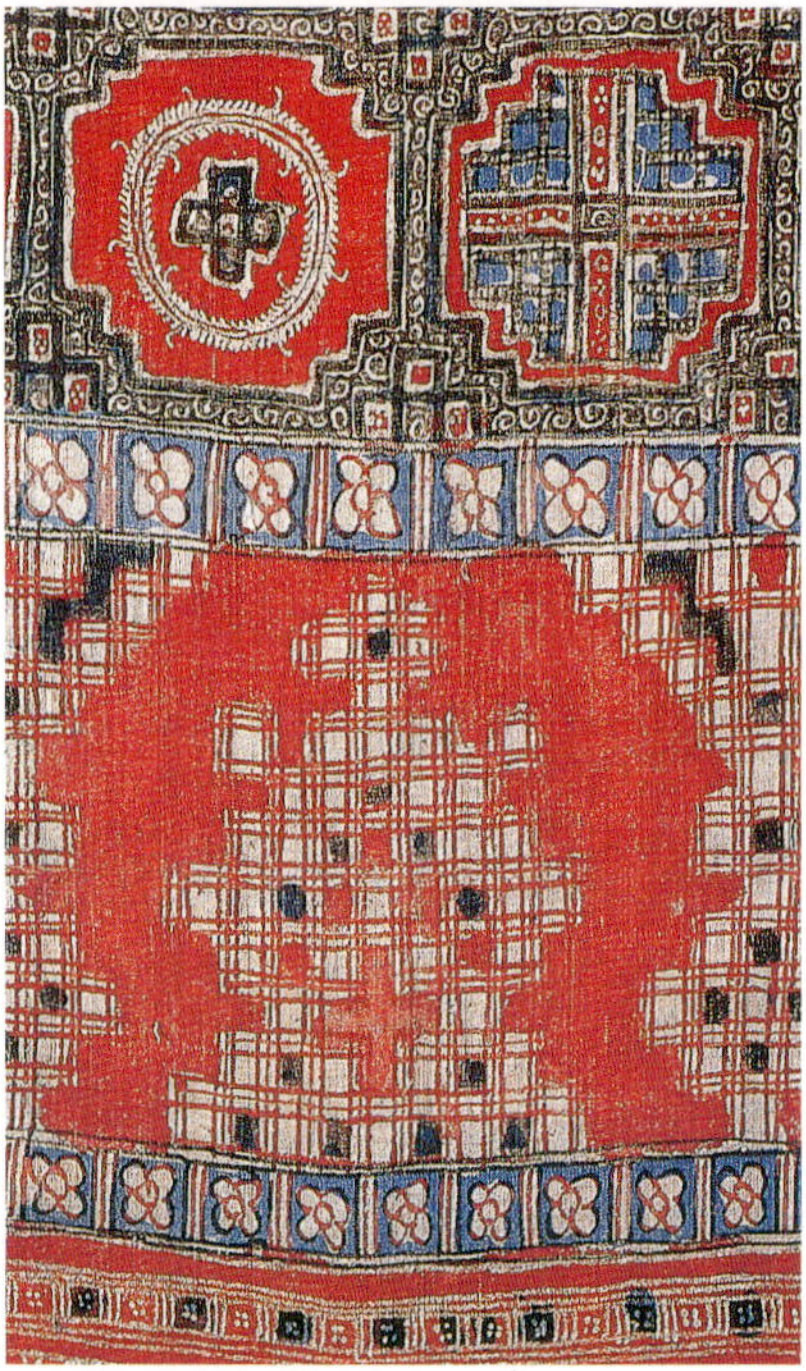

茜地幾何学文様更紗　十七世紀

上段の二点は日本茜で染められたもの。

下段二点はインドで染められ、江戸時代初期に日本へ舶載されて珍重された裂。鮮やかな赤は印度茜による

茜の根を煮沸する

前もって灰汁媒染した布を茜で染める

また、「緋」「緋色」も濃い赤、大赤の表現である。太陽の昇る色、そして人間が操る炎でもある。

古代中国では地中から掘り出した朱《しゅ》、そして植物染料では茜の根によって緋の色があらわされてきた。「絳《あか》き練《ねりぎぬ》なり」（『玉篇』）とか「帛《きれ》の赤色なるもの」（『説文新附』）とある。それは纁とも絳ともあらわされていて、その歴史は漢代をさかのぼるという。五行思想の「青、赤、黄、白、黒」の赤も、茜もしくは朱であらわしたものであるから、「赤」は「緋」に通じる。

日本においては『魏志倭人伝』に卑弥呼が魏の王に献上したもののなかに「絳青縑」（赤や青の絹布）と記されているが、絳は先に書いたように茜染の布であるから、すでにその技術が完成していたといえよう。

飛鳥時代の孝徳天皇の冠位に見られる「真緋」、持統天皇の「緋」、そのあとの「浅緋」なども、いずれも茜の根を染料として染められたものである。

ただ、繰り返すようだが、平安時代のはじめに編された『延喜式』に「深緋綾一疋。茜大卌斤。紫草卅斤」とあって、深緋には紫草の根も使われている。

深緋

❖こきあけ

緋《あけ》は日本茜《あかね》によって染めた黄赤色を示すので、深緋《こきあけ》（ふかひ）あるいは黒緋《くろひ》とは、それを濃く染め上げたものと解してよい。ただ、これは奈良時代にあてはまるもので、平安時代の『延喜式』には、「深緋綾一疋。茜大卌斤。紫草卅斤」と、茜染をしたのち紫根《しこん》を掛け合わせるように記されている。それも茜四十斤（一斤は約六百グラム）に対して紫根は三十斤もあって、かなり黒味になり、上位の色である。紫色と見紛うものになったのではないだろうか。

色見本は、『延喜式』の比率どおりに茜と紫根を用い、椿の木灰の上澄み液で発色させて染めた。

紫根（椿灰）×日本茜（椿灰）

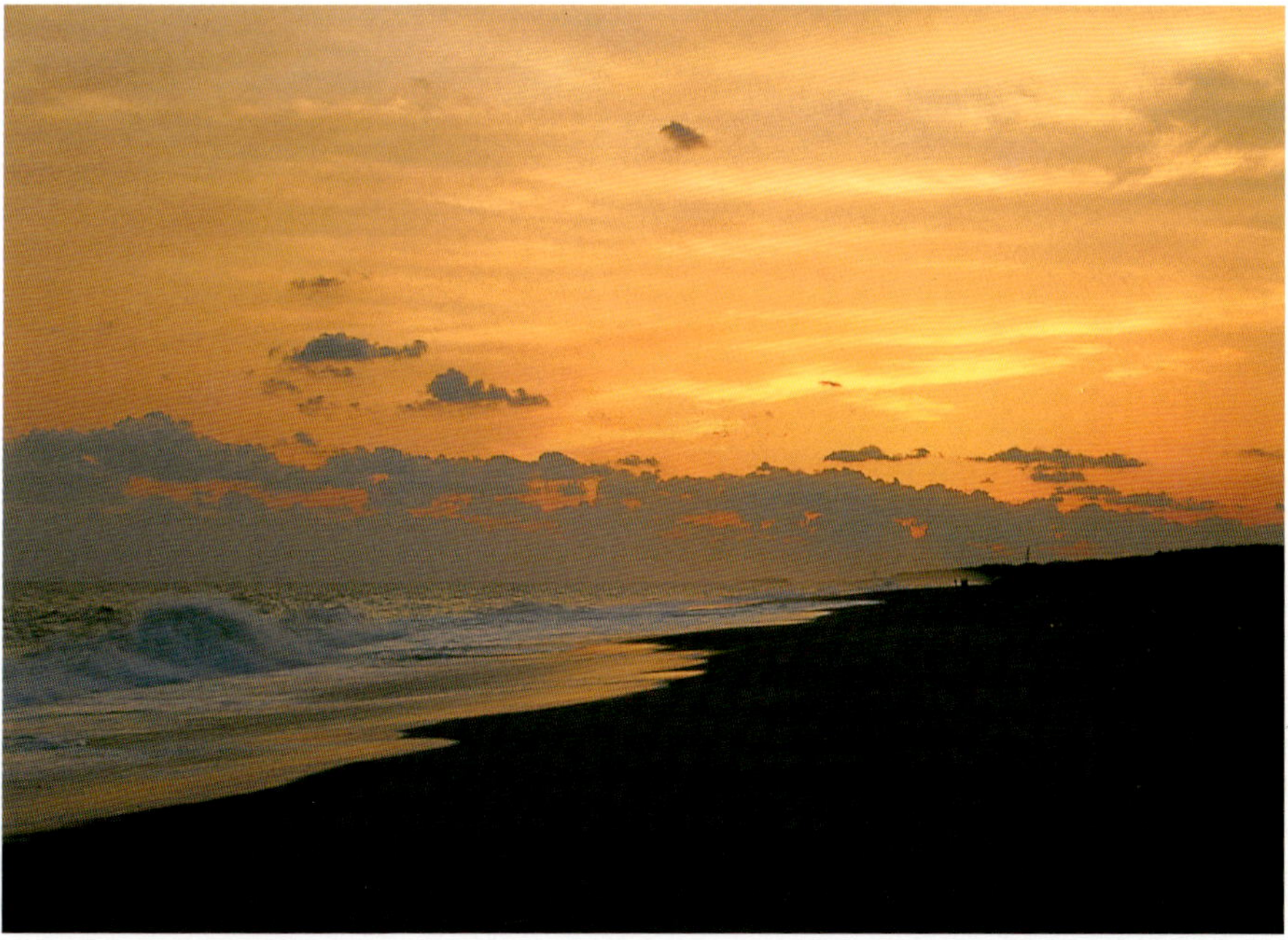

緋色の空　遠州灘の夕暮れ

紅葉色

もみじいろ

日本茜(椿灰)

「紅葉《もみじ》」という植物も、その色名も、俗称でしか存在しえない。紅葉は植物名では楓《かえで》の木で、それが秋になると黄色になりやがて濃い赤色へと移っていくさまをあらわしているのである。

『万葉集』ではこれを「黄葉」と詠んでいて、平安時代になると『古今和歌集』でも紅葉となってくる。「龍田川もみぢみだれて流るめりわたらば錦なかやたえなむ」（よみ人しらず）と、黄や赤に美しく澄んで染まった葉が流れるさまは、錦の織物にもたとえられるようになった。

『源氏物語』では、光源氏が祖父にあたる宇多法皇の五十歳の賀を祝うための行幸のおり、秋の盛り、紅葉の舞うなかで青海波《せいがいは》を舞う、「紅葉賀《もみじのが》」の巻の一場面がよく知られている。

「木高き紅葉のかげに、四十人の垣代、言ひ知らず吹き立てたるものの音どもにあひたる松風、まことの深山おろしと聞こえて吹きまよひ、色々に散り交ふ木の葉のなかより、青海波のかかやき出でたるさま、いと恐ろしきまで見ゆ」――この世のものとも思えぬ光源氏の輝くばかりに美しい風情に、周りにいる使役人

源氏物語色紙「紅葉賀」　江戸時代
紅葉の散り交うなか、頭中将とともに青海波を舞う光源氏

紅葉の襲：表-黄（刈安） 裏-蘇芳（蘇芳）

紅葉の襲：表-赤（蘇芳） 裏-濃赤（茜）

まで涙したとあらわされている。

「紅葉の襲《かさね》」は、鎌倉時代末期に刊行された狩衣《かりぎぬ》のこもごもを説く『雁衣鈔《かりぎぬしょう》』という書には、「表赤、裏濃赤色」と記されている。赤は茜《あかね》の根で染めたと思われる。

まさに太陽の光のもと、赤く色づいた楓の樹の下にたたずんで見上げた色を彷彿させる。

京都、嵯峨清滝川の紅葉

朱紱

しゅふつ

印度茜（明礬）×刈安（明礬）

古代中国の象形文字では、紱という文字の「犮」は「弗《ふつ》」と同じで、つまり樹を縦に何本か束ねたさまをあらわしている。それに糸ヘンが加わって「糸を巻きつける」すなわち組紐を意味するようになった。中国では皇位の象徴として「冠」（冕《べん》）をかぶる習わしがあり、日本へは古墳時代にその習慣が伝えられた。聖徳太子が冠位十二階制を定めて階級を示したのもそのあらわれである。紱はその冠につける組紐を意味するようになった。紱は朱色であることが多く、そのため朱紱が色名として使われるようになったと思われる。

纁

そひ

日本茜（椿灰）

纁の文字は、「熏」と「糸」に分けられる。熏はふすべることであり、纁は糸を火にかけて温めながら染めることを意味している。たしかに、植物性の染料は、火を使って温度をあげないと、よく染まらないものが多い。

古代中国で使われていた茜《あかね》などは、とくにその好例である。ただし、強火ではなく、まさに熏べるような弱い炎で長時間かけるのが望ましい。その炎の色と見るべきで、茜によって染めた淡い黄赤色を纁という。

『大宝律令』に見える色名で、「蘇比」とあり、中国の纁（薄赤）、絳《こう》（赤）に通じる色である。

曙色 東雲色

❖あけぼのいろ ❖しののめいろ

印度茜（明礬）×槐（明礬）

曙色の空

日本のような山が多い地域にだけある色名かもしれない。山の端から太陽が昇る前、そのわずかな光が反射して空が白み始める。

清少納言が、「春は、あけぼの。やうやう白くなりゆく山ぎは、すこしあかりて、紫だちたる雲の、細くたなびきたる」と『枕草子』を書き起こしたように、少しずつ明るくなっていくさまを古人は好んだのである。

春の京都、とくに東北の比叡山あたりを夜明けを待つかのように眺めていると、まさに紫色の霞がかかっていて、思わず手を合わせたくなることがある。平安朝の天皇や貴族が崇拝した天台宗の本山延暦寺が、都の東北、比叡山に造営されたのもうなずけるのである。

それでは、曙《あけぼの》色、東雲《しののめ》色などと呼ばれるのはどのような色か。多くは茜《あかね》色（28頁）がやや淡く霞みがかったような感じという。また、春などにわずかに紫がかった色ともいえる。色見本は、茜と槐《えんじゅ》の黄色を重ねた。

ところで、曙染といわれる着物がある。それは、衣の上のほうを無地に染めて、下にゆくほどぼかしてだんだん薄く、裾《すそ》の近くでは白くしておいて、そこへ刺繍や友禅染の文様を配したものである。

曙染風景文様帷子　江戸時代

紅

❖くれない ❖べに

紅花（4日間の染色）

「紅」は日本では「くれない」「べに」と読むが、中国では「コウ」もしくは「ク」「グ」である。この文字は中国では紀元前にさかのぼる古い書籍には見えず、後漢時代の西暦一〇〇年頃に編纂された字書『説文解字《せつもんかいじ》』には「帛の赤白色なるものなり」と記されている。

この赤色を出す植物、紅花《べにばな》は、エチオピアからエジプトあたりが原産地とされて、エジプト古代王朝の新王国アメンホテプ一世のミイラにはこの花が添えられている。さらに末期王朝時代のサッカーラーの遺蹟からは、紅花とそれを精製した口紅が発掘されている。

やがてシルクロードの交流が盛んになるにつれ、紅花も東へと運ばれて、紀元前二、三百年頃には中国の西方で勢力を張っていた匈奴《きょうど》にもたらされたといわれる。

中国の漢民族は、北方の遊牧民族、匈奴に常に威《おど》され続けていたが、前漢の武帝は紀元前一二七年、ついにその領地に攻め入り、すぐれた紅花の産地である祁連《きれん》・燕支《えんし》山を奪い取った。ために匈奴の王は、

「我が燕支山を失う、我が婦女をして顔色無からしむ」

と嘆いたという。紅花は染料のほか、精製して高貴な女性たちの化粧品にも用いられていたため、王は、女性たちの顔を装う赤色のもととなるものがなくなってしまうと嘆いたのである。

中国においては、後漢のあと魏・呉・蜀のいわゆる三国時代に入る。しかしそれも四、五十年で移り変わり、五胡十六国、南北朝というように国はさまざまに動いていくが、日本においては五世紀から六世紀頃まで、その三国時代の地域の名を踏襲して

紅の襲：表-紅（紅花） 裏-紅（紅花）

おり、その呉の国との交流も盛んであった。

紅花が日本に渡来したのが五世紀とされ、中国では紅藍と呼び習わされていた。紅は赤を意味し、藍は青色であるが、もっとも親しみやすく代表的な染料であったから、「藍」は染料の総称ともなっていた。したがって紅藍は紅花の染料のことで、当時の日本人は、揚子江の南にあった呉の国から渡来した染料ということで呉藍《くれあい》と発音し、それが「くれない」へと転訛したのである。

「紅《くれない》の花にしあらば衣手《ころもで》に染めつけ持ちて行くべく思ほゆ」（『万葉集』巻一。あなたが紅の花だったら、袖に染めつけて持ってゆきたい）などと詠まれ、紅花染は万葉の人々の愛するものとなった。

また、『正倉院文書』にも紅臈纈、紅紙など、おびただしい数の「紅」の文字を見ることができる。

そして中国の大唐帝国がわが国の文化に強い影響をもつようになった奈良から平安時代にかけて、「紅」の文字の上に「唐」あるいは「韓」を冠して「唐紅」「韓紅」といわれるようになる。

平安時代になると、色

山桜と円文蔓草文様繡箔（部分）　江戸時代　重文　林原美術館
地色は紅花染にわずかに黄色を掛け合わせたもの。桃山時代の小袖形式をとどめる装束だが、文様や刺繡に慶長期の特徴が見られる

夏、薊に似た黄赤色の花をつける紅花（山形県）

花びらを水の中で揉み、黄色の色素を洗い流す

摘み取ったばかりの花びら

黄色色素を除いたあと藁灰汁を加えて赤色色素を抽出する

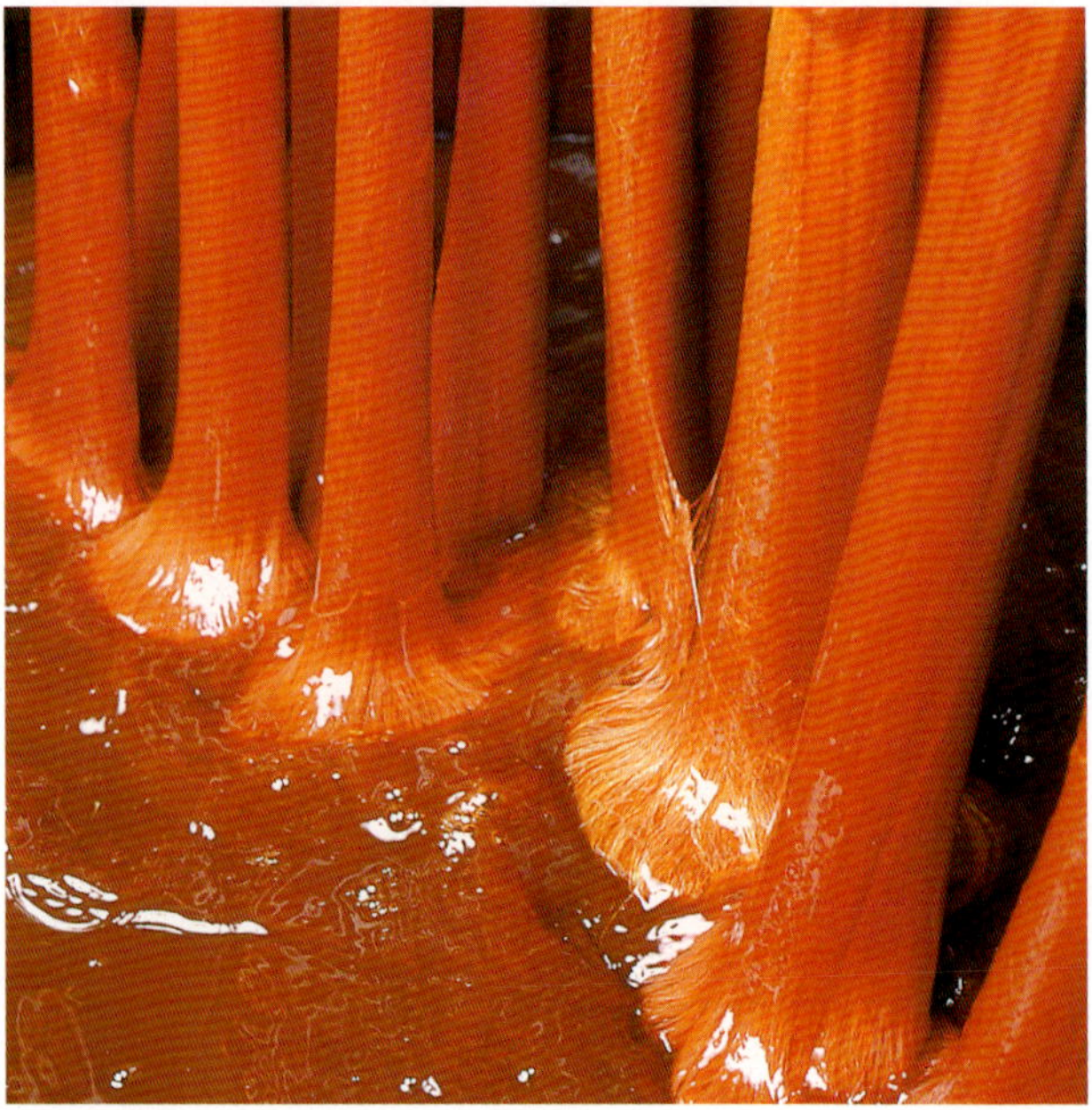

紅花の糸染め

と染料などを季節の草花の彩りになぞらえて、詩歌や物語にあらわすようになった。

往時の女性は常に御簾《みす》や几帳《きちょう》、扇などで顔を隠しており、顔を見て恋愛が始まるという習わしではないため、『源氏物語』「末摘花《すえつむはな》」の巻には、女の邸に泊まった明くる朝、雪明かりのなかに醜い姿、とくにその赤い鼻を見て驚き、赤い紅花と鼻をかけて歌を詠む光源氏の様子が描かれている。

紅花は、花（茎の末）を摘み取って染料とするため、「末摘花」とも呼ばれる。

搔練

かいねり

やや淡い紅色をさす。「かいねり」と読むが「かきねり」の音便である。蚕《かいこ》が吐いたままの絹糸はセリシンに包まれていてしゃきっとしているが、藁《わら》灰の灰汁《あく》のなかで繰るとそれが落ちて柔らかく乳白色になる。それを平安時代の人々は「搔練《かいねり》」と称した。

これを紅花《べにばな》で染めることが多かったらしく、とくに色をつけていなくてもやや薄い紅色とするようになった。『源氏物語』「玉鬘《たまかずら》」の有名な衣配《きぬくば》りの場面では、明石の姫君には「桜の細長《ほそなが》に、つややかなる搔練取り添へ」とある。襲《かさね》の色目にもあって、表裏ともに紅花染である。

紅花（4日間の染色）

紅絹色

もみいろ

支子《くちなし》の黄に紅花《べにばな》を重ねた、鮮やかな黄色がかった紅色。

桃山時代から江戸時代、そして明治のはじめの頃まで、小袖や振袖の裏地、そして蹴出《けだ》しなどには、薄手の羽二重《はぶたえ》のような平絹を紅で染めたものが用いられた。

紅花は血液の循環をよくする。たしかに、私も色素を取り出すために紅花を揉んだり、染色をしたりしていると身体がぽかぽかと暖かくなってくる。そのため昔の人は、肌に近い裏地や下着に紅絹《もみ》を使用したのである。さらに茶色や鼠色が流行する江戸中期以降、裾さばきで鮮やかな紅色がのぞく対照の美が愛された。

支子×紅花

艶紅

❖つやべに ❖ひかりべに

白磁の皿に塗った艶紅

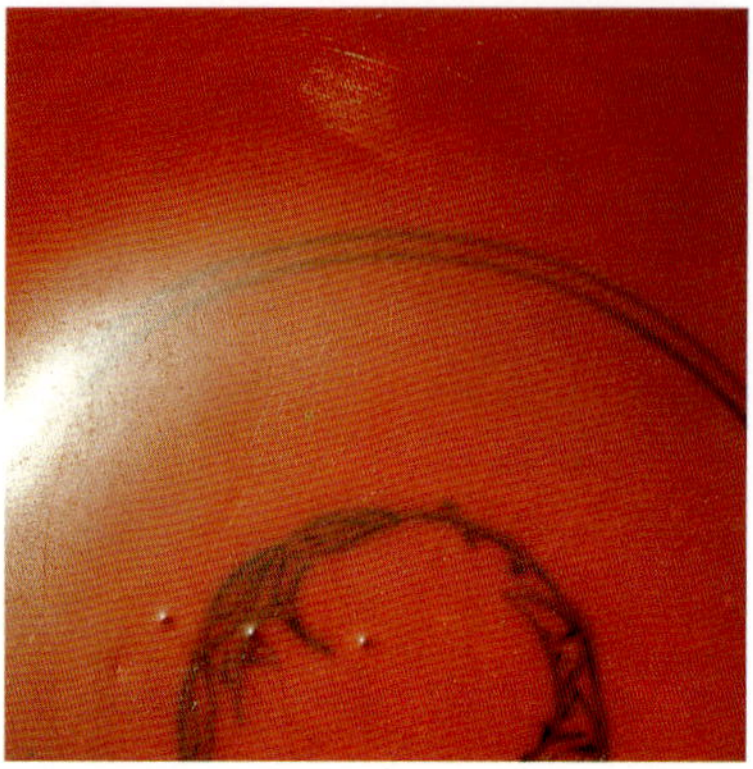

奈良県月ケ瀬村でつくられている烏梅（天日乾燥）

紅花《べにばな》の色素を沈殿させたもので、黒味があるように見えるほど濃い赤色で、それを白磁の皿などに塗ると、光線の具合では金色に輝く。

紅花には人間にとっての有効な面がたくさんある。薬効としては血液の循環をうながすために高血圧の薬になる。紅花油として市販されているように、その種には油分が多く含まれている。そして染料、化粧品としても広く用いられてきた。

化粧用、あるいは絵具のように使うためには、色素を沈殿させて泥状にする。まず紅花から、紅色の色素を抽出する（40頁）。それに米酢を加えて中性にする。そして、紅花は植物性繊維には色素がすぐに染まりつくが、いっぽうで放出することも早いという特徴を利用して、麻布または木綿布などの植物繊維にしみ込ませる。紅花の色素はアルカリ性で溶出するので、しみ込ませた麻布に藁《わら》灰から取った灰汁《あく》を加えて色素を揉み出す。かなり濃い紅花の液をつくるのである。そこへ烏梅《うばい》という、熟した梅の実に煤《すす》をまぶして燻製したものの水溶液（天然のクエン酸）を加えると、紅花の色素は沈殿する。それを集めた泥状のものが艶紅《つやべに》である。

これが、江戸時代以前、

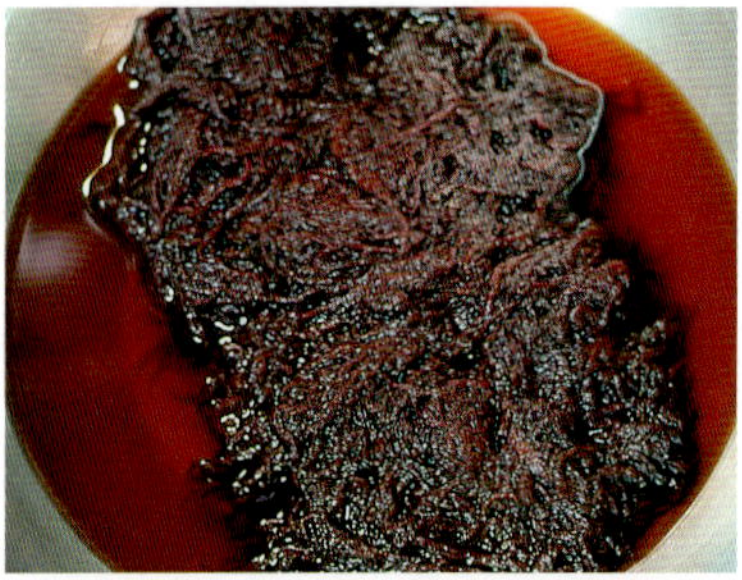

烏梅の水溶液に、紅花をしみ込ませた綿を浸ける

溶出した紅の色素を濾過する

江戸時代の化粧用具。紅皿、紅板、刷毛、筆など

東大寺二月堂修二会のおり、二月堂の十一面観音に捧げるための椿の花を、練行衆たちが総出でつくる。赤色は艶紅を何度も塗り重ねたもの

日本女性の口紅、頬紅となっていた。

この艶紅を、蛤の貝殻、白磁の皿などに塗って乾かして保存しておくと、いつでも筆で溶いては口紅、頬紅として使うことができたわけである。

なお「ひかりべに」とも記したのは、私が長年にわたって紅花の色素を取り出す作業をしてきて、そのあまりに艶やかな光り具合に、この読み方が生まれたからである。

深紅

ふかきくれない

紅花(8日間の染色)

艶紅を塗り重ねた和紙

韓紅《からくれない》（唐紅、次頁）よりさらに濃く、紅花《べにばな》の染料で染めた色をさしている。

正倉院に収蔵されている古文書は、神亀四年（七二七）から宝亀十一年（七八〇）にいたる五十三年間の記録であるが、そのなかで紙について記された箇所はおびただしい。写経に使われている料紙、造り花や散華《さんげ》など仏教行事のおりの荘厳品、あるいは国家の重要な文書用に用意されたものである。

そのなかに、たとえば「又納金敷深紅紙壱伯拾伍張　天平勝宝四年」という箇所があり、ほかにも「深紅」の文字が散見される。また、平安時代はじめに編纂された『延喜式』には「韓紅地」という記載と、「深紅衫」とがある。

これらの色相がどういうものであったかは、今では推察するしかないが、「深き」を「濃き」と見るべきだと私は考える。

私の染工房では毎年、東大寺二月堂の修二会《しゅにえ》（お水取り）に際して、二月堂の十一面観音に捧げる椿の造り花用の染め紙を奉納しているが、椿の花の赤は、紅花の色素を沈殿させて、濃い泥状にした艶紅《つやべに》（42頁）を手漉和紙に四回から五回塗り重ねていく。そうすると紅色が金に輝いたようになって、まさに『正倉院文書』の「深紅」はこのような色であったかと納得するのである。

奉納した深紅と白、そして「におい」と呼んでいる花芯をあらわす支子《くちなし》染の黄色の和紙は、毎年二月二十三日、試別火《ころべっか》の行なわれている戒壇院の別火坊で、その年選ばれた練行衆《れんぎょうしゅう》の手によって椿の花にしつらえられ（43頁）、椿の生樹につけられて、三月一日の本行の日から二月堂の十一面観音の周りに飾られるのである。

韓紅　唐紅

からくれない

紅花（6日間の染色）

紅花《べにばな》は、先述のように（38頁）エジプト、エチオピアあたりが原産の植物で、やがてシルクロードという東西文明の交流路によってアジアへともたらされた。

中国へは、紀元前一二七年、前漢の武帝が遊牧民系の匈奴《きょうど》の地であった燕支《えんし》山を奪ったとき、そこが紅花の産地であったところから、導入されたといわれている。

日本へは五世紀から六世紀にかけて渡来し、呉の国からやってきた染料ということから「呉藍」（くれあい、藍は染料の総称である）と記されていた。

やがて、それは「くれない」となり、大唐帝国の影響が強くなっていった奈良時代に、カラの字が冠せられて、濃い紅花の赤は唐紅、韓紅と記されるようになった。

『延喜式』には、「韓紅花綾一疋。紅花大二斤」とあって、濃い色であることを示している。それは燃えるような紅葉の赤の色であったようで、王朝の歌人在原業平は「ちはやぶる神代も聞かず龍田川からくれなゐに水くくるとは」と、紅葉の名所龍田川の絶景を詠んでいる。

貝桶文様振袖（部分）　江戸時代
紅花染を何回も何回も繰り返して、濃く艶やかな紅地としている

今様色

❖ いまよういろ

紅花(3日間の染色)

紅花《べにばな》で染めたかなり濃い赤色をさすと考えられる。「今様《いまよう》」とは、当世風、すなわち今流行《いまはや》りの意である。この言葉は平安時代から使われたようで、王朝時代の女人にとっての流行色とでもいえるもので、当時の人々がいかに紅花染の赤色の系統を好んだかがわかる。

ただ、「今様色とは紅のうすき、ゆるし色をいへり」(『源氏男女装束抄』)、また、「今様色ト八紅梅ノ濃ヲ云也」(『胡曹抄《こそうしょう》』)、とまさに諸説紛々である(両書ともに室町時代後期の成立)。

だが、今様色が聴色《ゆるしいろ》(一斤染《いっこんぞめ》、53頁)のように薄い色とは考えられないのは、『源氏物語』「玉鬘《たまかずら》」の巻の衣配《きぬくば》りの場面である。

光源氏は紫の上とともに、歳の暮れに明石の姫君、花散里、玉鬘、末摘花、空蟬など女君たちに贈るための衣裳を並べて選んでいる。そのなかで、彼がもっとも愛してやまない紫の上には、「紅梅《こうばい》のいと紋浮きたる葡萄染《えびぞめ》の御小袿《こうちき》、今様色のいとすぐれたる……」を贈っている。この場面から推し量るに、今様色というのは、身分の低い人にやっと許されるような薄紅の一斤染、聴色ではなく、禁色《きんじき》に入るほどの濃い色相と判断されるのである。

また、紅梅(64頁)と同じ色という説に納得できないのは、同じ物語のなかには紅梅色も今様色も両方の表現があって、筆者の紫式部が二つの色を明確に使い分けているからである。

私見であるが、中の紅よりやや濃く、そして支子《くちなし》などの黄色の入らない、紅花染の色と考えたい。

桃染

❖ももぞめ ❖つきぞめ

紅花

桃の花

春の桃は、桜と並んで日本人には親しみのある花であるが、その色は桃の花では染まらないことは、いうまでもない。

桃染とは、美しく咲いた盛りの桃の花の色をさしている。紅花《べにばな》で淡く染めてあらわす。

桃はバラ科サクラ属の小高木で、中国の原産。はるか遠く紀元前一千五百年頃の殷《いん》の時代の遺蹟から核が出土している。日本には弥生時代前期からあったとされ、『古事記』や『日本書紀』の天智天皇六年の条に「桃染布五十八端」の記載があり、万葉の時代から色名にも用いられていたと思われる。『万葉集』には、「桃花褐《つきそめ》の浅らの衣浅らかに思ひて妹に逢はむものかも」（巻十二）と詠まれ、浅い気持ちと桃花褐の色をかけている。

日本ではこの色は、近年、ピンク色と表現されることが多いが、英語ではピンクはナデシコ科の植物の総称で、その花の色に由来している。

三月三日を「桃の節句」として、女の子のいる家では雛人形を飾る習わしがあるが、この歴史はそう古いことではなく、江戸時代はじめからである。もともとはこの日、上巳《じょうし》の節句に人形《ひとがた》で身体を撫でて我が身の汚れや災いを移し、それを川や海に流してお祓いをするというものであった。

京都、雲ヶ畑の桃の花

撫子色

なでしこいろ

紅花

撫子

撫子《なでしこ》は秋の七草の一つ。その可憐に咲く淡い紫がかった薄紅色をあらわす色。

撫子の系統の植物は約三百種にもおよぶというが、わが国で『延喜式』や『出雲風土記』にみえ、『万葉集』に歌われたものは河原撫子《かわらなでしこ》であり、中国渡来の唐撫子《からなでしこ》、つまり石竹《せきちく》とは色と形がわずかに違っている。

『枕草子』では「草の花は、瞿麦《なでしこ》。唐のはさらなり。日本のも、いとめでたし」（六十四段）と、さすがに清少納言は、その可憐な花の姿をあげて、日本古来のものと、中国からやってきたものを分けて観察している。

平安時代には「襲《かさね》の色目」の表現に使われていたようで、『源氏物語』「野分《のわき》」の巻の撫子が印象的である。嵐が去った翌朝、夕霧は父光源氏の住まう六条の院を見舞う。ほのかに明るくなった庭で若い女房たちがくつろいでいる姿を垣間見るが、「紫苑《しおん》、撫子、濃き薄き衵《あこめ》どもに、女郎花の汗衫《かざみ》などやうの、時にあひたるさまにて」と、まさに秋の台風の頃に咲く七草のような美しい彩りの衣裳を着ているのに感心するのである。いうまでもなく、撫子などの花が風に伏しているさまも描かれている。

撫子の襲は「表紅梅、裏青」「表薄蘇芳《すおう》、裏青」「表紅、裏淡紫」など諸説があるが、表を淡紅、裏を淡い緑系の青とし、光を透過しない練絹《ねりぎぬ》で花と葉をあらわすのが妥当かと思われる。

撫子の襲：表-紅梅（紅花） 裏-青（蓼藍×刈安）

石竹色

せきちくいろ

蘇芳(明礬)

石竹《せきちく》の花のような淡い紅色をいう。同じ淡い紅色でも、撫子《なでしこ》色より濃いとされる。石竹は中国原産、ナデシコ科の多年草で、日本にもたらされて唐撫子《からなでしこ》ともいわれる。五月頃に花を咲かせるが、観賞用に栽培されるため、花の色も濃い紅色、淡い紅色、白などさまざまである。日本にはおそくとも平安時代には将来されていたと思われる。

江戸時代後期、文政四年から天保十三年（一八二一～四二）にかけて屋代弘賢《やしろひろかた》が編纂し、明治三十八年～四十年に刊行された『古今要覧稿《ここんようらんこう》』には、「野辺に生出るなでしこの一種にして、又からなでしこあり、これ清少納言のからのはさら也と（枕草子）いへるものにて、今は字音のまゝにこれを石竹とのみいひて、なでしことはいはず、清少納言は深養父の孫元輔の女にして、円融院の御時の人なれば、それより以前に渡りこしものなれば……」とみえ、唐撫子は撫子にくらべて茎がやや太く、葉も少し大きく、花の色は浅い紅色、深い紅色、紫、白などをあげている。

『万葉集』の大伴家持の歌に、「瞿麦《なでしこ》の花を見て作る歌」と詞書きして、「……屋前《にわ》の石竹《なでしこ》花咲きにけるかも」と詠まれているように、古くは、撫子と石竹は区別されていなかったようだ。『古今要覧稿』でも、「いしたけ」「いしの竹」と詠まれた歌はいずれも清少納言が「からのは」といった花ではなく、ただ、和泉式部の「みるがなほこの世の物とおぼえぬはからなでしこの花にぞ有りける」（『千載和歌集』）のみは、唐撫子を詠むものであるとしている。

石竹

桜色

さくらいろ

山桜

紅花

春の陽を受けて美しく咲きそろった、満開の桜の花の、ほんのりと色づいた淡い紅色をいう。ここでは平安の昔からなじみ深い山桜系の色としておきたい。

現在、私たちの周りに多い品種は染井吉野《そめいよしの》であるが、これは江戸時代の終わり頃に改良された品種であり、伝統的な桜色にはふさわしくないように思われるからである。

日本人にとって桜ほど愛しい花はない。春めく頃になれば、今年の満開の時を心待ちにするが、それは平安時代になってからのことである。『万葉集』には梅のほうが多く詠まれていて、往時は桜より親しまれていたことがうかがえる。

京都に都が遷されて、和の文化が芽生え始めてからは、花といえば桜をさすようになってくる。そうした日本人の桜への思いは、桓武天皇が御所の紫宸殿《ししんでん》の前庭の、もともと梅樹があったところへ、吉野から取り寄せた桜を植えたことに始まるとされている。左近《さこん》の桜、右近《うこん》の橘《たちばな》が並ぶようになって、桜への礼賛が広まっていったのである。

花の盛りの頃には「花の宴」が催され、桜を賞して詩歌を詠み、管絃を奏して華やかな時が繰り広げられたのである。花の宴は桓武帝の皇子、嵯峨天皇が弘仁三年（八一二）の二月に催されたといわれるが、そのあともしばしば行なわれたといわれる。

『源氏物語』「花宴《はなのえん》」の巻にも南殿の桜会に招かれた光源氏が、そのあとほろ酔い加減に回廊を歩いていて、朧月夜の君に出会う場面がある。短い逢瀬のあと、ほどなく夜は明け、心忙《ぜわ》しく扇を取り交わして別れていく。朧月夜の扇を見ると、その色目は「桜の三重かさね」と物語には記されている。艶紅《つやべに》か臙脂虫《えんじむし》から採った臙脂に、胡粉《ごふん》の白がわずかに加えられたものが塗られていたのであろう。

桜の襲：表-白（白生絹） 裏-赤花（紅花）

桜の襲：表-蘇芳（蘇芳） 裏-赤花（紅花）

桜の襲：表-白（白生絹） 裏-葡萄（蘇芳）

山桜の蕾

このあと光源氏はこの女性の父である右大臣の藤の宴に招かれる。まだ遅い桜が残っている頃で、「桜の唐《から》の綺《き》の御直衣《のうし》」を纏って出かけたとある。それは桜の襲《かさね》の直衣で、表が透明な白い生絹《すずし》、裏は蘇芳《すおう》か紅花《べにばな》で染められた赤で、光が透過して淡い桜色に見えたのである。その姿は「なまめきたる」美しさであったという。

「桜色に衣はふかく染めて着む花の散りなむのちのかたみに」と、花が散ったあとも、桜色に染めた衣を着て花を偲ぼうとする紀有朋《きのありとも》の歌が、『古今和歌集』に見られる。

現代では、「桜色の衣」を桜の樹で染める向きもあるが、古法を守れば、淡い桜の花色に染めるには、紅花あるいは蘇芳で淡く染めるのが正当である。先の歌にも「桜色に」染めるとあり、「桜で」とは記されていない。

桜鼠

さくらねずみ

紅花×檳榔樹（鉄）

淡墨桜

桜鼠は、淡い紅色が灰色あるいは薄墨がかって、わずかにくすんだ薄い桜色をさす。いわゆる墨染《すみぞめ》の桜である。『古今和歌集』に「深草の野辺の桜し心あらば今年ばかりは墨染めに咲け」とあるように、平安時代、京都南郊に深草《ふかくさ》という貴族の別業が営まれた風光明媚な地があり、その一角に桜の名所があった。そこで上野岑雄《かむつけのみねお》が、亡き友人の藤原基経《もとつね》を悼んで、親しい人が亡くなったときに鈍《にび》色の喪に服するように、せめて今年だけは墨色がかったような色に咲いてくれと桜に呼びかける歌である。それよりその地は「墨染」と称されるようになった。

岐阜県根尾谷の淡墨桜

一斤染　聴色

❖いっこんぞめ
❖ゆるしいろ

平安時代にあらわされた色名で、紅花《べにばな》で染める薄い色をさしている。

紫草の根で染める紫色と、大量の紅花で染める紅色とは高価であり、それだけに王朝人のあこがれの色であった。高位の公家たちはそれらを競うようにもとめたが、一般の人々には着用を許されない禁色《きんじき》となっていた。

一般には、一疋《ひき》（二反）の絹布を染めるのにわずか一斤（約六百グラム）の紅花を使う淡い紅色だけが許されて、このような色名が流行したのである。誰もが少しでも濃い色を着て輝きたいと願っていた証のような色名である。

紅花

退紅　粗染

❖たいこう　❖あらぞめ

きわめて淡い紅花《べにばな》染の色。賤しき者、雑事に携わる者の服の色であって、桃色に染めた狩衣《かりぎぬ》のことも、それを着る者のこともいったことが『貞丈雑記』に記されている。

別の書物には紅花で薄く染めたもので、のちには蘇芳《すおう》でもこれを染めた、などいくつもの説があるが、『延喜式』に記された「退紅帛一疋。紅花小八両」を基本と考えるのが正しいだろう。小一両は約十三グラムである。

ただ、紅花染はかなり濃く染めなければ褪色しやすく、少量の紅花で染めた淡紅、聴色《ゆるしいろ》を庶民が着ていて、次第に色褪《あ》せていった様子をいったものかもしれない。

紅花

朱華

❖はねず

紅花×支子

「朱華《はねず》」を素直に読めば、朱色の花といえる。『日本書紀』天武天皇十四年（六八五）の条には、浄位《じょうい》より已方《かみつかた》、つまり親王や諸王は朱花《はねず》を着るとあり、「朱花、此をば波泥孺《はねず》と云ふ」と記されている。『万葉集』には「思はじと言ひてしものを朱華色《はねずいろ》の変《うつろ》ひやすきわが心かも」（巻四）と朱華の花のように移ろいやすい自分の心を詠んだ坂上郎女《さかのうえのいらつめ》の歌が見られる。

ところが、古代の人々が愛でていた唐棣花《はねず》という花は、現在ではどのような花であったのか定かではない。春から夏のはじめにかけて咲く庭梅の古名とも、庭桜とも、あるいは安石榴《ざくろ》の花をさすともいわれている。

この色名が使われているのは、天武天皇十四年の冠位制定のときがはじめである。天武天皇の冠位と、持統天皇四年（六九〇）の冠位制定では、親王の色、つまり最高位の色とされている。これは、中国において「黄丹《おうに》」（68頁）が皇太子の色として尊ばれていたことをそのまま取り入れながら、その名称を植物の花の色になぞらえて「朱華」とした。ところがその後、時代が経つと、朱華と称するのではなく、中国の例にならって黄丹と呼ぶようになった、という説が有力である。

中国においては黄丹は顔料の鉛丹《えんたん》をあらわしており、それに従えば、やや黄味の強い黄赤の色となる。平安時代はじめの『延喜式』では、「黄丹綾一疋。紅花《べにばな》大十斤八両。支子《くちなし》一斗二升」とあり、紅花の赤に支子の黄を掛け合わせたことが知られる。

こうした色相からすれば、梅でも桜でも似合わない。むしろ夏に咲く安石榴の花が近いようである。

紅鬱金

❖べにうこん

色名に見られるとおり、鬱金《うこん》と紅花《べにばな》を掛け合わせた黄赤色というか、紅味をおびた鬱金色（185頁）をさす。鬱金でまず黄色に染めたのち、紅花で染めて赤味をつける。

鬱金が日本に将来されたのは、大航海時代の十六世紀以後のことであるから、この色名が用いられたのは江戸時代以降と考えられる。とくに江戸後期になって茶とか黒の小《こ》紋《もん》あるいは縞《しま》、格子《こうし》など地味な色合が流行してから、そのような表とは逆に、裏には派手な色を用いるようになり、それを朱系統にするのに紅花の下染に鬱金を用いたものが多くなり、この色名が流行したのである。

鬱金×紅花

橙色

❖だいだいいろ

橙《だいだい》の実のような、明るい黄赤色。色見本は茜《あかね》染をしたのち、黄蘗《きはだ》を掛け合わせたもの。

橙はインド、ヒマラヤ原産のミカン科の常緑小高木で、樹高は三メートルくらいになり、初夏には芳香のある白い小さな花をつける。果実は冬になると色づくが、成熟しても落ちることがなく、翌年の夏には再び緑色をおびるため、「代々栄える」という縁起から、正月飾りに用いられる。中国において回青橙《かいせいとう》と記されるのもその故である。

酸味が強い実は食酢に、苦味のある皮は陳皮《ちんぴ》と呼ばれて健胃薬にされる。

印度茜（明礬）×黄蘗

赤香色

あかこういろ

紅花×丁子（明礬）

インドネシアの一部であるモルッカ諸島の原産で、熱帯地方で栽培される丁子《ちょうじ》の蕾を乾燥させたものは、中国では丁子香、丁香と呼ばれ、古くからその香りのよさと、薬効が愛でられていた。日本でも正倉院伝来の薬物類のなかにあって、一千二百年も前から海を越えて将来されていたことがうかがわれる。染料としても用いられ、染めあがった布や紙に香が残るため、その淡い白茶色を「香染」「香色」（220頁）といって楽しんだ。

赤香色は、紅花あるいは茜染に丁子を染め重ねてやや赤味にしたものをいう。色見本は紅花に丁子を重ねたもの。

支子色　梔子色

くちなしいろ

深支子　紅花×支子

支子の実

初夏に芳香を放つ白い花をつける支子《くちなし》（梔子）は、晩秋に赤味のある黄色の実をつけ、色名はその色に由来している。その実を煎じて着色剤や染料とする。

『延喜式』では、支子だけで染めたものを「黄支子」（187頁）、紅花《べにばな》と支子で熟した実をあらわす色を「深支子」「浅支子」とする。「深支子綾一疋。紅花大十二両。支子一斗」と、紅花の量が少ないとはいえ、皇太子の袍《ほう》の色「黄丹《おうに》」（68頁）と同じ染料のため、濃く染めると紛らわしくなる。そこで「浅深を論ぜず」禁じられたことが延喜元年（九〇一）成立の『日本三代実録』に見られる。

牡丹色

ぼたんいろ

紅花×紫根（椿灰）

牡丹の花

春から夏のはじめに大振りの花弁を重ねるようにして大輪の花を咲かせる牡丹《ぼたん》。その花びらの、濃紅から淡紫の色合を牡丹色と称している。

牡丹は、中国においては六世紀頃から、観賞用、薬用として愛でられるようになり、唐の時代、とりわけ則天武后《そくてんぶこう》（在位六九〇～七〇五）が宮中に植えることを勧めてから、その豊かで優艶な姿が尊ばれるようになり、「富貴の花」と形容されるようになった。

日本へは、奈良時代の終わりか、平安時代のはじめにすでにもたらされていて、唐の国と同じようにもてはやされたようである。

平安時代の終わりに武士が登場すると、魂の象徴ともいえる甲冑や刀装具に贅が凝らされるようになり、鎧の胴部には強さを誇るかのように、獅子や龍、不動三尊像などがあらわされるようになる。

やがて、百花の王と称された牡丹も、唐草と組み合わされたり、そこへさらに百獣の王である獅子が配されて風格あるものとされるなど、大胆な図柄で取り入れられるようになった。

襲《かさね》の色としては、平安時代後期に源雅亮《まさすけ》が著わした『満佐須計《まさすけ》装束抄《しょうぞくしょう》』に見えるが、染色として著しい流行をみるのは、明治時代の終わり頃という。派手やかな色感が時代に合ったのだろう。

牡丹の襲：表-白（白生絹） 裏-紅梅（紅花）

躑躅色

つつじいろ

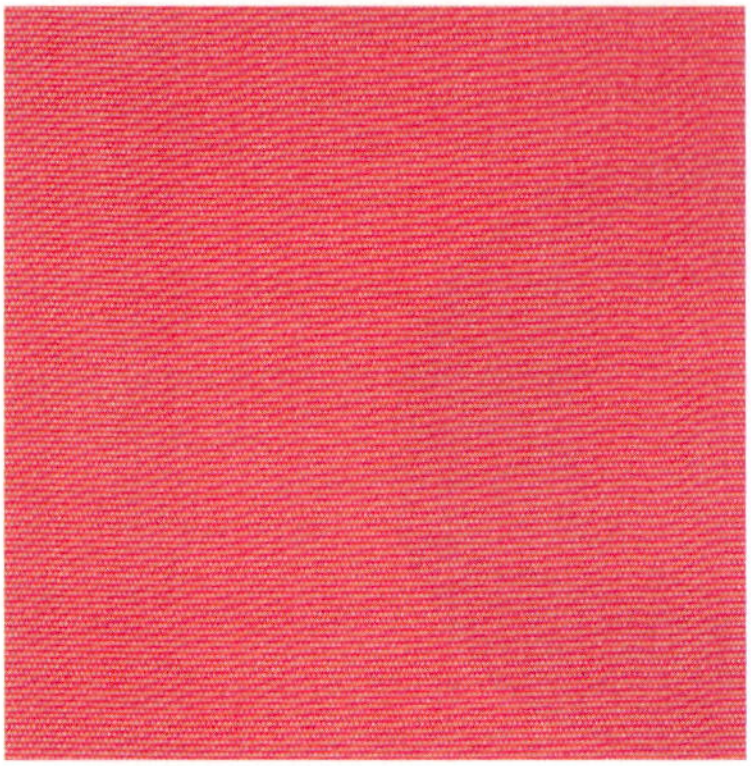

紅花×紫根(椿灰)

躑躅の襲：
表-蘇芳(蘇芳)
裏-青打(蓼藍×刈安)

躑躅《つつじ》色と呼ばれるのは、霧島躑躅の紫味のある明るい赤い花びらのような色であろう。

色見本は、紅花《べにばな》と紫根《しこん》で染めた。

春から夏にかけて橙《だいだい》、紫、白、淡黄、赤と色とりどりの花を咲かせる躑躅は、山地や丘陵に自生し、観賞用に庭木としても広く栽培されるため園芸品種も豊富である。

なお、躑躅（餅躑躅《もちつつじ》）の小枝は茶染の染料としても用いられる。江戸時代末期から丹波の佐治地方で織られていた「丹波布《たんばふ》」と呼ばれる絹と木綿の交織の縞布があり、この布の薄茶色の糸染めに用いられる。

朱鷺色　鴇色

ときいろ

紫根(椿灰)×紅花

朱鷺《とき》は絶滅の危機に瀕して、今でこそ特別天然記念物、国際保護鳥に指定されているが、江戸時代までは日本各地に生息し、人々に親しまれた鳥である。しかし、その淡紅色の羽は古くから尊ばれ、伊勢神宮の儀式用の太刀の柄飾りに今も用いられているという。

朱鷺は全体に白い羽でおおわれた鳥だが、翼の外縁の風《かざ》切羽《きりばね》、初列雨覆《しょれつあまおおい》、尾羽《おばね》などは淡紅色をおびている。そのため、紅鶴、桃花鳥とも書かれる。古くはツキ（桃花）と呼ばれたところから、その桃の花の色を連想する向きもある。朱鷺色の表現は江戸時代以降のことと思われる。

小豆色

あずきいろ

小豆《あずき》は古くから食用として栽培され、餡《あん》やお菓子、赤飯の材料として馴染みの豆である。青小豆と呼ばれるものもあるが、小豆といえば赤小豆が主で、その豆の黒味がかった暗い赤を小豆色といっている。

小豆は『古事記』にもその名が見られるが、色の名前として用いられるのは江戸時代になってからという。

しかし、どのように染めたのかを記す書物は見当らない。そこで赤系と茶系の染料を掛け合わせるのが適当と考えて、蘇芳《すおう》を明礬《みょうばん》で発色させたあと、わずかに紫がかるように鉄で発色して、楊梅《やまもも》の明礬発色を重ねた。

蘇芳(明礬)×蘇芳(鉄)×楊梅(明礬)

羊羹色

ようかんいろ

和菓子の羊羹《ようかん》のような色。色見本は蘇芳《すおう》の明礬《みょうばん》と鉄の発色に楊梅《やまもも》の明礬発色を掛け合わせたものである。

羊羹は羊肝とも書くように、もともとは羊の肉や肝を浮かせた熱い吸い物のことである。それが日本では肉食を嫌うところから中身が小豆となり、桃山時代以降は茶道において汁物から茶菓子として独立したものである。

羊羹色は、黒や濃紫などが褪色して少し赤味がかったような色調でもあるところから、色褪《あ》せた僧侶の墨衣、長い浪々の暮らしが続く武士の袴《はかま》の色などの表現によく用いられる。

蘇芳(明礬)×蘇芳(鉄)×楊梅(明礬)

赤朽葉

あかくちば

印度茜（明礬）×安石榴（明礬）

文字どおりに解釈すると、朽葉《くちば》色に赤が入り混じった色といえるようだが、そうなれば黄赤系の色となる。私見では、櫨《はぜ》、楓《かえで》、花梨《かりん》などの葉が、秋の深まりとともに黄色からより赤味を増していくように、深い紅葉まではいかないまでも、赤味がちの黄色をさすのではないかと思う。

「ゆく人はふたいのこうちぎなり、とまるはたゞうすもの、あかくちばをきたるを、ぬぎかへて、わかれぬ」（『かげろう日記』）、「かづけもの、ゑがの御こたちに、あかくちばに花ふれうのこうちぎ、きくのすりも、あや・かいねり……」（『宇津保物語』）など平安文学にもよく登場する色名である。

『源氏物語』「少女《おとめ》」の巻では、光源氏が理想の邸として造営してきた六条の院が完成して、秋の彼岸に皆が移り住む。

そこは四季の庭に分けられていて、春のしつらえには紫の上と源氏が、秋の庭には六条御息所《みやすどころ》の娘で冷泉院の中宮になっておられる秋好《あきこのむ》中宮がお住まいになって、春秋それぞれの美しさを競うようになっている。

九月になり、秋好中宮から紫の上に色とりどりの紅葉の贈り物があった。それを届ける童女は、「濃き衵《あこめ》、紫苑の織物かさねて、赤朽葉の羅《うすもの》の汗衫《かざみ》」という出で立ちであると記されている。

まさに季に合いたる姿である。

赤朽葉の襲：表-赤（日本茜）　裏-赤（日本茜）

櫨（明礬）×印度茜（明礬）

赤白橡

❖あかしろ(ら)つるばみ

白味がちの淡い黄赤系の色をさしている。色見本は、櫨《はぜ》の明礬《みょうばん》発色の黄色に茜《あかね》の明礬発色を重ねたもの。

これとは別に青白橡《あおしろつるばみ》（170頁）という色もある。こちらは橡《つるばみ》すなわち団栗《どんぐり》などが夏の終わりから初秋にかけて、渋い緑色の実をつけるが、その色をあらわすといえばわかりやすいだろう。しかし「赤白橡」は、文字からは想像しにくい色である。『延喜式』には、「赤白橡綾一疋。黄櫨大九十斤。灰三石。茜大七斤」とあり、それに準じるのが順当と考え、色見本のような色調とした。

しかしながら、識者の手になる今日の色の辞典類には、赤白橡は赤色に同じとするものもある。ところが『源氏物語』には明らかに使い分けがなされている。『源氏物語』「少女《おとめ》」の巻では、光源氏の兄である朱雀《すざく》院上皇の御所に行幸があり、「人々みな、青色に、桜襲を着たまふ。帝は、赤色の御衣たてまつれり。召しありて太政大臣（源氏）参りたまふ。おなじ赤色を着たまへれば……」とある。天皇とそれに準じる光源氏は、茜か濃い紅花染の赤を着ているのである。

そして「藤裏葉《ふじのうらば》」の巻では、六条の院に行幸があって、そのおりに舞楽を舞う童たちの装束は、「青き赤き白橡《つるばみ》、蘇芳《すおう》、葡萄染《えびぞめ》など、常のごと……」とあり、赤色の御衣と赤白橡を使い分けている。「若菜下」の巻でも舞楽の場面があり、その装束に赤白橡が記されている。

右の例からしても、赤白橡は『延喜式』に見られるような黄色に少し赤味がかかった色と思われ、天皇が着装されるような赤き衣とはまったく異なった色相であることが理解されよう。

蘇芳色

すおういろ

蘇芳（明礬）

蘇芳の原木

蘇芳《すおう》という、インド南部やマレー半島などに生育するマメ科の樹木の芯には赤色の色素が含まれており、それで染めて明礬《みょうばん》、あるいは椿や柃《ひさかき》の木などを燃やした灰を使って発色させた、やや青味のある赤色をさしていう。

蘇芳は熱帯および亜熱帯に分布し、日本では生育しないので、古くから輸入にたよっている。正倉院には薬物として保存され、また、これで染められた和紙もあり、蘇芳染の木箱も収蔵されている。そのうちの代表的な一点は「黒柿蘇芳染金銀絵如意箱」で、ほかにも何点も伝来しているところを見れば、木工品の染色もかなり盛んであったことがうかがわれる。

平安時代にもこの傾向は続いたようで、『宇津保物語』に「すわうのつくゑに……」、また、『源氏物語』「絵合《えあわせ》」の巻には「紫檀の箱に蘇芳の花足」などと見える。王朝文学研究者の訳註には蘇芳の木で作った机であるように記してあるが、蘇芳の木は家具には向かないので、これらも正倉院宝物のごとく、蘇芳染の木工品と解してよ

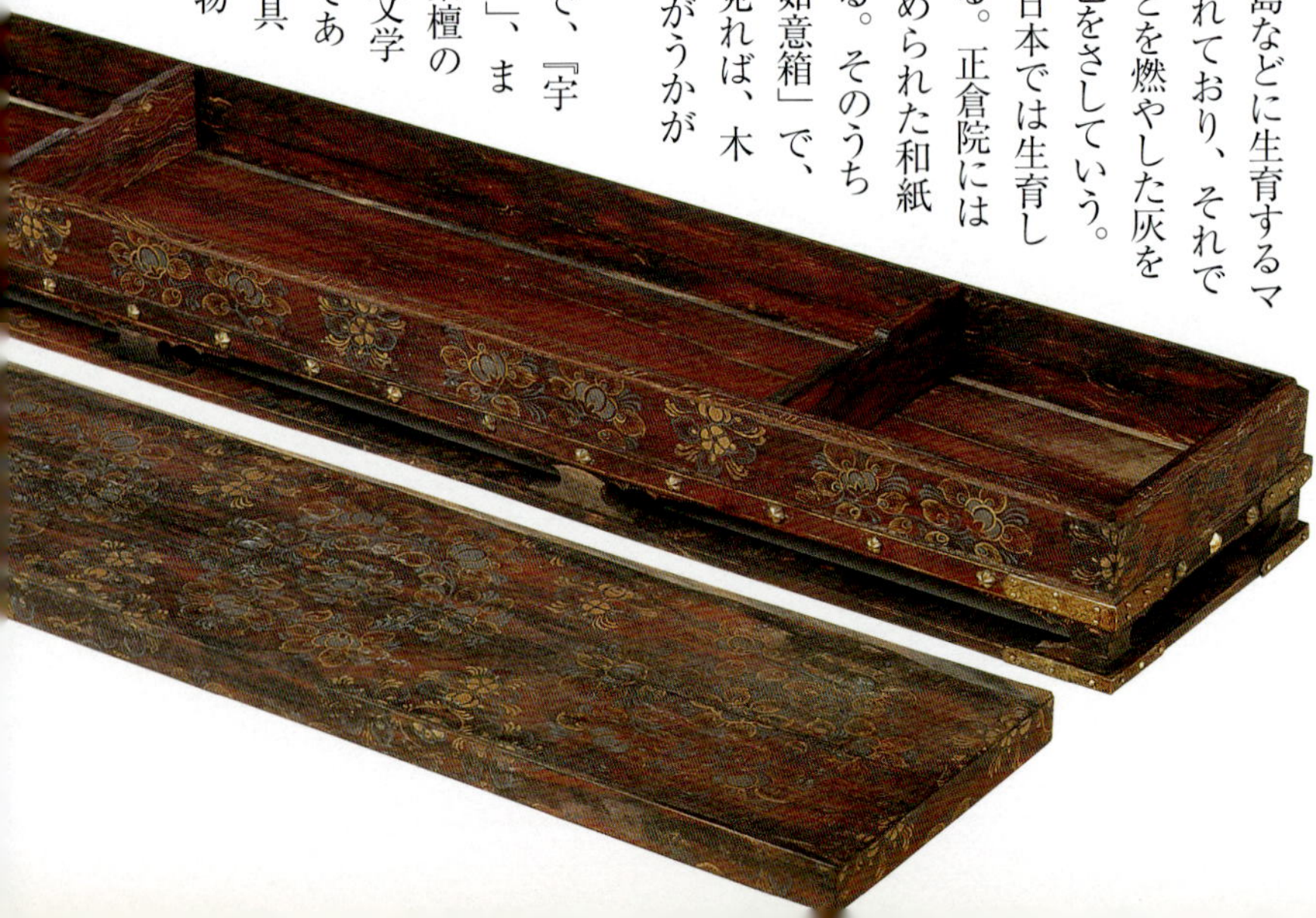

蘇芳の芯材を煮沸して漉す

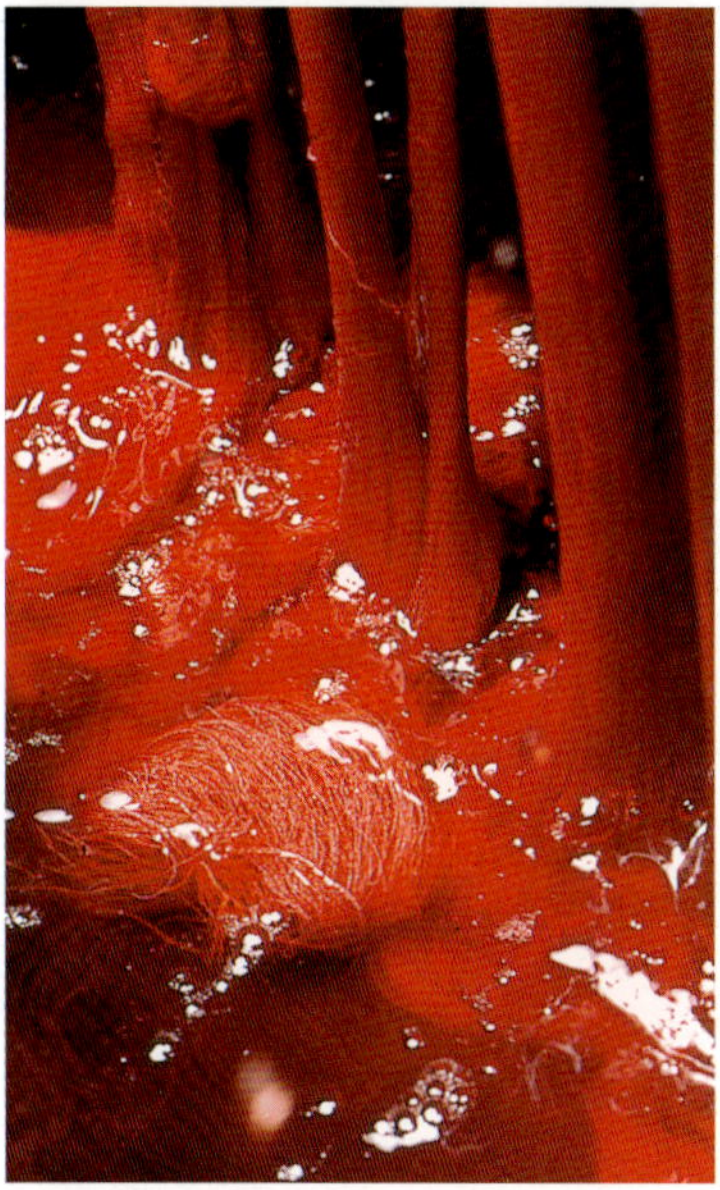

蘇芳の染液のなかで糸を繰る

蘇芳の芯材

いだろう。

しかし、なんといっても一番用いられたのは布や糸の染色のようで、『延喜式』に「深蘇芳」「中蘇芳」「浅蘇芳」と見えるだけでなく、蘇芳染、あるいは蘇芳の襲《かさね》は王朝文学のいたるところに見られる。鎌倉時代の終わり頃になると、琉球との貿易によっても盛んに輸入され、桃山から江戸時代の能装束や小袖の染色にも多く用いられている。

ただ、「蘇芳の醒《さ》め色」という言葉があるように、この染料で染めた色は褪《あ》せやすく、現在まで遺されている染織品は、ほとんど茶色に変色している。

蘇芳は鉄で媒染《ばいせん》すると紫色になる。紫根《しこん》染による本紫《ほんむらさき》が手間もかかり高価であるところから、江戸時代にはこの方法で盛んに紫色が染められ、似紫《にせむらさき》（114頁）と称された。

黒柿蘇芳染金銀絵如意箱　正倉院
黒柿造りの箱全体を蘇芳で染めたうえ、金銀で花文様を描く。蘇芳で染めるのは、紫檀に似せるためだという

紅梅色

こうばいいろ

紅花

早春のまだ雪が舞う頃に凛《りん》と咲く梅の花の、紅色である。梅はもともと中国の原産で、日本へ将来されてから野生化したといわれ、中国語でメイ（mei）と発音するところから、ウメと発音されるようになったといわれている。『万葉集』にも百首あまり歌われているが、それは主に白梅である。紅梅が登場するのは、平安時代に入って中国より新たに輸入されてからで、『枕草子』には、「木の花は、濃きも淡きも紅梅」（三十四段）と記されている。

この紅梅色という色名も、王朝の詩歌や物語に多く見られる。紅梅の襲《かさね》は初春の服の色であり、旧暦の二月、今の三月以後は時季が過ぎたものであるから、同じく『枕草子』では、「すさまじきもの。……三四月の紅梅の衣」（二十二段）と、時季おくれの着用は興醒めであるとしている。

『源氏物語』では「梅枝《うめがえ》」の巻が、文字どおり紅梅の花盛りとなる。

光源氏は、一人娘明石の姫君の東宮（のちの今上天皇）への入内《じゅだい》にあたり、調度をはじめその準備には、思うにまかせて華美の限りを尽くす。そのおり、光源氏の再三の求愛をかたくなに拒み通した前斎院《さきのさいいん》、朝顔の姫君から贈り物が届く。瑠璃《るり》の杯《はい》に盛られた薫香《くんこう》である。その返礼に、「紅梅襲の唐《から》の細長《ほそなが》添へたる女の装束」を源氏は

雪の紅梅

梅の襲：表-白(白生絹) 裏-蘇芳(蘇芳)

紅梅の襲：表-紅梅(紅花) 裏-蘇芳(蘇芳)

贈るが、それに添えられた手紙も和紙を染めた同じ紅梅襲で、庭の紅梅の枝を折ってそれにつけさせたとある。

香り、そして季の彩りを尊ぶ王朝の貴人たちの様子が、ここにあらわされているのである。

ついでながら、梅の襲は表は白、裏は蘇芳《すおう》とするものもあり、これは紅白梅を一度にあらわしているのであろうか。

梅の襲。一番上の表着が白で、五衣(いつつぎぬ)は下になるほど紅を濃くする。一番下の単(ひとえ)は、蓼藍(たであい)に刈安(かりやす)を重ねた緑

櫨(椿灰)×蘇芳(明礬)

黄櫨染

こうろぜん

黄櫨《こうろ》は櫨《はぜ》の木であり、文字どおりに解せば、その木に含まれる黄色で染めた色ということになる。だが、実際には櫨の黄と蘇芳《すおう》の赤を掛け合わせた黄赤色となっている。というのは、嵯峨天皇の御世、弘仁十一年（八二〇）二月の詔によれば、「元正受㆑朝則用㆓袞冕十二章㆒。朔日受㆑朝……大小諸会。則用㆓黄櫨染衣㆒」（『日本逸史』）と天皇や皇后の服色を定めるが、それからおよそ百年あとに編纂された『延喜式』には、「黄櫨綾一疋ニ。櫨十四斤。蘇芳十一斤」とその染め方が記されているからである。

平安京に都を遷した桓武天皇、そして、その子の嵯峨天皇は、まだまだ中国の唐の諸相を取り入れることに強い思い入れがあった。たとえば、中国では『山堂肆考』に「天子、袍衫皆用㆓赤黄㆒」と記されていて、赤黄つまり赭黄という、まさに太陽が南に高く昇り、輝くように光り照らす色を皇帝は着用している。

このような色は、皇帝以外の何人も服することを禁じて、その象徴の色としていた彼の国に、わが国でも倣ったのである。

黄櫨染《こうろぜん》の色相とその染色について、古今論議がなされる。黄色説は、櫨の木の幹を切ると中心部に黄色の色素が含まれていて、それで黄色を染めるところから、黄櫨染は黄と定義されるのであろう。

櫨の木の芯部は鮮やかな黄色

平安時代になると、櫨と蘇芳を重ねて染めた。黄櫨染の糸で天子の文様である桐竹鳳凰文様を織り出す（復元）

黄赤の説は、櫨の木の葉が秋になると黄紅に染まっていく。それを黄櫨色と解すること。『延喜式』に記されたとおりの染色をすることにより、中国の赭黄の黄赤色になることによる。

ただ、『延喜式』には、そのあとに帛一疋を染めるのに、「紫草十五斤。酢一升。灰一斛」とある。これは記載上のなんらかの間違いであると解している。

私の工房で、実際に櫨の木を山で伐採し、蘇芳とで染めてみると、色見本のような、まさに黄赤になるところから、「帛一疋」の記述はいずれかの記事の混入ではないかと考えられる。また、帛一疋をこれの裏地と見る向きもある。

さらに上村六郎説のように、紫根《しこん》の染色を鉄鍋で行なうと、赤味が濃く、はじめ黒ずんだ紫色になり、それを灰汁のなかに入れると黄褐色が加わり、ついに黄櫨染となる（『昭和版延喜染鑑』）とするものがある。しかし、鉄鍋で煮るというようなことは、染屋では一切しないはずである。なぜなら、錆がつけば鉄で媒染《ばいせん》するのと同じであるから黒い染みができるし、鉄が溶け出して全体に黒ずんだ色になるが、それがどの程度なのかもはかりにくい。この説には私は賛同できない。このような不安定な染法では、宮廷工房はとてもつとまらないのではないだろうか。

柿色

❖ かきいろ

印度茜（明礬）×黄蘗

秋、赤く熟した柿の実のような色。「赤く」といっても真っ赤ではなく、黄味の強い、どちらかといえば朱色に近い色。色見本は印度茜《あかね》と黄蘗《きはだ》を掛け合わせたもの。

柿色で思いつくのは、江戸前期に始まる柿右衛門様式と呼ばれる陶磁器である。柿色というより、陶磁器の赤色は酸化第二鉄（弁柄《べんがら》）の微粒子で絵付けをして焼いたもの。正保四年（一六四七）頃には九州有田の酒井田喜三右衛門がその上絵付けに成功し、欧州へ輸出されて人気を博した。

なお、歌舞伎界で「柿色」と呼ばれるのは、渋柿の色といわれる団十郎茶（227頁）のような茶系の色である。

黄丹

❖ おうに ❖ おうだん

紅花×支子

黄丹《おうに》は中国より伝来した色名で、皇帝もしくはそれに準じる人たちの衣服の色である。日本でも奈良時代、養老年間（七一七～七二四）に編纂が始められた『養老律令』の、衣服に関する条項を定めた「衣服令」では、皇太子の袍《ほう》の色とされ、以来現代まで続いている。着用は親王や皇族に限られた禁色《きんじき》の一つ。

『延喜式』では、「紅花大十斤八両、支子一斗二升」を用いるとあり、色見本もそれに準じた。

黄丹は顔料の鉛丹《えんたん》の別名といい、その色に似ているところからの名称。赤味がちの橙色《だいだい》（55頁）のことをいう。

萩色

はぎいろ

蘇芳(明礬)

萩の襲：表-蘇芳(蘇芳)　裏-青(蓼藍×刈安)

暑い夏の盛りがすぎてようやく風が涼やかに吹く頃に、三枚の小さな葉が並んだその先のほうに、紅がかった紫色から白へと暈繝《うんげん》をなす可憐な花をつける萩《はぎ》。まさに秋はすぐそこまで来ていることを知らせてくれる。

万葉の昔から親しまれた花で、『万葉集』には、「わが衣摺れるにはあらず高松の野辺行きしかば萩の摺れるぞ」（巻十。私の衣は私が染めたのではなく、高松〈高円《たかまど》〉の野辺の萩が摺り染めにしたのです）と、この花で摺り染めたことがうかがえるような歌も詠まれている。しかし、このような花染は水にすぐ流れてしまい、美しい萩の花色も長くはもたなかったようである。

清少納言の『枕草子』には、「女房の装束、裳・唐衣をりにあひ、……八、九人ばかり、朽葉の唐衣・淡色の裳に、紫苑・萩などをかしうて、ゐ並みたりつるかな」（百三十六段）と、宮廷に仕える女房が、早秋に咲く植物にあわせた彩りの衣裳を着ていることを述べるくだりがある。

萩の襲《かさね》は、表が蘇芳《すおう》で染めたやや紫がかった赤で、裏が萌黄《もえぎ》とあり、花と葉の彩りをあらわしている。

「宮城野のもとあらの小萩露をおもみ風を待つごと君をこそ待て」（宮城野の下葉もまばらになった萩は、露が重いので吹き散らしてくれる風を待っていますが、私もあなたのお越しをお待ちしています）と『古今和歌集』に詠まれているように、今の仙台市郊外の野辺は、かつては萩の名所として知られたところで、歌枕になっている。

京都では、京都御苑の東にある梨木《なしのき》神社の萩がよく知られていて、まだ明けやらぬ頃に訪れると、露に濡れた美しい萩の花色を観賞できる。

臙脂色

えんじいろ

臙脂綿

明治時代の女学生の袴《はかま》、早稲田大学の校旗の色などで知られる臙脂《えんじ》色といえば、青味がかった濃赤を連想する向きは多いと思われる。だが、臙脂という色名は、日本においても、中世を境にしてその素材が変わってきている。

「えんじ」には「臙脂」「燕支」「烟子」などの文字があてられてきた。

その由来は中国の前漢時代までさかのぼる。当時、匈奴《きょうど》と呼ばれる遊牧民族が東へ攻めてきて、今の中国の甘粛《かんしゅく》省と青海省の境にある祁連《きれん》・燕支《えんし》山まで支配していた。紀元前一二七年、前漢の武帝はそこを攻めて奪い返し、領地とした。そのとき匈奴の王である非歎は、「我が燕支山を失う、我が婦女をして顔色無からしむ」と嘆いたという。そこには西のエジプトやペルシャからシルクロードを経て紅花《べにばな》がもたらされ、良質のものが産出される大産地になっていたからである。

紅花は「艶紅《つやべに》」（42頁）でも記したように、染料、薬料のほか、色素を沈殿させて化粧品、つまり頬紅や口紅としてもよく用いられたのである。匈奴の王は、この紅花の産地を奪われたことによって、頰を装う赤い色のもとがなくなり、顔色がなくなってしまうことを憂えているのである。

燕支山が中国の領地となったため、そこに咲く紅花は燕支とも称された。それ以後、中国では紅花の栽培が盛んとなり、化粧品や漢方薬としての利用も増していったのである。

したがって、「燕支」は紅花を何回も染め重ねた濃い色か、色素を沈殿させて真綿《まわた》に染み込ませたものを称していたようである。

紅花は、日本へは五世紀頃に渡来するが、それは三国時代の呉の国からであったた

江戸時代に輸入された臙脂綿。臙脂虫を精製して木綿の綿にしみこませたもので、絵画や友禅染、沖縄の紅型などに用いられた

め、「呉藍《くれあい》」と称したことも先に触れたとおりである。奈良時代の『正倉院文書』には「烟子」あるいは「烟紫」という記述が見られる。

延喜十八年（九一八）頃に成った『本草和名』には「紅藍花、作燕支者、和名久《く》礼《れ》乃《の》阿為《あい》」、承平年間（九三一〜九三八）撰進の『倭名類聚鈔』には「焉支、烟支、燕支、臙脂皆通用」とある。

だから日本では、おそくとも平安時代までは、臙脂は紅花であったのである。

ところが、そのいっぽうで、日本だけでなく、インド、中国という東洋の二大文明圏とその周辺の国々では、虫から採った赤色を古くから使ってきたのである。世界中どこでも、天然の染料にはほとんどが植物の根や樹皮を使うが、虫や貝など動物性のものもまれに用いられる。

赤の色を得るために用いられてきたのが貝殻虫である。貝殻虫は世界には一万種もいるといわれ、とくに運動機能を失った雌は、一部の雄とともに植物に寄生して、樹脂あるいは蛋白質性の分泌物で身体をおおう。その貝殻虫は赤色の色素を含んでおり、それを採集して染料や薬物としてきたのである。

なかでもよく知られるものは、東洋圏においては紫鉚《しこう》（鉱）と記されているラックカイガラムシ（学名 Laccifer lacca Kerr）である。オオバマメノキ（マメ科）やアコウ（クワ科）、ライチ（ムクロジ科）、イヌナツメ（クロウメモドキ科）などの樹に寄生し、インド、ブータン、ネパール、チベット、ミャンマー、タイ、インドネシア、中国南部あたりで採集されてきた。

中国でも古くから知られていたようで、唐代に編纂された『新修本草』にも見え、わが国にも、おそくとも奈良時代には将来されていたらしく、

樹に寄生するラックカイガラムシ

ラックカイガラムシの拡大図

正倉院には今日まで、枝に固結したものが伝えられている。それらは医薬品としても、また染料としても用いられたが、さらにその色素を取ったあとは樹脂状の塗料、つまり天然のラッカーとされたという報告がなされている。今日では、それはシェラックと呼ばれて電気の絶縁材、SPレコード盤などに使われている。

色素として用いられた例は、私の見るところ、法隆寺、正倉院に伝えられる染織品のなかにいくつかあり、いずれも鮮やかな色を残していて印象的である。

日本では素材そのものを採集したという例は見られないが、平安時代の女流歌人で中古三十六歌仙の一人とされる赤染衛門《あかぞめえもん》の家集に「虫のちをつぶして身にはつけずとも思ひそめつる色なたがへそ」、返歌「虫ならぬ心をだにもつぶさではなににつけてか思ひそむべき」などと詠まれている。

また、私は、平安時代以降の日本の絵画、とりわけ赤色系の目立つ仏画に、朱とともにこの

紫鉱　正倉院　ラックカイガラムシの雌虫が樹皮に寄生して分泌したヤニ状の物質。正倉院では『種々薬帳』に薬の一つとして記載されている

不動明王像(黄不動)（部分） 平安時代 国宝 曼殊院 半裸の筋骨たくましい不動明王で、肉身が黄色のため、黄不動と呼ばれる。翻る裳は、臙脂と思われる赤と、緑青の緑色で、表裏が塗り分けられている

臙脂が多用されていると考えている。たとえば、京都の曼殊院《まんしゅいん》に伝来する不動明王像、通称黄不動の裳の赤などはその例のように思われる。

こうした日本画に見られるやや青味がかった赤を使う伝統が、江戸時代に入って友禅染という、絵画と染色の技が一体化したものの誕生につながり、その需要も拡大していったのである。

それらは、ラックという樹脂を精製して純粋な染料にしたものである。ラックを水に入れ、温めながら煎じていくと、液は赤くなり、樹脂のほうは塊になっていく。この色素を精製する技法は、中国の蘇州がとくにすぐれており、色素を木綿の綿にしみ込ませた状態で輸出され、日本はもとより沖縄の紅型にも使われた。この紅（びん）とはまさにこの色をさしているのである。江戸時代、長崎港の輸入記録には、臙脂綿何枚という記録がみられ、友禅染が盛んになると、年間数万枚におよんでいる。

この色素をしみ込ませた綿を臙脂綿《えんじわた》という。中国明代に宋応星という人によって書かれた産業技術書『天工開物《てんこうかいぶつ》』を読むと、「臙脂は、昔の染め方では、紫鉚で真綿を染めたものが上等で、紅花の汁や山榴花《さんりゅうか》の汁は、これに次ぐものであった。近ごろ山東省の済寧路では、染めたあとの紅花の滓だけで染めており、値段はたいへん安い。その滓の乾いたものを紫粉といい、これを保存して使っている画家もある。しかし染物屋は滓として棄てる」とあり、その由来を誤解している。

この書物のなかでは、紅花の臙脂より、虫から取ったもののほうが染色や絵画にはすぐれていると記している。この文面からみると、「臙脂」という言葉は紅花から取ったものが本来の語であったのが、紫鉚から取った色素の綿に臙脂という名称がつけられたことが知られる。

つまり、中国の明時代から、それまで紅花の濃いものを、もともとの生産地にちなんで「燕支」とあらわしていたものが、ラックから採った色の名に変わってきたので

加茂競馬文様小袖(部分)　江戸時代　京都国立博物館　青味の赤は臙脂綿を使って色挿ししたもの

鳳凰桐牡丹文様紅型　十九世紀
紅型の赤には二種類あり、やや青味のものは臙脂、黄味のある赤は朱が用いられている

ある。

　東洋のラックに対して、ペルシャより西方は、ケルメスというものが使われてきた。ケルメスガシというブナ科の樹木に、同じように雌が丸い小さな空洞をつくりながら寄生する臙脂虫である。

　ケルメスは、聖書にも記されているように、古代からペルシャや地中海方面で使用されていた重要な染料の一つで、明礬《みょうばん》で発色させてやや青味のある深い紅色に染める。地中海に面したチュニジアの首都チュニスあたりで被られている、紅く染めたベレー帽が知られるが、これもケルメスで染めたものである。

　このような南ヨーロッパでケルメスと茜、またある場合は黄色をかけて染められた羅紗《らしゃ》の紅色は、猩紅色、また日本などでは猩々緋《しょうじょうひ》と呼称して珍重していた。なぜなら、十五世紀から十六世紀にかけて日本へやってきたスペイン・ポルトガル人（南蛮人）がマントのように羽織ってい

ケルメス

ケルメス（染料）

ウチワサボテンにつくコチニール虫

乾燥させたコチニール虫（染料）

チュニジアで被られている、ケルメスで染めたベレー帽

蛇文様綴織紐　九世紀頃
獣毛を用いてアンデスで織られた紐。赤色にはコチニールが用いられている

たからである。それを当時の戦国武将がみて、自らの衣裳に取り入れ、陣羽織《じんばおり》などを仕立てたのである。

このようにケルメスは古代から中世にいたるまで、ペルシャ以西の地域では赤色染料として尊ばれていた。

やがて十五世紀になって大航海時代をむかえた。

多くがインドや東南アジアを目指していたなかで、イタリアのコロンブスは航海する方角を間違えてまっすぐに西へ航行し、アメリカ大陸を発見した。

その後、スペイン人が上陸する。そのメキシコから南アメリカのインカ帝国にかけての一帯には、サボテン（ウチワサボテン）につくコチニールという虫がいた。人々はその雌虫を産卵の前に採集して赤色の染料としていた。古代マヤ・アステカ文明、そして南米は現在のペルー共和国一帯に栄えていたアンデス文明では、このコチニールでアルパカなど、ラクダ科の獣毛を染めて美しい色を出していた。

そこへ目をつけたスペイン人は、安価で大量に手に入れるとヨーロッパへ運んでいった。それ以後コチニールが多く使われるようになり、ケルメスの生産と技術は衰退していったのである。

十九世紀にいたってスペインの植民地であったメキシコが独立運動を起こすと、コチニールの輸入がむずかしくなったため、アフリカ大陸の北西、大西洋上に浮かぶカナリア群島にウチワサボテンを移植し、その需要をまかなうほどであった。

わが国の桃山時代から江戸時代のはじめにかけて輸入された猩々緋の羅紗が、ケルメス染なのかコチニール染なのかを判定することはむずしいが、初期のものはケルメスかとも思われる。

コチニールは現在もメキシコ、ペルーあたりでも生産され、食品の着色料としても多く用いられている。

猩々緋

しょうじょうひ

臙脂綿×槐(明礬)

鮮やかな黄味がかった朱色。

「猩々《しょうじょう》」はオランウータンのことともいうが、ここでは中国の想像上の霊獣で、身体は狗《いぬ》で毛は長くて赤く、顔は人に似て酒を好むという。その血で紅を染めたともいわれるが、実際には虫から採った染料である。

大航海時代を迎えた近世初頭、日本には、南蛮人《なんばん》（スペイン・ポルトガル人）や紅《こう》毛《もう》人（オランダ・イギリス人）の来航によって珍しい品々がもたらされた。そのなかには、猩々緋《しょうじょうひ》と呼ばれる、眼をみはるような真っ赤な羊毛の織物があった。

江戸時代はじめに編まれた『日葡《にっぽ》辞書』には、「Xŏjŏ ショウジョウ」、または「Xŏjŏfi ショウジョウヒ」とあって、「Grãa 臙脂色または深紅色の織物」とある。

戦国武将たちは、それまで日本人にはなじみの薄かった羊毛の、なかでも赤色の鮮烈な羅紗《らしゃ》、天鵞絨《びろうど》といった染織品に魅せられて陣羽織《じんばおり》に仕立て、戦場でひときわ斬新な意匠を競った。上杉謙信所用、あるいは小早川秀秋着用と伝えられる、鮮やかな猩々緋の羅紗を用いた異国趣味あふれる陣羽織が今日まで伝えられている。

それらは、臙脂《えんじ》色の項で記した地中海産のケルメスで染めたものか、スペインが南アメリカ大陸を征服して持ち帰った、サボテンから取ったコチニールという臙脂虫の一種で染めたものかは断定しにくい。

猩々緋の天鵞絨

羅紗地違鎌文様陣羽織　桃山時代　東京国立博物館
小早川秀秋（一五八二〜一六〇二）所用と伝えられ、ケルメスに黄色を掛けて染めた猩々緋の羅紗地に鎌文様のフェルトがアップリケにされている

南蛮屏風（六曲一双の内右隻）　狩野山楽筆
桃山時代　重文　サントリー美術館
何人かは、ケルメスで染められた赤い服を着ている

赤丹　あかに

赤色の顔料となる赤土のような色で、黄味がかった赤。「丹」は土の意。

洗柿　あらいがき

赤味の少ない薄い柿色（68頁）。「洗」という文字は、何度も水にくぐって、色調が薄くなった意をあらわすのだろう。

暗紅色　あんこうしょく

濃い紅色、または黒味がちの紅色をいい、「殷紅《いんこう》色」とも書かれる。「殷」には深いとか赤黒い色の意もあり、「殷紅」「殷色」といえば赤黒い色をいう。

杏色　あんずいろ

熟した杏《あんず》の実のような、薄いオレンジ系の色。

杏は唐桃《からもも》ともいわれるように中国原産で、早春に白または薄紅の花をつけ、初夏に梅の実のような実をつける。英名はアプリコット。

苺色　いちごいろ

初夏、鮮やかに色づいた苺《いちご》のような、少し紫味をおびた赤色。

苺は山野に自生する木苺や蛇苺などの総称でもあるが、普通には栽培種のオランダイチゴをさす。英名はストロベリー・レッド。

薄柿色　うすがきいろ

「洗柿」よりさらに薄い柿色で、わずかに赤味のある黄色。「洒落柿《しゃれがき》」よりさらに淡い柿色とされる。

潤朱　うるみしゅ

やや沈んだ黄赤色。

ものの形や色が鮮明でない場合を「潤む」とあらわしたり、濁ってはっきりしない色を「潤み色」などというところから、朱赤がくすんだような感じにあてられるのだろう。

鉛丹色　えんたんいろ

酸化鉛の鮮やかな橙《だいだい》色。

鉛丹《えんたん》は、赤という色の力が崇《あが》められたこともあるが、錆止め、腐敗防止の働きもあって、古くから神社仏閣をはじめ建物にも塗られてきた。現在もペンキの下塗りなどに用いられる。

オールド・ローズ

英語でオールド・ゴールドといえば艶消しの金色を意味するように、オールドには、くすんだ、褪《あ》せた、などの意味もあり、落ち着いた感じとか鈍い色調をあらわすようになる。大正時代この系統の色を「長春《ちょうしゅん》色」と呼んだ。

ガーネット

ガーネットは日本で安石榴石《ざくろいし》と呼ばれるように、安石榴の実の色に似た暗赤色が代表的な宝石で、その色からの色名である。

血を想起させる色から十字軍の兵士は護印として好んで身につけたという。

黒柿色　くろがきいろ

柿色（68頁）の黒味をおびた色で、黒に近い暗く沈んだ赤である。

サーモン・ピンク

鮭の肉の色、鮭の切り身の色で、黄味をおびた鮮やかなピンク色。石竹色《せきちく》（49頁）に近い色である。

シェル・ピンク

やや黄色味のある薄いピンク。シェル、すなわち貝殻の内側に見られるほんのりした赤味をいう。

シグナル・レッド

赤は人の注意を引きやすく、遠くからでも識別できる。信号や標識に用いられる赤い色。

洒落柿（晒柿）　しゃれがき

「晒柿」とも書き、「洗柿」よりさらに淡く、「薄柿」よりやや濃い色をさすと思われる。

布や紙を水や日光にあてて漂白することを「晒《さら》す」ということをふまえての色名であろう。

宍色　ししいろ

肌色のことで、日本人の肌の色のようなごく薄い橙色。

「肉《にく》色」「人《ひと》色」などとも呼ばれた。宍《しし》と肉は同義で、主に食用の獣肉をいう。『倭名類聚鈔』（十世紀前半）には「肉。和名之々《しし》、肌膚之肉也」とある。

甚三紅　じんざもみ

濃くも薄くもない紅色。紅花《べにばな》染の無地を「もみ」（紅絹、紅。紅花を揉《も》んで色素を得るところから）という。

庶民には高嶺の花であった紅花染に似せて、甚三郎なる人物が蘇芳《すおう》（茜《あかね》とする説もあり）を使って染め出した色名という。

蘇芳香　すおうこう

ややくすみ気味の赤褐色で、「香」という文字がつくように、香りのよい丁《ちょう》子《じ》で染めた香色《こういろ》（220頁）を真似たもの。

高価な丁子の代わりに支子《くちなし》と紅花《べにばな》が用いられた香染であったが、これは紅花の代わりに蘇芳《すおう》を用いた染めである。

スカーレット

鮮やかな赤。伝統色では深紅《ふかきくれない》（44頁）、また緋色《ひいろ》（28頁）にあたる色である。

赭　そほ

「赭」は赤土、赤の意である。茜《あかね》染の「纁《そひ》」（36頁）よりさらにくすんだ黄赤色。

チェリー・ピンク

桜の花のピンクではなく、さくらんぼう（桜桃）の赤をこのように呼ぶ。少し紫味のある濃いピンク。

長春色　ちょうしゅんいろ

灰色がかった薄紅色。

長春は常春《とこはる》の意であるが、この色名になったのは、長春花《ちょうしゅんか》、四季薔薇《しきばら》といわれる中国原産の四季咲きの薔薇である。藤原定家の日記『明月記』建保元年（一二一三）十二月にも「籬下長春花猶有紅蘂……」とある。しかし色名としては明治以降の流行と思われる。

照柿色　てりがきいろ

「柿色」（68頁）と同じく、熟した柿の実の色をあらわす。

鴇浅葱　ときあさぎ

長春《ちょうしゅん》色よりさらに薄く、灰色味のある紅色。

鴇《とき》色（58頁。やや紫味のある淡桃色）がかった浅葱《あさぎ》色（140頁。淡い藍《あい》色）の意と思われる。

鴇羽色　ときはいろ

鴇《とき》色（58頁）に同じ。

丹色　にいろ

やや黄味がかった赤色。

「丹」は赤色の意で、頭の頂の赤い鶴を丹頂鶴といい、丹鉛《たんえん》といえば紅と白粉《おしろい》をさす。また「真心」の意もあり、丹心、丹精、丹誠などの語もよく用いられる。

人参色　にんじんいろ

人参の根のような、赤味の強い橙《だいだい》色（55頁）。

人参はセリ科、西アジア原産で、日本へは十六世紀に中国から伝えられた。

灰桜色　はいざくらいろ

灰色がかったくすみのある桜色（50頁）とも、明るい灰色にほんのりと桜色が混ぜ合わさった色調ともいえる。灰色味はあっても濁りはなく、軽やかな色である。

肌色　はだいろ

日本人の肌のような色合。

今では肌色が一般的だが、古代には「宍《しし》色」「肉《にく》色」「人《ひと》色」などとも呼ばれたことが文献に見える。

薔薇色　ばらいろ

英名でローズ・レッドと呼ばれる鮮やかな赤色。

「la vie en rose、薔薇《ばら》色の人生」といわれるように、幸福や喜び、希望に満ちあふれた世界にたとえられる明るい色。

薔薇の花は日本では「そうび」と呼ばれ、『源氏物語』などにも登場するが、色名として用いられることはなく、ヨーロッパ文化の受容とともに流行ったようだ。

火色　ひいろ

茜《あかね》で染める緋色《ひいろ》（28頁）のことで、黄味がちの鮮やかな赤色である。その色が火を連想させるところからであろう。英名ではスカーレットにあたる。

人色　ひといろ

日本人の肌のような色。「宍《しし》色」「肌色」に同じ。

ピンク

ピンクを日本語では、桃の花の色であらわして桃色とするが、ナデシコ科の多年草で初夏に花をつける石竹《せきちく》の淡い紅色（石竹色、49頁）をあてるほうがふさわしい。

フレッシュ・ピンク

白人の肌の色は白というよりやや赤みを帯びている。その、ピンクよりやや朱に傾いた淡いピンク色をこのようにいう。肉色と和色名をあてる。

紅柿色　べにがきいろ

「柿色」と一口にいうが、柿の実の色はさまざまである。同じ実りの柿でも朱赤にあらわされる柿色（68頁）より紅色の強い、少し落ち着いた色調と思われる。

紅樺色　べにかばいろ

赤味のある樺《かば》色（27頁）で、茶色がかった橙《だいだい》色（55頁）ともいえる色調である。

もともと樺色は茶系統の色調と見ることもでき、江戸時代の雛型《ひながた》本には「紅かば茶」という色名も見られるが、「紅樺」「紅かば茶」などがどの程度の識別がなされていたのか不明である。

ベビー・ピンク

ごく薄いピンク色。女の赤ちゃんに着せるベビー服の色。男の赤ちゃんには薄いブルーの「ベビー・ブルー」となる。

マゼンタ

カラー印刷では、このマゼンタ（赤）とシアン（青）とイエロー（黄）、さらにブラック（黒）が基本の四色で、それらの組み合わせによって色が再現される。マゼンタは単赤《たんあか》と通称され、紅《くれない》（38頁）に近い赤紫色である。

蜜柑色　みかんいろ

蜜柑の代表的な品種、温州《うんしゅう》蜜柑の果皮のような黄赤色。橙《だいだい》色（55頁）ほど赤味は強くない。色名として定着したのは、比較的現代のことという。

ルビー

紅玉とも書く宝石のルビーのような、紫味の強い赤色。

ローズ・ピンク

さまざまの品種が栽培される薔薇《ばら》は、その花の色も多彩で、英名にもローズが冠された色名は多い。ローズは紫がちの赤色をいう。

ローズ・ピンクはやや紫がかったピンク。

京都上賀茂神社の末社、
大田神社の沢いっぱい
に咲く杜若

紫系の色

日本の自然のなかで紫の美しさを見るのは五月である。杜若《かきつばた》や花菖蒲《はなしょうぶ》が咲き競う、たとえば京都であれば上賀茂神社の末社である大田神社の沢へ、それも朝早く訪れて、初夏を告げる太陽の光が東の山から照らして、紫が千変万化、さまざまに色を変えていく光景を眼にすると、人を惑わせるような、不可思議な世界へ引き込まれていくのを感じる。

紫という色を得るのに、中国、日本など東洋の国々では古くから紫草の根（紫根《しこん》）を染料として用いてきた。

私の染色工房では、今もその伝統にのっとって紫を染めている。染液のなかをゆっくりと泳ぐように動いている布に、だんだんと紫色が入っていくさまを見ていると、ほかの色を染めているときとはちがった、妖艶というか、神秘的というのか、眼が、色に吸いつけられて、そのなかに自分が入りこんでいくような気がしてくるのである。

紫の色は、古代より、洋の東西を問わず高貴な色になっていった。

中国には、今から千九百年あまり前、後漢時代の許慎という人物が字形によって分類した最古の字書『説文解字《せつもんかいじ》』があって、そこに紫は、「帛の青赤色なるものなり」と記されている。紫は青と赤の間色であるということをあらわしている。

その時代をさらにさかのぼる春秋時代から戦国時代に完成したとされる、中国のいわゆる五行思想のなかの五色「青、赤、黄、白、黒」という正色のなかには紫はないのである。ところが、いっぽうで紫が尊ばれる風調も生

紫地鳳文軾
八世紀中頃　正倉院
天平勝宝八年（756）、光明皇后が東大寺に納められた聖武天皇遺愛の品の一つ。紫は紫根染。紫が高貴な色である証といえる

まれ、孔子の『論語』陽貨篇には「紫の朱を奪うを悪《にく》む」と、その流行を嘆くような一文がある。

前漢の武帝（在位、紀元前一四一～前八七）はことさら紫の色を好み、天帝の色として他の者の使用を禁ずる「禁色《きんじき》」とした。そして、自らの住まいを紫宸、紫極とあらわすようになり、以来、中国では紫が最高位の色となっていった。

濃く染められた紫の衣を纏った皇帝が、臣下が群れ集まっている、たとえば中国の都、長安の宮城の大極殿のような接見の場に現われる。そのとき太陽が差し込んできたなら、皇帝がまとう衣服は青紫から赤紫へと色相は神秘的に照り輝くように変化して見えたことであろう。そこに居合わせた人々は、皇帝の姿を神のように思い、畏敬の念を強く抱いたのではないだろうか。

最勝王経帙　八世紀中頃　正倉院
細竹を糸で編んだもので、天平十四年（742）の文字があらわされている。紫根染の糸が用いられている

では、ギリシャ、ローマといった西洋の人々が着用していた紫はどのようなものであったのか。

紺碧《こんぺき》の海が広がる地中海沿岸には、古代より数多くの文明が開けてきた。今からおよそ三千六百年ほど前、その東海岸、現在のイスラエル、レバノンのあたりに、フェニキアという国が誕生した。そこは広大な地を有する大国ではなかったが、海岸と平行してそびえるレバノン山脈の斜面に生育するレバノン杉（これは「杉」とは名ばかりで、松の大木という）を利用して船を造り、地中海を縦横に航海していた。フェニキアは海洋国家であった。


海に生きるフェニキアの人々は、貝で紫色を染めていた。

アクキガイ科の貝で、その内臓にあるパープル腺から黄色い液を取り出して布につけ、太陽に当てると、やがて紫色に変化する。この不思議な貝紫《かいむらさき》染を、彼らは今からおよそ三千六百年前に発見していたのである。その染色法は、一つの貝からわずかの量しか採れないこと、紫色がえもいわれぬ妖艶な色合いを見せるところから珍重され、やがて地中海のギリシャ・ローマ帝国の帝王に愛され、彼らの衣服の象徴的な色となっていった。帝王紫（ロイヤル・パープル）といわれるゆえんである。

こうして、紫は色の三原色、また、五行思想の正色である五色からみれば間色であるのに、はからずも洋の東西で高貴な色となっていったのである。

このほか、紫を染めるには、紅花《べにばな》と藍《あい》、茜《あかね》と藍というように、赤系の染料と青系の染料を染め重ねてもその色相は得られるのである。

貝で染めた帝王紫染の衣を纏うユスティニアヌス帝（中央、在位527～565）を描く、サン・ビターレ教会（イタリア）のモザイク壁画

深紫　黒紫

❖こきむらさき　❖ふかきむらさき

紫根(椿灰)×紫根(酢)

［註］現代のカラー写真撮影では、フィルム解像力の問題で、紫根染による紫色は、左頁などのように、赤味がちに写る。

深紫《こきむらさき》とは、紫草の根（紫根《しこん》）によって、何度も何度も繰り返し染めた、黒味がかったような深い紫色をさしている。

推古天皇十一年（六〇三）、聖徳太子が制定した冠位十二階の制において、もっとも高位のものとされたのが紫で、そのあとに出てくる「深紫」「黒紫」もほぼ同様の色をさしていると考えられている。

紫色をあらわすのが紫草の根、紫根である。根の外皮に色素が含まれていて、土のなかから掘り起こしたものは黒紫とでも表現したいような、深く濃い紫色をしている。それを石臼で搗《つ》いて砕いたあと、麻の袋に入れ、洗濯板のような表面に凹凸のあるもののうえで、湯に浸けながらひたすら揉み込んで、色素を取り出すのである。

その紫色の抽出液を浴槽に入れてさらに湯を加え、たっぷりとした液のなかに絹糸や布を入れて手で繰りながら染めていく。半時間もそうして、今度は別の浴槽に汲んだ清水のなかで繰って余分な色素を洗い流す。そして次の発色の工程に移っていく。

あらかじめ椿の生木を燃やした灰に熱湯を注いで二、三日置いておき、その上澄み液を漉《こ》して、また別の浴槽に入れておく。そこへ水洗した布（糸）を入れて発色させる。椿の木灰には金属のアルミニウム塩が含まれていて、紫の色素を糸や布に定着させるための仲介役、染屋の専門的な言葉を使えば媒染剤《ばいせんざい》の役目を果たすのである。

『万葉集』に「紫は灰指《さ》すものぞ海柘榴市《つばいち》の八十《やそ》の衢《ちまた》に逢へる児《こ》や誰《たれ》」（巻十二。海柘榴市の辻で逢ったあなたは、何というお名前でしょう）と、紫染のときには椿の灰を加えるのが最適とされたことをふまえて詠まれるのは、まさにこれを写している。

この紫の液のなかで繰る作業と、媒染剤の灰汁《あく》のなかで繰る作業を三十分ずつ交互

紫紙金字金光明最勝王経　奈良時代　国宝　奈良国立博物館　料紙は紫根を顔料のような泥に加工して塗り重ねたもの

桐矢裡文様胴服(部分)　桃山時代　重文　京都国立博物館　紫根染の色が見事に残っている

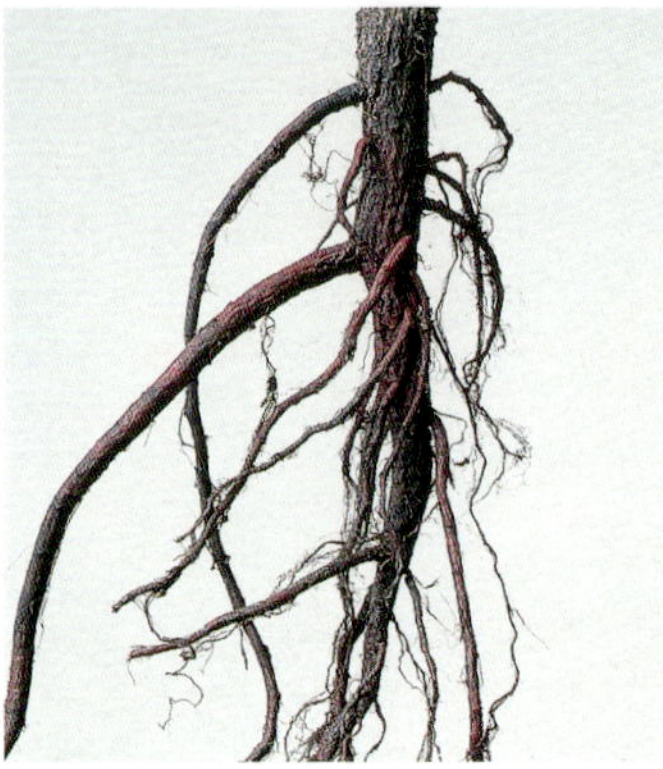

紫草の根
京都福知山にて

六月頃、白い花をつける紫草

に繰り返して、四日から五日間染め続けると、濃い紫となる。『延喜式』によれば、綾一疋に紫草三十斤（約十八キログラム）、酢を二升用いるという。

紫は、高貴な人々にだけ許された、いわゆる禁色《きんじき》であると前にも書いた。

紫の色は、紫草の根を用いても、西洋のように貝を用いる場合でも、原料を入手するのに手間もかかり、高価であり、より深い色を染めるには日時と労力を要することは間違いない。しかし、ただそれだけでは、人類の歴史上、これほどまでに高位の人々の色とはされなかったであろう。それは紫という色の妖艶さによるのである。

日本において、聖徳太子によって冠位十二階の制が定められてから、わずかの例外はあるにしても、紫が最高位の色であることは動かぬところで、長く尊ばれてきたことは周知のことである。

深紫という色名は、そのあとの大化三年（六四七）、孝徳天皇のおりの改正では最高位の色として見えていて、大宝元年（七〇一）文武天皇のときには黒紫が親王の色とされている。どちらもより濃い紫と解するように思われるが、当時の服飾品が今日まで伝えられていないので、それは推測の域を出ない。

ただ、正倉院には、聖武天皇ご愛用の鳳《ほうおう》文錦褥《もんにしきのじょく》（84頁）と、天平十四年（七四二）の年号が編み込まれた最勝王経帙《さいしょうおうきょうのちつ》（86頁）が遺されていて、一千二百年たった今も天平の紫の色を見ることができる。

さらに、聖武天皇が日本各地に国分寺を建立されたとき、塔のなかに安置された金光明最勝王経というものがある。その一部が現在、奈良国立博物館に収蔵されているが、紫で紙を染め、金泥で書写したという華麗な紫紙金泥経《ししきんでいきょう》（89頁）である。まさに深《こ》き、あるいは黒《ふか》き紫を伝えているように思われる。この紫紙金泥経は、布や糸のような染色法ではなく、あらかじめ濃い紫根の抽出液と椿の木灰の灰汁を混ぜ合わせて色素を沈殿させ、その絵具状になった液を塗ったもののようである。

石臼で搗いた紫根を湯のなかで揉み出して色素を抽出し、漉した液で染浴をつくる

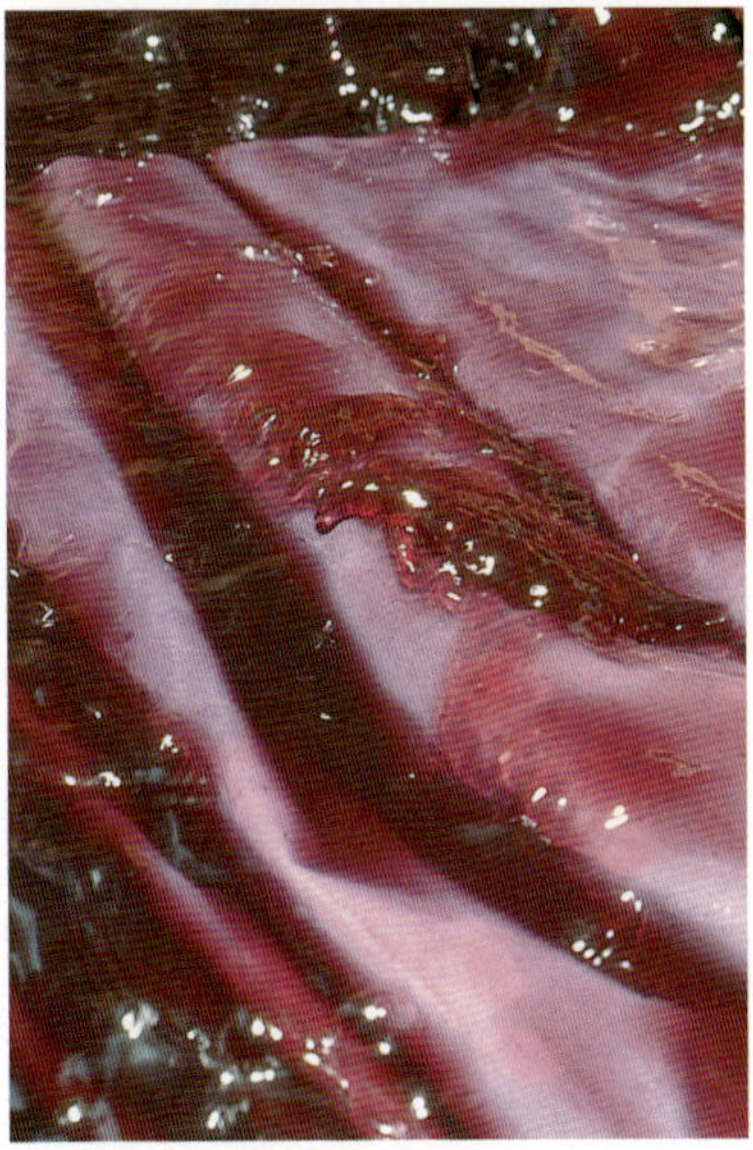

椿の灰汁で媒染した布を紫の染浴で染める

このような紫を尊ぶ思想は平安時代にも伝えられ、清少納言がいみじくも記した、「すべて、なにもなにも、紫なるものは、めでたくこそあれ。花も、糸も、紙も」という一文がすべてといってもよいだろう。

また『源氏物語』は作者自身が紫の式部と称し、主人公光源氏の母は桐壺の更衣、愛する女性は藤壺でいずれの花も紫の色、さらに紫の上などと、紫色にゆかりの深い人物が登場する。平安時代はこうした風潮のなか、たんに「濃《こ》き」といえば「濃紫」を、「薄《うす》き」といえば「薄紫」を意味するほどであった。

深い紫を尊ぶ思いは、天皇を中心とする時代から鎌倉時代の武家の社会になっても続いた。それは豊臣秀吉が愛用し、のちに南部信直（一五四六～九九）に賜わったという辻が花染桐矢襖文様胴服（89頁）の肩のあたりの、桐文様を絞った紫根染の色にもよくあらわれている。上杉謙信所用と伝えられる腰明竹雀丸文様小袖、徳川家康所用葵紋腰替小袖などもまた同様である。

帝王紫　貝紫

❖ていおうむらさき　❖かいむらさき

貝紫

貝からパープル腺を取り出す

中国や日本では、紫色を植物染料から得てきたが、古代フェニキアでは貝を使った紫の染色が行なわれていた。アクキガイ科の貝の内臓には、パープル腺という特殊な腺があり、これを取り出して太陽に当てると黄色から赤味がかった紫色に変化する。

地中海沿岸では紀元前千六百年頃からこの染色技術が発達したが、わずか一グラムの色素を得るために二千個もの貝を必要とする、きわめて貴重な染色であった。そのため、ティリアン・パープル、ロイヤル・パープル（帝王紫）と呼ばれ、ギリシャ・ローマ帝国では皇帝や貴族にしかその使用は許されなかった。

伝説によると、シーザーが暗殺されたあと、跡を継いだアントニウスはエジプトに帰っていた女王クレオパトラを呼び寄せるが、そのときクレオパトラを乗せた船の帆は、この貝紫で染められていたといわれている。

またこの貝による紫の染色は、南アメリカ大陸でも行なわれていた。

アンデス山脈から太平洋岸一帯は、紀元前三千年頃から高度な文明が発達し、十六世紀はじめまで二千数百年という長きにわたって栄えた地である。各地の遺跡からは、色彩、技法ともにみごとな染織品が発掘されているが、貝紫の染織品も、紀元前十二世紀頃の木綿布で現存する最古の遺品といわれるものがあり、さらに儀式のおりに使われたと思われる華麗な漁網をはじめ、数多く出土している。

わが国でも、志摩の海女たちが、イボニシガイのパープル腺を松葉につけて自分の手ぬぐいに印を付け、それをお守りにする風習があった。

日本では、古代から海辺ではこうした民俗的な意味合いで染められていた可能性はあったかもしれないが、裂や糸に染めて高貴な人々が着るような伝統はなかった。

五世紀頃のコプト裂。貝紫で染められた糸が織り込まれている

IN NOMINE SCE ET INDIUIDUE TRINITATIS OTTO DIUINA
FAUENTE CLEMENTIA IMPERATOR AUGUSTUS ·
Creator et institutor omnium ab aeterno deus quecumque sunt
rerum primordialibus initio nascentis mundi inperfecta ele
gantia editis naturis · hominem simul qui cunctis aeternitatis
praeesset et dominaretur ad imaginem et similitudine sua
artifex summe bonus concedere uoluit · Quem solum manere
cum nollet · ut in multiplicem propaginem perpetuo duratura
posteritas · ordini angelico ob superbiam imminuto reparando
sufficeret · adiutorium coniugale eidem homini costa corpori
eius detracta · fabricatus est · duosq: in carne una deinceps et
mirabili prouidentia ordinauit · lege sanctissima patre et matre
relinquendos · et adherendum uxori suę decernens · Ad hoc
ipse utriusq: testamenti institutor · mediator dī et hominū dn̄s ihc
xp̄c in humana carne adueniens ipse ex inmaculato uirginis utero
tamquam sponsus egressus de thalamo ad coniungendam sibi sponsā
aecclesiā · ut ostenderet bonas et scās esse nuptias legitima institutione

帝王紫染の羊皮紙に金文字で記された結婚証明書。972年4月14日、神聖ローマ帝国のオットーⅡ世とビザンチンの皇女テオファのもの

古代紫 京紫

❖こだいむらさき❖きょうむらさき

紫根(椿灰)

古代というのは、日本の歴史を学ぶ通例の分類からすれば、平安時代より以前ということになる。

古代紫は、奈良あるいは平安に都のあった頃に尊ばれ、そこで染色をしていた紫、ということになる。紫根《しこん》で染め、椿の生木などを焼いた灰で発色していたのである。

京紫は、平安時代以降政権が武家に移っても、染織においては京都が長くその中心地であったために紫染の伝統を引き継いでおり、そのために付け加えられた名称で、古代紫と同系とみてよいであろう。

紫が赤味がちであるとか、青味がちであるとか、色合いがよく問題になる。実際の染色作業は、紫根の液での染色をしてから、次に椿の木灰の上澄み液（灰汁《あく》、媒染剤《ばいせんざい》）での発色というように、この工程を交互に繰り返すわけである。布は紫根の液に入っているときは赤味になる。だが、そのいっぽうで、灰汁に入れるとたちまち青系の紫となってくる。これは灰の成分はアルカリ性であって、紫根はこのなかに入ると青味になり、その一方で酢などが少し入った酸性の染料の液に出会うと赤味になるからである。

したがって、青味にしたければ媒染で作業を終えればよいし、赤紫がほしければ染液のなかで終わればよいのである。さらにもっと赤味を出したいときは、染料の液のなかに米酢を少し入れておけばよいのである。

京紫と江戸紫（96頁参照）との色の比較は、その昔からさまざまな論議を呼んでいるが、技術的には先に記したように、作業を染料の液で終えるか媒染液で終えるかの差だけである。

紅葉扇面地紙文様小袖（部分）　江戸時代
地色の紫は紫根染である

京紫という色名は、江戸時代になって、東北の南部紫、鹿角《かづの》紫が有名になって、さらに江戸の地でも紫が染められるようになってから、産地を明確にするためにつけられた名称である。

江戸紫が青味の紫であるのに対して、京紫は赤味の紫というのが一般的な考えである。だが、それには何の根拠もないとする説もある。

また、京紫は古代紫の系統で、成熟した茄子《なす》のような青味の色と考える人もいる。それは、江戸時代、伊勢貞丈が考説した公家・武家の有職故実に関する随筆『安斎随筆』に「今世京紫といふ色は紫の正色なり。今江戸紫といふは杜若の花の色の如し。是葡萄染なり」とあるのを論拠とするようだ。

つまり江戸紫は、杜若《かきつばた》の花の色や葡萄《えび》色の語源となったといわれる山葡萄《やまぶどう》の実の色のような、やや赤味のあるものであると説いている。

ただ、元禄三年（一六九〇）に刊行された、人々の仕事や職業を図解した『人倫訓蒙図彙《じんりんきんもうずい》』（巻六）の「紫師」の項に、「此紫染一種　これすなす中にも上京　中川屋其名高し　茜は山科名物也　又江戸紫の家　油小路　四条の下にあり」とみえ、江戸紫という色も、はじめは京都で染められていた節もある。

さらに、古代紫は暗くくすんだ紫をさすという論もあるが、これは正倉院宝物の天平の紫紙金泥経を見てもわかるように、何の根拠ももたない。

江戸紫

えどむらさき

紫根（椿灰）

これほど諸説紛々の色も珍しいのではないだろうか。江戸で染めた紫。江戸の町人が好んだ紫。歌舞伎の助六が締めた鉢巻の色。俗説的にいえば、赤系の紫が京紫、青味の紫を江戸紫とする。ただし、この説には何の根拠もないとする説もあるのは古代紫（95頁）で述べたとおりである。

江戸時代、寛永年間（一六二四～四四）に、京都智積院《ちしゃくいん》の僧侶であった円光という人が、武蔵国多摩郡松庵所川（今の杉並区松庵）あたりを行脚していたところ、その地の豪農で何不自由なく暮らしていた杉田仙蔵が老後の楽しみにしようと、円光を自宅に招いて教えを乞うた。

あるとき二人で江戸の町を見物していると、紫染の衣裳を着た男女にたくさん出会い、仙蔵はその色の優美さにも感心し、また流行していることも見て取った。

そして、それが京都で染められていると聞き、江戸でもできるだろうと、紫染屋を開いてしまった。土地をかたに金を借り、苦心して染工場を造ったが、すぐに色が変わって納めたものも返品になるありさまだった。しかし、紫草の良質なものを産するところが南部藩（今の岩手県）にあると聞いてわざわざそこまで出向き、ようやくのことその栽培法と染色技術をものにすることができたのである。

ところが、その工場が完成して祝宴を張った夜、焼失してしまった。僧円光は悲しんで仙蔵の三男に後事を託し、ようやく江戸における紫染が完成したという話も伝えられている。

江戸紫という言葉が記録されたもっとも古い例は、元禄三年（一六九〇）に出版された『人倫訓蒙図彙《じんりんきんもうずい》』である。前述のように、「此紫染一種　これすなす中にも上京

江戸歌舞伎の代表「助六由縁江戸桜」の助六の病鉢巻。市川団十郎（十二世）

中川屋其名高し　茜は山科名物也　又江戸紫の家　油小路　四条の下にあり」とある。

これを信ずれば、江戸紫というのはまず色名が先行し、これを京都で染めていたことになり、冒頭の「江戸で染めた紫」は必ずしも適当ではない。その頃はすでに日本橋に越後屋三井が呉服屋を開き、小売をしていた時期である。それは主に京都で染めた商品を江戸へ運んでいたわけで、江戸の人々が好む色を、京都で染めていても不思議ではない。

「紫と男は江戸に限るなり」という川柳があるように、歌舞伎が江戸で人気を博した頃、助六の締める紫の鉢巻が桔梗の花に似た色であったところから、青味のある紫といわれる江戸紫が定着していったのではないかと思う。

ただ、この頃には、紫根染の本紫に対して、蘇芳《すおう》で染めた似紫《にせむらさき》（114頁）も横行するようになる。

木綿紫地下着（部分）　明治時代
江戸時代から紫根染で有名な、東北の南部地方で染められたもの

半色　中紫

❖はしたいろ　❖なかのむらさき

紫根（椿灰）

半色の襲：
表-半色（紫根）
裏-半色（紫根）

紫草の根で染めた「濃《こ》き」と「薄《うす》き」の間の色、中間的な紫色。「半色《はしたいろ》」も中間の、半分の色で、同色とみなしてよい。平安初期、大同四年（八〇九）の『日本後紀』に中紫の名称が記されていて、位の色となっていたようである。『延喜式』には、綾一疋を深紫に染めるのに、紫草（紫草の根）三十斤、浅紫は紫草五斤と記され、「中紫」は記されていない。それから判断して十五斤ほど使ったものと想定される。

十世紀頃成立の『宇津保物語』には、「いぬ宮いだきたてまつりて、……御ぞはしたいろのちいさきも」と見える。

浅紫　薄色

❖あさむらさき　❖うすいろ

紫根（椿灰）

薄い紫色。紫は最高位の色で、たんに「濃《こ》き」「薄《うす》き」といえば紫の濃淡をあらわすとされ、薄色とも呼ばれた。『延喜式』によれば、浅紫は、綾一疋を紫草五斤（約三キログラム）で染めるとあり、それは深紫を染める紫根の六分の一の量にすぎない。

『枕草子』には、貴《あて》なるものとして、藤の花や雪の降りかかった梅の花などとともに「淡色に白襲の汗衫《かざみ》」があげられており、公家の童女の上着の色は、淡い紫に透明な生絹を重ねたものがよいとしている。この「淡色」とは淡紫のことである。

紫鈍

むらさきにび

紫根《しこん》で淡く染め、淡い灰色を重ねた、墨入りの紫とでもいう色である。

鈍色《にびいろ》（244頁）は平安時代の天皇、公家たちが近親者の喪に服するときに纏った、灰色から黒の間の衣裳の色。なかには、お洒落で贅沢な人たちもおり、矢車《やしゃ》、橡《つるばみ》などで染めた淡墨色ばかりを着たのではなかった。高貴な色である紫を紫根で薄く染め、墨色を重ねて鈍色にしたのである。

『源氏物語』「葵」の巻では、葵の上が亡くなったおり、六条御息所《みやすどころ》の弔問の手紙に対する光源氏の返書は、「紫のにばめる紙」であったという。

紫根（椿灰）×檳榔樹（鉄）

滅紫

けしむらさき

紫を滅《めっ》した色、鮮やかで匂い立つような紫染から華やかさをすべて取り去ったような色で、くすんだ灰色がかった紫色をさす。紫色を染めたあと、染液を一昼夜放置すると、色素が分解して鼠色がかってくる。その液で染めたもの。『延喜式』縫殿寮には深、中、浅の三段階の滅紫の染め方が見られ、深滅紫でも紫根は綾一疋に対して八斤である。また同じく内蔵寮には「紫捨汁染絹四尺」と見える。

色の華やかさ、艶やかさ、また暈繝《うんげん》の様子などをあらわすときに「匂い」という言葉が使われるが、その紫の匂いを滅した色が滅紫である。

紫根（椿灰）

藤色　藤紫

❖ふじいろ　❖ふじむらさき

春の終わり頃から淡い紫色の花房を優美に垂らす藤の花。その淡い青味のある紫色をいう。藤紫も、まさに藤の花の美しく咲き誇っているさまをあらわすといえる。

日本に分布する藤には野田藤（茎は右巻き）と山藤（左巻き）の二種があって、いずれも山野に自生する。茎は他の樹木に絡みながらどんどん伸びてゆく強靱さをもっている。

私たち日本人にとってなじみ深い花木である。『万葉集』には、「藤波の花は盛りになりにけり平城《なら》の京《みやこ》を思ほすや君」（巻三。大伴四綱）と詠まれている。花房が風に揺れたり、幾つも下がるさまを藤波という。

中臣鎌足が大化の改新による功で藤原の姓をたまわった。藤色は、紫で、常に政権の中枢をとって栄耀栄華をほしいままにしてきた藤原氏ゆかりの花の色であることから、平安時代には色のなかの色とされたという。

『枕草子』では、「木の花は、……。藤の花は、しなひ長く、色濃く咲きたる、いとめでたし」（三十四段）と褒め、三十九段の「貴《あて》なるもの」にもその名がみられる。また、八十四段では「紫の紙を、包み文にて、房ながき藤につけたる」を、優艶な美を感じるものとしてあげている。

紫根（椿灰）

藤の襲：表-薄色（紫根）裏-萌黄（蓼藍×刈安）

山藤

『源氏物語』の藤壺の女御は、文字どおり藤の花が咲く庭のある殿舎（飛《ひ》香舎《ぎょうしゃ》）に住まっていたことによる呼び名であるが、そこには藤の花に対する敬意があらわされている。藤壺の女御は桐壺帝の寵愛を一身に受け、その子光源氏に慕われる聡明な女性に描かれている。

藤の襲《かさね》には、「表淡紫、裏青」をはじめ、数種見られる。鎌倉時代の終わり頃に著わされた『雁衣鈔《かりぎぬしょう》』には、このような淡い紫色を染めるには、紫草の根で染める場合と、蓼藍《たであい》と紅花《べにばな》を掛け合わせてわずかに青味の紫にする技法が記されている。

色見本は、紫根で染めて椿灰で発色させた。

藤布

藤蔓は丈夫で、籠に編まれたり、ものをゆわえたりするほか、日本へ絹や木綿がもたらされる以前は、楮《こうぞ》・科《しな》・麻などとともに衣料には欠かせない素材であった。いわゆる原始布のもととなっていたものである。藤や楮は刈り採ったあと樹皮を剝ぎ取り、鬼皮という外側の黒茶色の皮を削り落とし、灰汁《あく》で煮て柔らかくする。それを細く裂いて撚り合わせ、糸にして織るのである。いたって丈夫で、多く庶民の衣料とされた。

労働着として使われてきたが、平安時代になってその素朴な衣服はまた、喪服の意味をももつようになった。したがって、『源氏物語』などに見られる喪に服すおりの情景の描写に、「藤衣」と記されている場合があって、いかにも藤布を着ているように書かれているが、実際には絹布を橡《つるばみ》で染めて鉄で発色した鈍色《にびいろ》の衣服をあらわしている。

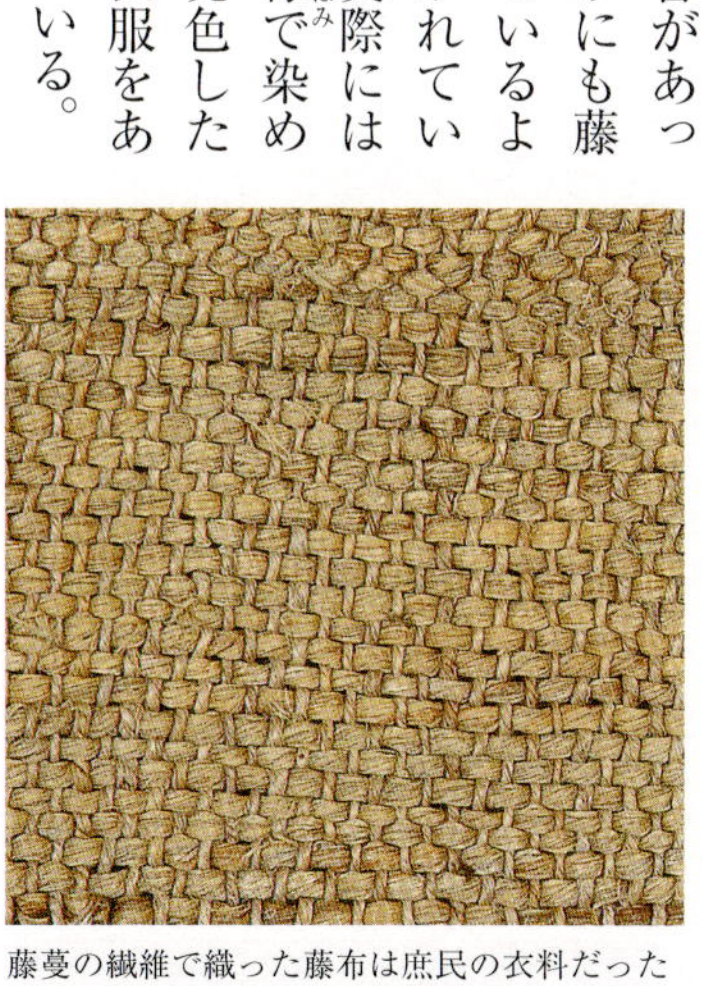

藤蔓の繊維で織った藤布は庶民の衣料だった

杜若色

かきつばたいろ

紫根（椿灰）×紫根（酢）

アヤメ科の植物で、初夏、五～六月にかけて咲く杜若《かきつばた》の花のような、わずかに赤味のある紫色をさす。

杜若は、『万葉集』にも「住吉《すみのえ》の浅沢小野の杜若衣《きぬ》に摺りつけ着む日知らずも」（巻七）、「杜若衣《きぬ》に摺りつけ丈夫《ますらお》のきそひ猟《かり》する月は来にけり」（巻十七）などとあって、美しく咲いた花びらを摘み取って布に摺り込み、楽しむ習わしがあったことをあらわしている。それはいわゆる花摺りという原始的で幼稚な染色の技で、染まった色は数日で消えてしまう。まして水に遭えばたちまち流れてしまうほどのものであった。「かきつばた」の語は、このような「描き付け」をする「花」であるところに由来しているといわれる。

正倉院に遺された文書には「三百六十張垣津幡染」とあるが、花で染めたのでは長くその色を保てるはずがないので、おそらく、色を杜若の花に合わせて紫根《しこん》で染めた紙であろう。その頃には、紫染の技術が完成していたことはいうまでもなく、また、朝廷の重要な紙が未熟な染色で褪色してしまうものとは考えられないからである。

また杜若といえば、『伊勢物語』八橋《やつはし》の段が思い浮かぶ。京から東へ下る業平《なりひら》の一行は、今の愛知県知立市の近くで美しく咲き競うカキツバタの群生に出会う。そこで「かきつばた」の五文字を句のはじめにおいた折句を詠み、「唐衣きつつなれにしつましあればはるばるきぬる旅をしぞ思ふ」と京を想う場面である。

このような王朝の歌や物語は、のちの世にも受けつがれていった。能楽「杜若」も花の精と美しい女性の姿を重ねて表現したもので、世阿弥の名作といわれている。

江戸時代、元禄期に活躍した尾形光琳は、『伊勢物語』に題材を得て、「杜若図」屏

杜若の襲：表-紫(紫根) 裏-萌黄(蓼藍×刈安)

杜若図(六曲一双の内右隻) 尾形光琳筆 江戸時代 国宝 根津美術館
杜若の花びらは上質の紺青で描かれているという

風を二点遺している。その杜若の花は紺青《こんじょう》（115頁照）という顔料で描かれたといわれ、その色彩の鮮やかさは人の眼を引き付けてやまないものがある。

染料で染める場合、単独でこの色をあらわすには、紫草の根で染め、酢を少し染液に足してやや赤味にするのが適している。

襲《かさね》の色目では、「表二藍《ふたあい》、裏萌黄《もえぎ》」「表萌黄、裏淡紅梅」などがある。ここでは、杜若の花は紫根で染めるのがふさわしいと考え、あえて表を紫根染とした。

あやめ

菖蒲色

❖あやめいろ ❖しょうぶいろ

「あやめ」の語源は「文目」で、葉脈が縦横斜めに走っているからという説と、葉が健やかに伸びて、遠くから見れば交叉し合うように生えているから、また、古代にわが国へ渡来した漢氏《あやうじ》が伝えたため、など諸説があって定かではない。

また、「菖蒲」の文字を「あやめ」と読むか「しょうぶ」と読むかによって、植物そのものが基本的に異なるのである。アヤメはアヤメ科、ショウブはサトイモ科である。したがって、前者をハナショウブと呼べば、少しはわかりやすいと思われる。

万葉の頃から、歌や物語、行事記などに「菖蒲」「あやめ」と書かれているものは、サトイモ科の「菖蒲」。それが「しょうぶ」と表音されるようになったのは、中世の終わりか江戸も半ばの元禄の頃と考えられる。

したがって、水辺に生育する、香気が強くて葉の間に肉穂状の花をつけるサトイモ科の菖蒲は、五月五日の端午の節句に軒に挿されるが、この古き名称でいう「あやめ」の色は、襲《かさね》の色で「表青、裏紅梅」あるいは「表淡萌黄《もえぎ》、裏紅梅」として残っているにすぎない。それも、どうしてそのような色になったのか納得のいかない配色である。

いわゆるハナショウブといわれるアヤメ科の菖蒲が、その花びらの色から赤味のある紫系の色として登場するのは、江戸時代も後期になってからのようで、『手鑑模様節用』には、「あゐかちたるをきやうといふ、赤みかちたるを、あやめと、となふ」と見える。

したがって、「あやめ色」の説明は、江戸時代後期を境として、まったく異なる植物をさすことになった。

植物の名称も、色も、時代によって変わっていかざるをえないといえるだろう。

楝色

おうちいろ

楝《おうち》の木の花のような、薄い青紫色をいう。楝はセンダン科の落葉高木で、八メートルあまりになる。暖かい地方の海辺などに自生し、五～六月頃花が咲く。オウチはセンダンの古い呼び名だが、「双葉より芳し」といわれる栴檀は、香木の白檀の異称であり、この楝とはまったく異なる。

清少納言は「木のさま憎げなれど、楝の花、いとをかし」といっている（『枕草子』三十四段）。

いつの頃からか獄門のさらし首の木に使われるようになり、『平家物語』には「大路を渡して左の獄門のあふちの木にぞかけたりける」とみえる。

紫根（酢）×紫根（椿灰）

菫色

すみれいろ

日本に古くからある和菫《すみれ》の濃い紫系の色。『万葉集』の山部赤人の歌に「春の野にすみれ採《つ》みにと来《こ》しわれそ野をなつかしみ一夜《ひとよ》寝にける」（巻八）などとあるように、摘まれるところから「ツミレ」「スミレ」となったといわれ、いっぽう、大工が木を挽くための印しつけに用いる「墨入れ（墨壺）」に花の形が似ているからともいわれる。

菫色は、紫根《しこん》で何度も繰り返し染色するのが伝統の色彩にふさわしいと私は考えている。

襲《かさね》の色は平安時代には見られないようだが、「表紫、裏淡紫」との説が、江戸時代の『薄様色目』に見える。

紫根（椿灰）

菫の襲：表-紫（紫根）　裏-淡紫（紫根）

葡萄色

えびいろ

紫根十酢(椿灰)×蘇芳(明礬)

葡萄の襲：表-蘇芳(蘇芳)　裏-縹(蓼藍)

「葡萄」は今では「ブドウ」と読むのが一般的だが、「エビ」と読んで葡萄《えび》葛《かずら》をさす。「エビカズラ」は山葡萄《やまぶどう》の古名である。色名は、秋の深まりとともに山葡萄の実が黒ずんだ紫色に熟し、その搾り汁も同じような色を呈するところからついたもの。その汁で染色をしたとの説もあるが、それではいわゆる葡萄《えび》色には染まらない。

『延喜式』では「葡萄綾一疋。紫草三斤。酢一合。灰四升。薪卌斤」と記されている。酢とは米酢のことで、これは赤味の紫にするために用いており、灰は椿あるいは柃《ひさかき》の生木を燃やしたもの、薪は温度をあげて染色することをあらわしている。

　葡萄色は、王朝の人々に親しまれた色の一つで、清少納言も「めでたきもの」に思いをめぐらして「葡萄染の織物」をあげ、そして「六位の宿直《とのい》姿のをかしきも、紫のゆゑなり」と、葡萄染の指貫《さしぬき》の紫のゆえに六位の宿直姿が魅力的なのだと記している(『枕草子』八十三段)。

『源氏物語』「花宴《はなのえん》」の巻で、右大臣邸の藤の花の宴に招かれたおりの光源氏のいでたちは、「桜の唐《から》の綺《き》の御直衣《のうし》、葡萄染《えびぞめ》の下襲《したがさね》、裾《しり》いと長く引きて、皆人はうへのきぬなるに、あざれたるおほきみ姿のなまめきたるにて、いつかれ入りたまへる御さま、げにいと異なり。花のにほひもけおされて、なかなかことざましになむ」であったという。皆が袍を着けた正装であるのに、少しくだけた直衣姿で、人々にかしずかれながら入ってきた光源氏の姿は、花も圧倒されるほどに水際立っていた。

　襲《かさね》の色目では、表が蘇芳《すおう》で裏は縹《はなだ》となっている。蘇芳では赤すぎると思われる向きもあるが、透き通る生絹《すずし》を蘇芳で染め、その下に縹を配すると、光が透過して紫系の色になることを示している。この襲は四季に通用した。

紫苑色

❖しおんいろ

紫根（椿灰）

早秋、山間の草地などに淡い紫色の小花を揺らす紫苑《しおん》の花。その明るい紫色をいう。色見本は、紫根《しこん》で染めて椿の木灰で媒染したもの。

紫苑はキク科の多年草。古く中国の『神農本草経』にも記された薬草で、日本へは遅くとも平安時代のはじめまでには渡来したといわれている。貴族の寝殿造りの立派な邸には池をめぐらし、四季それぞれに美しい草花が配されたが、そのなかにも紫苑は好んで植えられたようである。

『源氏物語』のなかで、光源氏が造営した六条の院という往時の貴族社会を象徴するような理想の邸は、四季に分けられている。「野分《のわき》」の巻では台風の去った次の日の朝、秋の邸に秋好《あきこのむ》中宮を見舞った夕霧が、御殿のほうから「吹き来る追風は、紫苑ことごとに匂ふ空も、香のかをりも……」と、紫苑までが薫るようであるのを、中宮の袖の香かと想像して胸をときめかせる場面がある。このとき庭には、虫籠を手に色とりどりの衣を纏った女《め》の童《わらわ》たちが立ち、欄干には若い女房たちが寄りかかって庭を眺めている。「紫苑、撫子、濃き薄き衵どもに、女郎花の汗衫《かざみ》などやうの、時にあひたるさまにて」いかにも風情があって艶に見えたと記されている。

襲《かさね》の色目は「表淡紫、裏青」という説がもっとも花の彩りをいいえていると思われる。

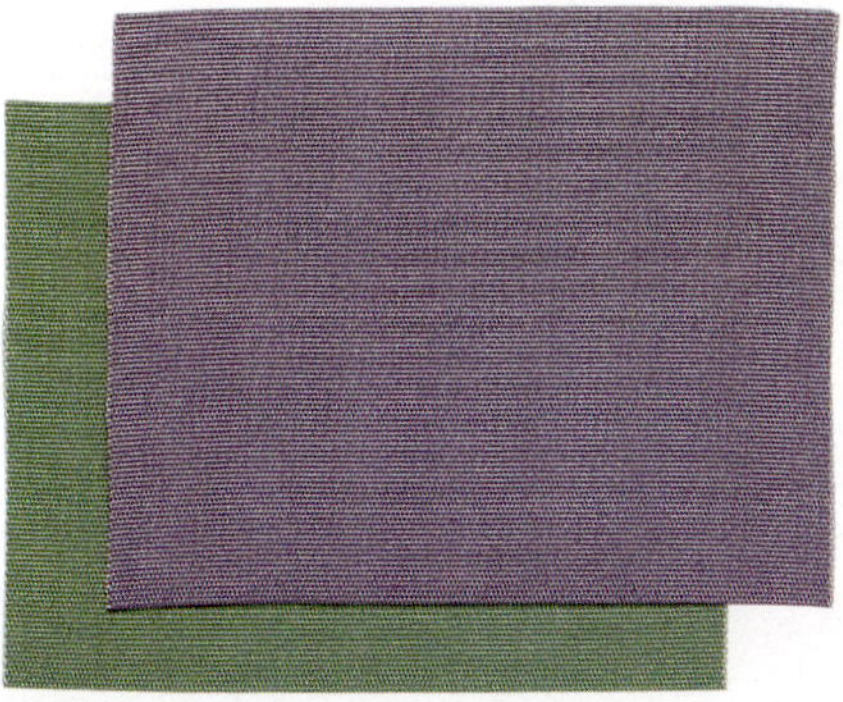
紫苑の襲：表-淡紫（紫根）　裏-青（蓼藍×刈安）

藤袴色

❖ふじばかまいろ

紫根(椿灰)×紫根(酢)

藤袴《ふじばかま》は、早秋に白に近く紅がかった紫色の小花をつける。その花の色。

キク科の多年草の藤袴は、かつて中国では蘭と呼ばれていた。それは乾燥した茎や葉が、蘭と同じような芳香を放つからという。日本へも早くから渡来していたらしく、山上憶良が『万葉集』に、「萩の花尾花《おばな》葛花《くずばな》瞿麦《なでしこ》の花女郎花《おみなえし》また藤袴朝貌《あさがお》の花」(巻八)と詠んでいるように、秋の七草に数えられている。

『源氏物語』のまさに「藤袴」の巻で、光源氏は権勢を得て六条の院を造営、きらびやかな王朝人の生活を送っている。その頃、かつて愛した夕顔の忘れ形見、玉鬘《たまかずら》を見つけ、養女として引き取って育てるが、その一方で彼女への恋慕の情が引かず、もんもんとした気持ちでいる。

そんな玉鬘のもとへ、成人した源氏の嫡子夕霧が、父に代わって冷泉帝のご意向を携えて訪れる。

かかるついでにとや思ひ寄りけむ、蘭の花のいとおもしろきを持たまへりけるを、御簾のつまよりさし入れて、「これも御覧ずべきゆゑはありけり」とて、とみにもゆるさで持たまへれば、うつたへに思ひも寄らで取りたまふ御袖を、引き動かしたり。

同じ野の露にやつるる藤袴
あはれはかけよかことばかりも

玉鬘への思いを押さえかねた夕霧が、「蘭の花

藤袴の襲：表-紫(紫根)　裏-紫(紫根)

のいとおもしろき」を御簾《みす》の端から差し入れて気持ちを打ち明ける場面であるが、ここではまず中国における名称で記されているところにも興味を引かれる。

　それと気づかぬかのように身を引いた玉鬘は、「尋ぬるにはるけき野辺の露ならば薄紫やかことならまし」と詠み、藤袴の花の色を「薄紫」とあらわして歌を返し、縁の遠い間柄なら紫のゆかりも効を奏しましょうが、すでに実の姉弟のような間柄なのですから、それはありえないことでしょう、と巧みに求愛を退けるのである。

桔梗色

ききょういろ

紫根（椿灰）

桔梗《ききょう》は、夏の終わりから早秋にかけて、先が五つに裂けた釣り鐘形の青紫の花をつける。色名はその花の色である。

　この花のような渋い青紫色は、紫草の根で染める場合と、二藍《ふたあい》（110頁）、つまり藍《あい》と紅花《べにばな》を掛け合わせる方法がある。その場合は藍を濃く調整しなければならない。襲《かさね》の色目には、「表二藍、裏濃青」など数種あり、下に示した襲はそれに準じている。

　中国では古くからその根が薬用として用いられ、『神農本草経』にも記載されている。『万葉集』にも詠まれているが、当時はアサガオと呼ばれていた。

桔梗の襲：表-二藍（蓼藍×紅花）　裏-濃青（蓼藍×刈安）

二藍

ふたあい

蓼藍×紅花

藍《あい》に紅花《べにばな》を掛け合わせて染めた紫系の色で、それぞれの染料の濃度によってさまざまな色相があらわされる（112～113頁）。

日本の染色の技術は、五世紀、大和の国にようやく統一政権が誕生した頃より、中国および朝鮮半島との交流が盛んになって、飛躍的に進歩した。

『日本書紀』の応神天皇三十七年には、「阿知使主・都加使主を呉《くれ》に遣して、縫工女《きぬぬいひめ》を求めしむ。……　呉の王《こきし》、是に、工女《ぬいめ》兄媛《えひめ》・弟媛《おとひめ》、呉織《くれはとり》、穴織《あなはとり》の四《よたり》の婦女《おんな》を与ふ」とあるように、高度な錦を織る技術者を派遣してくれるように中国に要請している。当時、すでに呉の国はなかったが、呉と通交して以来、わが国では呉は中国の意にも用いられ、中国伝来のものに冠せられたりしていたのである。

加えて、藍染や赤い紅花、艶やかな紫など鮮やかな色彩を染める技と、それに用いる染料植物ももたらされるようになった。そのため紅花を、呉の藍、すなわち呉の国からやってきた藍ということで「くれのあい」といいあらわしている。

赤い色を出す染料であるのに、呉藍、紅藍と「藍」を用いるのは、藍は染料を総称する言葉でもあったからである。そうしたところから、蓼藍《たであい》（青）と呉藍（紅花、赤）という二種類の藍（染料）を掛けてあらわす紫系の色を、いつの頃からか二藍《ふたあい》と呼称するようになった。

染色をする手順では、必ず藍を先に染めてから紅花の染液に浸けなければならない。なぜなら、紅花は、藍甕《あいがめ》のなかの藍のように、木灰が入ってアルカリ性になっている染料のなかに入れると、色素を放出してしまうからである。

まず、藍を所定の色に染め、紅花を重ねることによって紫の明度を加減していく。

したがって、桔梗の花のような色は藍を濃く、紅花を薄く掛けることによって渋い青紫の色となるのである。

このような二藍は、平安朝の人々にとってはある意味で流行色でもあったのである。『枕草子』三十二段で清少納言は、寛和二年（九八六）の法華八講などの様子、参じた公卿の衣裳などを回想して、

「二藍の指貫《さしぬき》・直衣《のうし》、浅葱《あさぎ》の帷子《かたびら》どもぞ、すかしたまへる」

「唐《から》の羅《うすもの》の二藍の御直衣、二藍の織物の指貫」

などと記し、また、指貫の色について、「夏は二藍」（二百六十三段）という記述も見られる。

とりわけ男性の直衣（平常服）は、三重襷《みえだすき》文様の生絹《すずし》が一般的で、若いほど赤味に、年齢を重ねるほど縹《はなだ》がちの色になっていったようである。

『源氏物語』「藤裏葉《ふじのうらば》」の巻では、夕霧がようやく内大臣の娘雲居雁《くもいのかり》との仲を許されて藤の花の宴に招かれることになったとき、光源氏は父として、

「直衣こそあまり濃くて軽びためれ。非参議のほど、何となき若人こそ、二藍はよけれ。ひきつくろはむや」

と忠告している。若ければ二藍もよいが、参議になろうかという今になれば、少し大人っぽくしてはどうか、というのである。

そして、縹の直衣とともにみごとな袿《うちぎ》などを贈るのである。

扇面法華経冊子妙法蓮華経巻第一扇九　消息を読む公卿と童女　平安時代　国宝　四天王寺
七夕の風俗を描くといわれ、美しい料紙に見入る公卿は、菱格子のなかに菱形を置き、さらに四菱を配した三重襷文様の夏の直衣姿である。藍にわずかに紅花が掛けてあるように見える

花染だけの濃淡である。たとえば、１と一を掛け合わせてA、２と二を掛け合わせてBというように、それぞれの濃度で掛け合わせて、二十五色の二藍をあらわしてみた。

3　　4　　5

【二藍の色相一覧】

藍染と紅花染を掛け合わせることによって、さまざまな紫色が生まれる。左の縦列は藍染だけの濃淡、上段の横一列は紅

似紫

にせむらさき

蘇芳（鉄）×蘇芳（明礬）

紫は何よりも高貴な色とされ、上代には庶民が着用できる色ではなかった。鎌倉時代以降、一般にも徐々に色彩が解放されるようになるが、いつの時代も紫根《しこん》染は高価なものであった。

価格的な面からも、また、江戸時代はじめには、庶民が紫根を使うことが禁じられたこともあって、藍《あい》で下染めをして茜《あかね》や蘇芳《すおう》を重ねたり、蘇芳を鉄で発色させて紫色をあらわすことが行なわれるようになって、一般に流行した。それらは、紫根を用いる本紫に対して、紫に似せた色ということで似紫《にせむらさき》と呼ばれた。

茄子紺

なすこん

紫根（椿灰）×日本茜（椿灰）

夏野菜として親しまれる茄子《なす》の実のような色。紫味のある紺色。暗い紫。この色名は江戸時代になってから使われるようになったといわれる。

茄子はインド原産の野菜で、温帯や熱帯地方で広く栽培され、品種もきわめて多い。実は形も長さもさまざまである。「茄子」は色の名だけではなく、その、口元がすぼんでなかほどが膨らむという一般的な形を写したものは茶入れの名称にもなっている。また、色名ではないが、明和九年（一七七二）刊の『諸色手染草《しょしょくてそめぐさ》』には、茄子の茎を焼いて炭にし、それを水で溶いて鼠色を染めたことが見える。

紺青色

こんじょういろ

中国伝来の色で、飛鳥時代から使用される。『正倉院文書』には金青、紺青、空青の三つの名前が見られる。

紺青《こんじょう》は群青《ぐんじょう》（148頁）と同じくアズライト（藍銅鉱《らんどうこう》）を原料とする顔料だが、そのなかでも色が濃く結晶して、紫がかった色を呈するものを紺青と呼んでいる。またそのいっぽうで、群青の粗いものも紺青とする場合もある。

尾形光琳が描いた有名な「杜若図」（103頁）の杜若の花はみごとな紫があらわされているが、これなどは前者の良質な紺青を使っている。江戸時代後期以降は、こうした良質な紺青は日本へもたらされなくなったという。

アズライト

脂燭色

しそくいろ

脂燭《しそく》というのは、昔、室内で照明に用いた燭《あかり》、松明《たいまつ》のことである。『源氏物語』の「夕顔」の巻には、この明かりで夕顔の歌が書き付けられた扇を見る場面が描かれている。

その脂燭には老松の芯材の油脂をたくさん含んでいるところが使われたが、色名はその木理の密な部分の赤紫色をおびたあたりに由来する。

服色としては、染めより織り色に用いられたようで、襲《かさね》の色目に「面経紅、緯紫、火色に同じ」とある。火色《ひいろ》は緋色のことで、どのように同じであるのかを定義するのはむずかしいが、赤味がちの紫ではなかったろうか。

阿仙（明礬）×蘇芳（明礬）×印度茜（明礬）

脂燭（老松の芯）

アメジスト

紫水晶のような濃い赤味のある紫色。

ウイスタリア

伝統色名で、藤色、藤紫（100頁）にあたる色。明るい紫。

オーキッド

蘭《らん》（オーキッド）の花のような色。

蘭の種類も多く、その花の色も多彩で、オーキッド・パープル、オーキッド・ピンク、オーキッド・グレーなどの色名も生まれている。たんにオーキッドというと、赤味のある紫に近い色調をいう。

コスモス

かわいらしい秋桜（コスモス）の花の色。ピンクと紫の中間のような明るい色である。

「コスモスや結城大事にしんし張」野村喜舟

紫紺色　しこんいろ

紺色がかった濃い紫色。

天皇の即位の礼のおりの幡《ばん》にも用いられたというが、現代では「紫紺の優勝旗」といわれるように、力や技を讃えて授けられる優勝旗の色としてなじみ深い。

バイオレット

いわゆる菫色《すみれ》（105頁）である。バイオレットはニオイスミレ（香菫）のことで、花は早春から芳香とともに咲きはじめる。

鳩羽紫　はとばむらさき

社寺の境内や街中でよく見かける土鳩《どばと》（家鳩《いえばと》）の羽のような、灰色がかった紫色。

明治以降、ゆかしい色として藤紫（100頁）などとともに流行。鳩羽色、鳩羽鼠（261頁）も同系の色である。

パンジー

花弁が紫と黄色と白で彩られる三色菫《すみれ》（パンジー）の紫色から名づけられた色名。菫色（105頁）より濃い紫色。

パンジーは、フランスでは花びらが傾いている様子が思索に耽っているように見えるため、思考、思想をあらわす語の「パンセ」からそう呼ばれたというが、日本では、蝶々に見立てられて、陽蝶花、胡蝶菫などと呼ばれる。

プラム

プラムはバラ科の落葉高木で、西洋スモモという。その熟した果実のような赤みをおびた暗い紫色。

紅掛花色 べにかけはないろ

明るく粋な青紫色。

花色（縹色《はなだ》）に紅を染め重ねた色で、色名がそのまま染色法でもある。色調としては二藍《ふたあい》（110頁）の系統になる。

紅藤 べにふじ

赤味をおびた藤色（100頁）。

五月頃、よい香りとともに咲くライラックの花のような色。

モーブ

最初に発明された合成染料の色で、明るめの赤紫。

一八五六年、コールタールからマラリアの特効薬をつくりだす実験のとき、偶然にこの紫色が合成された。

ライラック

フランス語でリラと呼ばれるライラックは、春に香しい匂いを放つ小花をつける。何色かあるうち、もっともポピュラーな薄紅紫の花色から。

ラベンダー

日本では、北海道・富良野の風景写真で有名になったラベンダーの淡い青紫の花の色。

ラベンダーはシソ科の常緑小低木で花は夏に咲く。ヨーロッパでは香料や香水に用いられる。

ワイン・レッド

赤ワインの色。濃い赤紫をあらわす代表的な色。

ワインの産地によって、バーガンジーとかボルドー、シャンパーニュなどの色名もある。

青系の色

人類ではじめて宇宙飛行を行なったガガーリンが、帰還後の感想で「地球は青かった」と述べたのは印象的であった。

日本でとびきり美しい青の色を見たいと思ったら、南の琉球列島に旅をすることである。飛行機が高度を下げると、小さな島を真ん中に、水藍《みずあい》から瑠璃《るり》色、そして深い藍色へと、幾重にも澄んだ青の色が重なり合って、暈繝《うんげん》を醸し出している珊瑚礁の海を見ることができる。色の名前を思い浮かべることも、色の数をかぞえることも疎《うと》ましくなるような、美しい青が広がっていくのである。

天空の青い空、紺碧《こんぺき》の海、ゆるやかに流れる大河、細波《さざなみ》をたてる湖、澄んだ水は空をも映して青く、そしてまた草樹の葉は風に揺れて緑の暈繝をなす。地球上に住む人間は、いつも青い色と生活をともにしているといってもよい。

古代中国で、春秋時代から戦国時代に完成されたといわれる五行思想においても、木（青）、火（赤）、土（黄）、金（白）、水（黒）というように、青は木の色にたとえられ、五原色の最初にあげられている。

朝の空。桂川から愛宕山を望む

ラピスラズリ

だが、「青」という色を一行で説明することはむずかしい。国により、あるいは時代によって、青とか藍とかについての色の認識がそれぞれ違っているからである。「あお」という色には、青、蒼、滄、碧などの漢字があてられる。「青」はその旧字体「靑」に書くと意味がよくわかる。なぜなら、『説文解字《せつもんかいじ》』によれば、「東方の色な

アズライト

り。木、火を生ず。生丹に従ふ。丹青の信、言必ず然り」とあるからである。青という文字は生と丹から成り立っている。生は木を象形したもので、丹は朱系の色であることを示している。ために、五行説に従えば、青は丹つまり赤につながっていることになる。

「滄」は寒い、あるいは涼をあらわすところから、滄海、滄浪のように用いるようになり、海の色をあらわしている。碧は文字どおり石であって、青く美しい宝玉となる。「みどり」、あるいは「あおみどり」とも読まれる。

青という色名は、藍から緑へと大きなうねりをもって人間に見つめられ続けてきた。

青は、人間が自然とともに生きていくなかでもっともなじみやすい色であるがゆえに、そのさまざまな色をあらわして身近におきたいと人々が願うのは至極当然のことであろう。

澄んだ濃い青を瑠璃色と表現するのをよく見かけるが、これは仏教の経典に登場する大切な四つの宝、すなわち金、銀、玻璃《はり》（水晶）、瑠璃の一つである。アフガニスタンのバダクシャンあたりで出土する良質のラピスラズリ、あるいはアズライトなどの鉱物は、磨くと濃い青地に金色の斑点が輝くようにあらわれて青金石と呼ばれ、まさに宝の石である。

このように輝くような瑠璃石を装飾品に使用した歴史はきわめて古く、今から三千四百年前に栄えたエジプト古代文明の王家の谷より発見されたツタンカーメン王墓は、金銀の宝飾品におおわれていたが、そこにもラピスラズリがふんだんに使われていた。西洋の人々は、それが中央アジアから海を渡ってもたらされたために、ラピスラズリの青をウルトラマリンとも呼んだ。

ところが、時代が下るにつれて、瑠璃という言葉は、同じような色をしているガラスの表現に用いられるようになった。

日本へガラスがもたらされたのは弥生時代。中国から運ばれ、やがて弥生中期になると、原料を輸入して日本でもつくられるようになったとされている。シルクロードの交流の波が日本へも徐々に押し寄せてくる六世紀からは、ガラスの生産地として優れていた、今のイランのギラーン州あたりでササン朝ペルシャ時代に生産された碗《わん》や杯《はい》が東へと運ばれ、まさに瑠璃色をした杯が正倉院に伝えられている。ところが「瑠璃」という言葉はその頃からガラスを総称するようになり、白ガラスを白瑠璃、緑色のガラスを緑瑠璃とも記すようになっていった。

古代エジプトではまた、ファイアンス陶器という、石英の粉末を固めた胎《たい》に、釉薬《ゆうやく》としてガラス質のソーダ釉に銅分を加えて焼いたものがあり、それらがルクソールの王家の墓よりいくつか発掘されている。なかでも、現在カイロ博物館に収蔵されているカバの像はユーモラスで、その青さは観るものの眼に鮮烈な輝きを与えている。

石では群青《ぐんじょう》がしばしば瑠璃石と混同されるが、ラピスラズリはそのなかにある白い部分と青い部分の比重が同じなので分離することが不可能なため、細かく砕くと白が混じって、本来の色とならないので顔料としては使われない。したがって群青は藍銅鉱《らんどうこう》（アズライト）から採取されるものである。

九世紀、イスラム圏で染付の陶器がつくりはじめられ、われわれ日本人にとってなじみ深い染付の青の素材も、遠くペルシャから中国を経て運ばれた。中国景徳鎮《けいとくちん》でその釉薬として用いられるものに、呉須《ごす》あるいは花紺青といわれるものがある。それは土中の酸化し

紺玉帯　奈良時代　正倉院
紺玉はラピスラズリの原石で、青金石とも呼ばれる。この革帯は、束帯の袍をとめる石帯（せきたい）で、「衣服令」によれば、六位以下の烏油腰帯にあたる

青花牡丹唐草文盤（部分）　元時代
重文　大阪市立東洋陶磁美術館
わが国で染付と呼ばれる技法は、中国では、青花（せいか）といわれる。青の濃淡が美しい

たコバルトにわずかに他の物質が混じった黒灰色の鉱物で、その溶液で生地に文様を描き、そこへ強力な炎を与えると、中国において回青、石青、岩紺青と呼ばれる色があらわれる。それは十七世紀の日本は有田で染付磁器として開花し、伊万里の港から積み出された器は世界へ広まっていったのである。

いっぽう、衣服における青は、藍草を使って染められた。中国、戦国時代（紀元前四〇三～前二二一）の思想家荀子《しゅんし》（紀元前三〇〇～前二四〇年頃）は、『荀子』勧学篇に「青は藍より出でて藍より青し」と記し、それは「出藍《しゅつらん》の誉《ほま》れ」という諺としてよく知られるところである。これは、青という色は藍の葉で染めるが、染めあがった色はその素材よりもより美しい青になることをあらわし、弟子が師より勝り優れることにたとえられているのである。そして

これは何よりも、その頃にはすでに青という色を、藍という染料から得る技術が完成していたことを物語るものにほかならない。

ひとり中国だけではなく、インド、ペルシャ、エジプトなど古くから文明の栄えた地でも、藍を染める技術は相前後して完成していたと考えられている。

とりわけ古代エジプトでは、紀元前三千年頃より、ナイル河の水を恵みとして壮大な文明が築かれていたが、この地域では亜麻から取った糸を製織して衣料としていた。その真っ白な亜麻布は神より賜わった清浄なものとして尊ばれていたといわれる。それを裏付けるかのように、古代エジプトの遺跡からは、おびただしい数の遺宝とともに、ミイラを包んでいた亜麻の布が数多く出土している。

そのなかに、白い無地と思われる布の織耳近くに、一本あるいは二本の、ごくわずかな細い藍色の縞が織り込まれているものがあって印象的である。四千年も昔の亜麻布の両端にわずかに見られるこの細い縞文様は、人類とともに歩んできた藍染の歴史の深さを物語っているといえる。

ところが藍という植物はないのである。藍を染める材料となる葉は一種類ではなく、草本、木の葉など多岐にわたっている。その色素をもっている植物のなかで、それぞれの地の気候風土に合うもの、すなわち生育しやすくて大量に採取できるものが選ばれてきた。

インド、アフリカなど熱帯性気候の地では、マメ科の木藍である印度藍やナンバンコマツナギ、中国の南部やタイ、ラオス、沖縄などの亜熱帯ではキツネノマゴ科の琉球藍、日本や中国揚子江流域などの温帯ではタデ科の蓼藍《たであい》、ヨーロッパや北海道などの寒帯ではアブラナ科の大青《たいせい》が、それぞれ用いられてきた。

こうしてみると、毛皮を衣服として使う北極点の近くで暮らすエスキモーや、赤道直下の衣類を必要としない民族を除いては、世界中で藍を染めていない地域はないといっていいほどである。そして、藍はどんな繊維にもよく染まるのである。

また、繰り返すようであるが、中国の故事「出藍の誉れ」からすれば、青は藍で染めた澄んだ空の色ということになる。

日本における古記録のなかで、青という文字が使われているのは、管見では『魏志倭人伝』ではないかと思われる。「真珠・青玉を出だす。その山には丹あり」「倭王、……倭錦・絳青縑・綿衣……を上献す」などと記されている。続いては、『日本書紀』に、「青き御衣」「青摺衣」とあって、これは山藍《やまあい》のような年中青々とした色

蓼藍

開眼縷　奈良時代　正倉院
天平勝宝四年（752）、東大寺大仏開眼法要のおりに用いられたため、開眼縷と呼ばれる縹色の絹紐。200m近くあるといわれる

をたたえている葉を摺り写したことをあらわしている。「青和幣《あおにぎて》」「白和幣《しろにぎて》」とあるものは、絹の製法が渡来する以前の、日本の衣類のもとといえる、苧麻《ちょま》と楮《こうぞ》の繊維をさしている。苧麻の茎は、刈り取ったあとその外皮を剝き、なかの繊維質を取り出すと透明な美しい青緑である。いっぽう、今では和紙の原料としてよく知られる楮の皮は、内側は真っ白の繊維である。

　とまれ、日本古代に藍の製法と染色法が中国より伝えられる四、五世紀までは、青は、山から出土する青玉と、山藍のような緑濃く染まりつきやすい葉を摺り染めにしていたものを「青衣」と称していたようである。

　藍の色素を含んだ植物の葉を刈り取って染める技術が日本へもたらされたのは、五世紀、応神天皇から雄略天皇の頃といわれている。中国あるいは朝鮮半島から渡来した技術者がもたらしたものである。

　やがて、六世紀の終わりに推古天皇の摂政となった聖徳太子は、冠位十二階を定めて、服装の色によって位をあらわそうとした。それは、紫、青、赤、黄、白、黒の順で、それぞれの濃淡による十二色である。この青は当然のことながら、藍染の衣裳であった。こうした天皇を頂点とする朝廷の群臣、および神仏に仕える者への御服などを司る役所として織部司《おりべのつかさ》があった。そこには、正《かみ》、佐《すけ》、令史《さかん》という管理者と挑文師《あやとりし》がいて、各地の染織を行なう「戸」に技を指導し、製作を命じていた。そのなかには、錦綾織百十戸、呉羽部七戸、河内国広絹職人三百五十戸、緋染七十戸、藍染三十三戸があったと『令集解《りょうのしゅうげ》』（九世紀後半）に記されている。

奈良時代には藍の染色技法はすでに完璧に完成していたとみえ、正倉院宝物のなかにもいくつもの遺品を見ることができる。なかでも、「開眼縷《かいげんのる》」と記された縹色《はなだいろ》の紐の束（124頁）は印象的である。天宝勝宝四年（七五二）、東大寺大仏開眼法要のおりに大仏の眼に墨を点じる筆が結びつけられたもので、長く伸ばされた紐を法要に参列した人々が手に取り、開眼の功徳にあずかるとともにその墨入れの瞬間の感動を分かち合ったといわれる。

正倉院には厖大な数量の染織品が伝えられ、そのなかには藍で染められ今日もなお輝きを失うことなく美しい色をたたえているものも少なくない。花鳥文様を多色夾纈《きょうけち》という今では幻となったむずかしい技法で染めた褥《じょく》（131頁）は、鳥と草樹文様が藍の濃淡の地に浮かぶようにあらわされている。大きな唐花文様が配された琵琶《びわ》袋（下図）も縹色の清澄な美しさが印象的な錦であるが、これは中国からもたらされたものと考えられる。

日本に仏教が伝えられ、それが国教となると、往時の権力者は経典を筆写する写経事業を盛んに行ない、寺院に納めて国の平穏を祈った。そ

縹地大唐花文錦残欠
奈良時代　正倉院
琵琶袋の残片。十色近い色糸を用い、100cmをこえる織幅の華麗な錦で、盛唐期の渡来品とみられる。藍の澄んだ色が印象的である

のなかには、紫、黄、藍などで染められた和紙に、金泥《きんでい》、銀泥《ぎんでい》で筆写されるという華麗なものも多くあった。藍の色で装飾された代表的なものは、東大寺二月堂に伝えられた紺紙銀字華厳経《こんしぎんじけごんきょう》（奈良時代）、奥州の藤原氏が中尊寺に奉納した紺紙金字観普賢経《かんふげんきょう》（平安時代）などがその一例である。後者の平安期の経典は、藍の染液を精製して

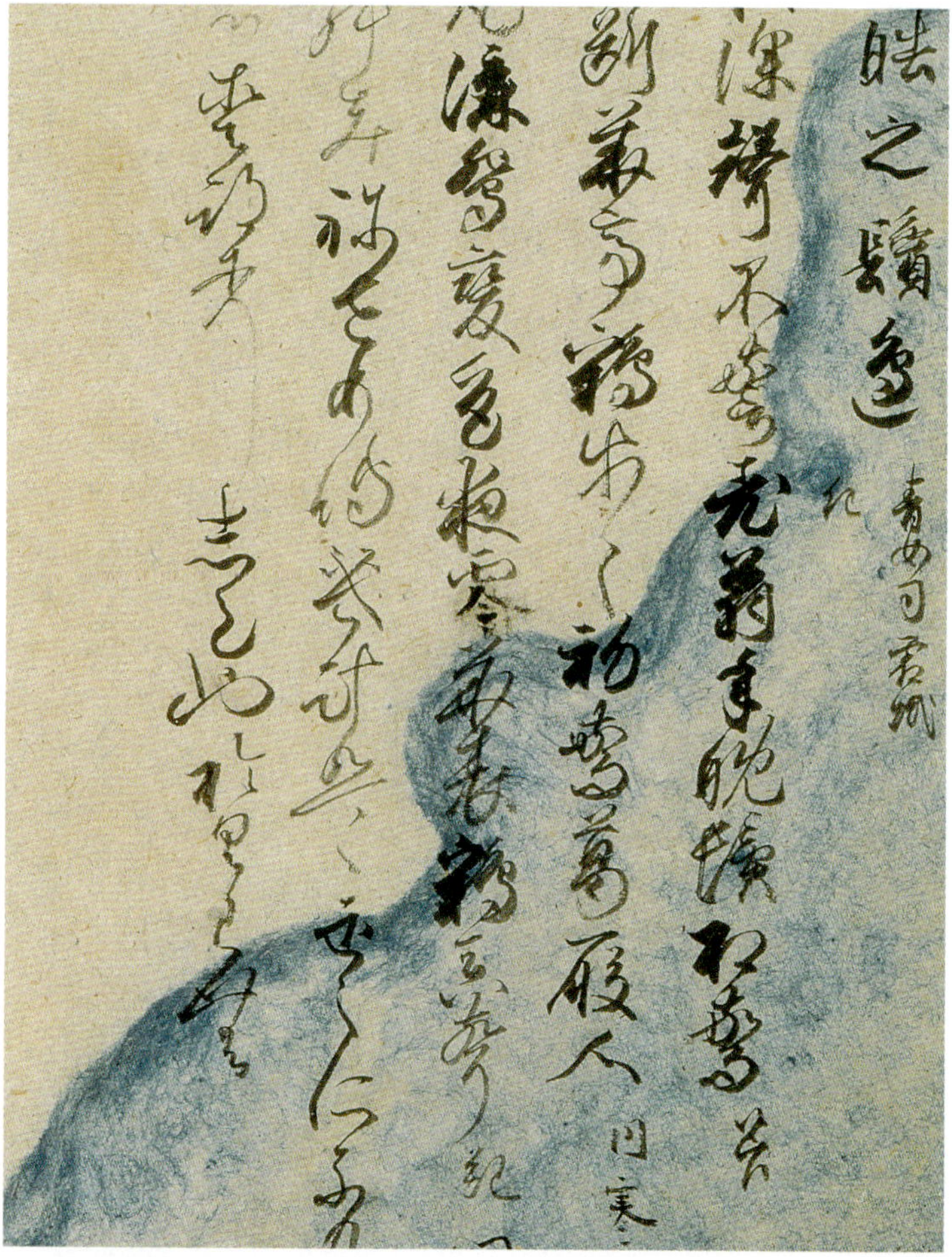

雲紙本和漢朗詠集（部分）　伝藤原行成筆　平安時代　宮内庁三の丸尚蔵館
料紙には、藍で染めた和紙をほぐしたものが一緒に漉き込まれている

藍蠟《あいろう》という顔料の形にしたもので引き染めをしている。

平安時代はまた王朝人の間で詩歌が盛んに詠まれた時代であった。そのような詩歌を編んだ、たとえば『和漢朗詠集』や西本願寺に伝来する『三十六人家集』などには、美しく染色され装飾の粋を尽くした料紙が用いられている。料紙のなかには、あらかじめ藍で染めた和紙を砕いて部分的に漉き込んだ「打雲《うちくも》紙本」「飛雲《とびくも》紙本」と称されるものもある。

中世にいたって、織部司など国家的な規模で管理される工芸工房がすたれ、それに代わって民間の人々が営む座《ざ》が発達してきたが、そのなかに紺屋《こうや》と称するものがみられる。「七十一番職人歌合」（137頁）には、藍甕《あいがめ》に布を入れて染める様子が描かれ、そこには「紺掻《こうかき》」つまり紺屋と記されている。「掻」は藍を掻き混ぜることで、藍染をする人は藍甕を一日一回掻き混ぜるために「紺掻屋」と呼ばれ、それが近世になって「紺屋」となったものである。

安土桃山時代には、辻が花という多彩な絞染の小袖や陣羽織《じんばおり》が戦国武将の命で染められたが、そのなかにも藍染による澄んだ青色が見られる。また江戸時代に入って良質の麻布に文様を糊で置いて防染《ぼうせん》し、藍の濃淡で繊細な御所解《ごしょどき》文様をあらわした茶屋染《ちゃやぞめ》といわれる衣裳も登場してくる。これは徳川御三家の女性だけに着用が許されたという、藍染の極みのような染色技法であった。

そのいっぽうで、桃山時代には木綿が移植されてその作付けが可能となり、江戸時代になって関東以西の温暖な地に栽培されるようになると、木綿や麻など植物性の繊維にもよく染まる藍染はより盛んになり、村々には紺屋ができた。絣《かすり》、型染《かたぞめ》、筒描《つつがき》など庶民から将軍大名にいたるまで、藍で染めた青は広く愛された色であった。

明治のはじめ、日本にやってきた外国人は、そうした状況を目のあたりにして、その藍の色を「ジャパン・ブルー」と呼んで称賛したのである。

藍

❖あい

蓼藍

藍《あい》は、藍草の葉で染めた色の総称として用いられる。ただし後述のように、「平安朝をのぞいては」というのが正確であろう。また、染料となる藍の植物そのものをさす。

「藍は日本人の色」とか「藍は日本の色」という文章や言葉をよく見聞するが、それはまったく間違った考えである。それについては、123頁を読んでいただければご理解いただけよう。

中国最古の字書『説文解字《せつもんかいじ》』には、藍は「青を染める草なり」とある。それよりおよそ三百年ほど前になる『荀子《じゅんし》』の勧学篇にみえる「出藍の誉れ」と同様のことが記されていて、藍は染色の材料、青は色名に使われているといえる。

日本においての「藍」はその両方に使われてきたようで、『正倉院文書』には、「藍色百張」とあって、藍で染めた紙をあらわしたもの、また『国家珍宝帳』には双六の駒のなかに「藍色琉璃廿」という記述もなされているから、この頃の藍は、緑系ではなく、黄味の入らない瑠璃《るり》のような青を示していたように思われる。

平安時代に編された『延喜式』には、緑、縹、藍の文字のつく色名が見える。ところが、色に対する今日的な考えからすれば不思議なことであるが、縹《はなだ》だけが藍の染料だけで染められていて、ほかのものは青と同じように藍に黄色の染料である黄蘗《きはだ》や刈安《かりやす》が掛けられており、いずれもやや緑がかった色となっている。

どうやら平安時代の人々は、縹色だけを、空の色のような、黄色がまったく混じらない、今日でいう青、あるいはブルー・カラーと考えていたようである。今日では藍色といえば、藍の葉だけで染めた色をさしている。

藍の花

英語のインディゴ・ブルーも、同じである。この語彙は、インドの藍ということで、十六世紀、ヨーロッパ諸国が大航海時代を迎えてインド方面に進出したおりに、熱帯地方で生育した木藍つまり印度藍を見つけ、本国へ持ち帰ったことにはじまる。

この印度藍は、ヨーロッパのような寒いところに生育する大青《たいせい》に比べて、格段に濃くて優秀であった。それが輸入されると大青は衰退の一途をたどり、ヨーロッパの藍色は印度藍を輸入して染められるようになったからである。印度藍は、ヨーロッパ諸国にとって、対インド貿易の輸入超過の一因となり、各国ともそれを必死に立て直そうとしていた。そして産業革命が起こった頃、この印度藍を化学分析して、石炭のコールタールから合成藍をつくり出し、インディゴ・ピュア（印度藍の純粋なもの）と称してついに海外へ売り込むまでになったのである。

「青系の色」（123頁）でも記したように、藍という名前の植物はなく、葉に藍の色素を含んでいる植物を利用してきたのである。

それを人間はどのように発見したのだろうか。

植物の葉は枯れると薄茶色になるのが普通であるが、藍の色素を含んでいる葉は青色を呈していることに気づいたのが始まりと考えられる。そして、たとえばエビネランの葉にも藍色色素は含まれているが、染色に用いるには大量の葉が要るわけで、栽培しやすく丈夫に育つものがそれぞれの地方の風土にあわせて用いられてきたのである。

日本ではタデ科の藍が用いられてきた。五世紀から六世紀にかけて中国から渡来したもので、平安時代には播磨《はりま》国と、京都南部の鴨川の下流にあたる九条あたりの湿田が主な産地であった。

その後、桃山時代にいたって、豊臣秀吉の腹心であった蜂須賀家政《はちすかいえまさ》が阿波《あわ》徳島の藩主となってから、暴れ川と異名をとる吉野川の氾濫を逆に利用して、藍の栽培を始めたのである。タデ科の藍は厭地《いやじ》を嫌い、連作ができない植物で、どちらかといえば水分の多い土地を好み、水害にも強い面をもっている。

つまり、洪水によって上流からの激しい流れが毎年のように新しい土砂を運び込む吉野川の下流一帯にとって、その地にも強靱に生育する蓼藍は格好の作物であった。加えて海からあがる鰯など肥料も豊富で、瀬戸内海の水運の発達によって、この地で蒅《すくも》という形にされた干藍を各地に運ぶことも可能となったのである。

インドアイ（印度藍）…マメ科の灌木
学名 Indigofera tinctoria L.
インド、インドネシア、アフリカ西部などで栽培される。インド原産

ナンバンコマツナギ…マメ科の灌木
学名 Indigofera suffruticosa MILL.
印度藍と同じ系統で、メキシコ、グァテマラなど中米諸国、ジャワ島、アフリカ中央部の東海岸などに広く分布する。中南米原産か

リュウキュウアイ（琉球藍）…キツネノマゴ科の灌木
学名 Strobilanthes flaccidifolius D.C. Strobilanthes cusia o, Kuntze
沖縄の染織品に用いられ、なじみの深い藍である。中国南部、ブータンなどでも栽培されている。インド北部、タイ、ミャンマーあたりが原産といわれる。中国では馬藍と称される

タデアイ（蓼藍）…タデ科の草本
学名 Polygonum tinctorium LOUR.
日本、中国北部などの高温多湿で肥沃な地域に生育する。インドシナ半島の原産

藍染の和紙

紺地花樹双鳥文夾纈絁褥(部分)　奈良時代　正倉院
同じ文様を彫り込んだ二枚の板で、折りたたんだ布を挟み、藍、黄、赤色で順に染めあげたもの

棊子　奈良時代　正倉院
紺牙撥鏤と呼ばれる、紺染の象牙の表面に文様を彫りあらわした碁石

徳島の藍の栽培が盛んになり始めた頃に、日本でも木綿が栽培されるようになり、三河、河内、伊予、豊後、筑紫などの温暖な地方で、藩の殖産振興作物として作付けが奨励されていった。

木綿という植物繊維は、赤、紫などの華やかな色には染まりにくいが、とくに藍の染着性に富んでいるところから、それらの地方には村々に紺屋《こうや》ができて、徳島から運ばれた藍で染められたのである。

藍を染色する方法には生葉染《なまはぞめ》と建染《たてぞめ》の二つがある。

藍を染料として使ったごくはじめの頃は、刈り取ったばかりの生の葉を、糸に揉み込んだり布に摺り込んだり、あるいは葉を細かく刻んで水のなかで揉み、その色素が流れ出た液で染めるというような、いわゆる生葉染が行なわれていたのであろう。

平安時代のはじめに編纂された『延喜式』の内蔵寮中宮御服料には「生藍卅六囲」とある。

やがて、それでは生育している夏しか染めることができないので、葉を保存する方法が考えだされるようになっていった。その製藍方法（保存法）としては、世界中で大きく分けて三つの方法が行なわれている。

その一つは沈殿法と呼ばれるもの。刈り取ったばかりの藍はまだ生気があって、水に浸けておくと藍の色素が溶解していく。十分色素が溶解したところで藍を取り出し、溶解液に木灰あるいは石灰などアルカリ性のものを入れると、藍の色素は沈殿する。その泥状になったものを集めたものが「沈殿藍」と呼ばれるもので、現在でもインドや沖縄で行なわれている。

第二の方法は、先の沈殿法とよく似ていて、刈り取った藍を甕に放り込み、水と石灰、木灰、発酵を促すための果実のジュースなども入れてしばらく放置しておく。すると藍が還元発酵して建ってくる。そこへ布や糸を入れて染めるもので、インドネシ

阿波徳島の製藍法を記す『藍作及び製藍図会』（長谷川貞信筆、三木文庫）より、刻んだ藍を筵に広げて乾燥させ、葉と茎を分ける「藍粉成し」（右）と、葉藍を積み上げて水を掛け、寝床をつくって発酵させる「葉藍の寝せ込み」（左）

ア、タイ、中国の南部、沖縄の南の小浜島などの亜熱帯地方で行なわれている、どちらかといえば原始的な藍染法である。

三番目は、日本や中国の北部、ヨーロッパで行なわれているもので、蒅法と呼ばれるもの。藍を刈り取って細かく刻んで乾燥させ、葉と茎を選別する。そして葉だけを積み上げて水をかけて繊維を発酵させ、三ヵ月あまりかけて堆肥のようにして保存するものである。この状態の藍を蒅といい、日本では徳島と滋賀県の野洲《やす》などで今もつくられている。

このような沈殿藍、蒅などが染屋に運ばれて、一年中いつでも、およそ二十度以上の気温があれば、藍を建てて染色することができるのである。

ところで、藍が還元発酵して染色可能な状態になったことを、「藍が建つ」というが、その発酵建て法を簡単に説明すると次のようになる。

まず木灰に熱湯を注いで二、三日置き、その上澄み液を漉して灰汁を準備しておく。藍甕に蒅と灰汁を入れて掻き混ぜ、二十度前後の温度を保ちながら十日くらい置く。その間日に二回くらい掻き混ぜる。十日くらいたったところでふすまを加える。すると、ふすまが栄養剤となって発酵が促され、二、三日すると藍が建ち始め（ふすまを加えたあとは一日に一回掻き混ぜる）、染められるようになるのである。

出来上がった蒅

藍染の色 二趣

現代の日本人がもっている藍染《あいぞめ》の印象は、どちらかといえば左頁の木綿の絞りの着物や木綿絣《がすり》の蒲団表ではないだろうか。

私はかねがね、藍染の色には二種類の系統があると考えている。天然染料の藍という文字は、かつては染料の総称として使われたほど重要なものである。それは多くの天然染料が、絹や羊毛などの動物性繊維と、木綿や麻などの植物性繊維とでは色の染着性がかなり違うのに対して、藍はどの繊維にもよく染まりつくものであったからである。それゆえに、世界のあらゆる地域で、身分の高低に関係なく、染められ、愛されてきたのである。

上／葵紋付花重文様小袖（部分）　桃山時代　重文　徳川美術館
下／風景文様帷子（部分）　江戸時代　東京国立博物館

日本においても、藍の色は、右頁のような徳川家康着用の辻《つじ》が花《はな》染という高度な絞染、徳川御三家だけに着用が許された茶屋染《ちゃやつじ》という、上質な麻地に細い精緻な線で糊を置いて防染しながら、美しい藍色を染める高級な藍染も、いっぽうではあったということである。

澄んだ清楚な藍色と、あくまでも濃くしっかりと染まった庶民の色ともいうべき濃藍色があるということを、ここに示したかったのである。

両者の違いは藍の建て方にある。澄んだ藍は、藍を建てるとき、蒅《すくも》を溶くアルカリ性の水溶液を、櫟《くぬぎ》などの堅木を厳選して燃やした木灰を使ってつくり、上質の藍が薄く建つようにしている。

いっぽう、木綿の型染や絞り、絣など、地方の紺屋で染められたものは、石灰や木灰を併用し、藍のもちがよいように濃く建てられている。

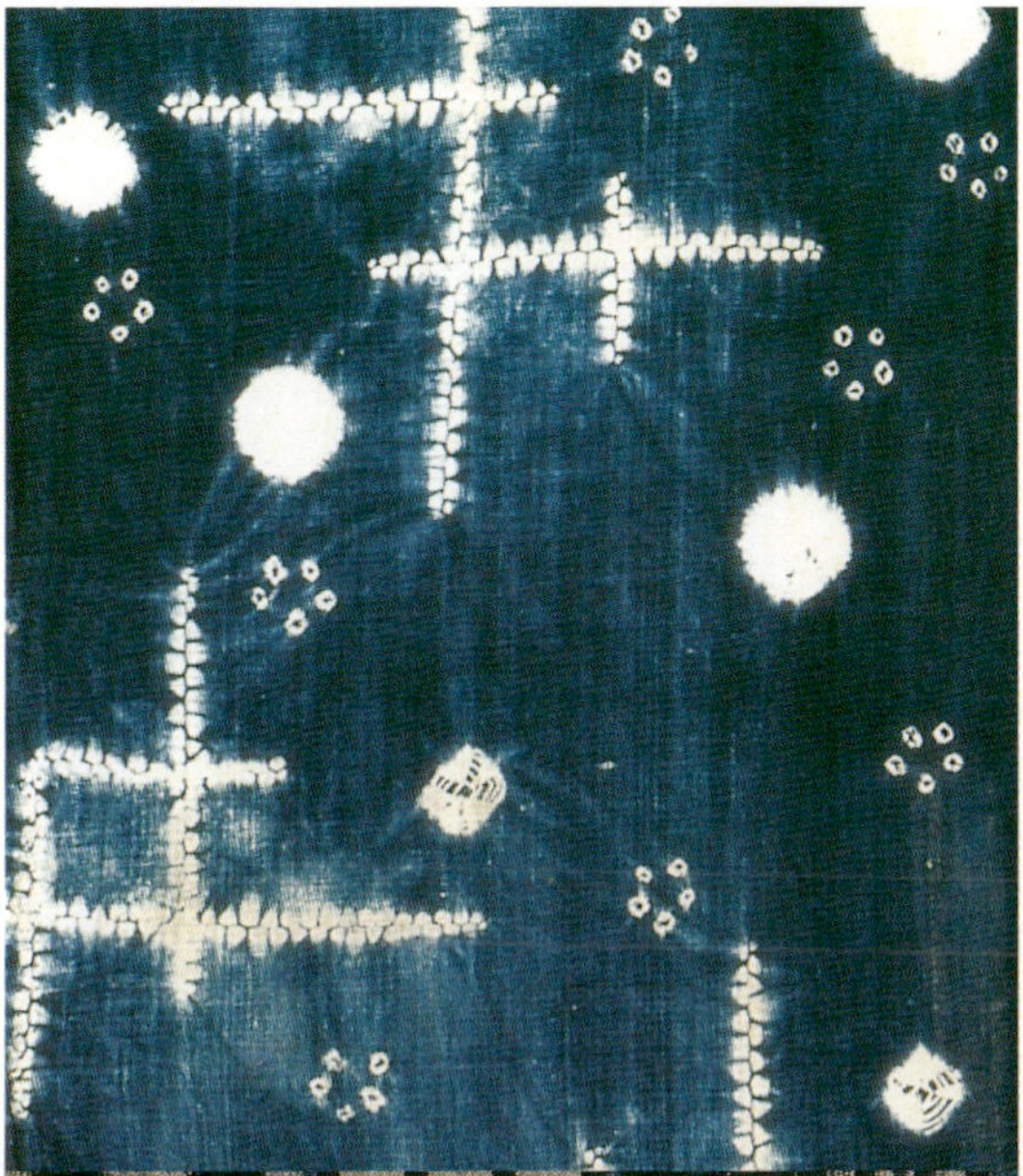

上／井桁に小花文様着物(部分　有松絞り)　明治時代
下／縞に幾何学文様蒲団表(部分　久留米絣)　明治時代

紺

❖こん

蓼藍

濃く、深く、黒と見紛うほどの、藍で染めた色で、わずかに赤、もしくは紫がかった色をさしている。

中国では古くから登場し、孔子の『論語』郷党篇には「君子は紺緅《しゅう》を以て飾らず」（紺色や赤茶色は祭服や喪服の色なので、襟や袖口には飾らない）とある。そして、『説文解字《せつもんかいじ》』では、「紺、帛の深青にして赤色を揚ぐるものなり」とあって、やや赤味のある藍染布をさしているようである。これは、藍甕《あいがめ》のなかに布を浸けては乾かすという染めの工程を何度も重ねると、自然とやや赤味を帯びてくることがあり、それをあらわしているように思われる。また、先に茜《あかね》染をしてから藍を染めたものをいうこともあったらしい。

日本においては、紺が見えるのは、大化三年（六四七）の七色十三階の冠位の制で、その五番目、青冠に「服《きぬ》の色は並に紺を用ゐる」とあって、この「紺」を「ふかきはなだ」と読ませている。『正倉院文書』にも紺布幕、紺布垣代などが見られる。平安時代の『延喜式』にも、「紺絁」すなわち紺色の平絹や、「紺衣」などが記されている。また『落窪物語』には、「今五部は、紺の紙に黄金の泥して書きて、軸には水晶して蒔絵の箱」という一文がある。これはまさに、京都神護寺に伝わる平安時代の紺紙金泥経（139頁）そのものをあらわしているといえようか。『源氏物語』「若紫」巻には僧都から光源氏への贈り物には「紺瑠璃の壺どもに、御薬ども入れて……」とあるように、瑠璃《るり》色ガラスの色彩表現にも見られる。

桃山時代から江戸時代にかけて木綿が普及するにしたがって藍染が盛んになり、紺《こう》屋《や》が地方の村や町にも出現した。紺屋は藍染を得意としたものが多かったが、やがて

七十一番職人歌合　四番紺掻
江戸時代　前田育徳会
藍甕で布を染める女性。「たゝ一しほ染めよとおほせらるゝ」と見える

染屋の総称ともなり、「こうや」「こんや」と呼ばれ、その職人を紺掻《こうかき》ともいった。

江戸時代に職人や商人の仕事着として紺地の法被《はっぴ》を着せることが流行したが、それには背中に商店の屋号や商売を一目であらわす象徴的な紋などを入れたため、紺看板ともいった。祭りの袢纏なども、もっぱら紺地であった。

紺から発して、きわめつけのような濃紺を「留紺《とめこん》」(151頁)といい、黒味のあるものを「鉄紺」(142頁)、紫がかったものを「茄子紺」(114頁)などと呼んだ。

文字散し文様法被　江戸時代

縹色 花田色

❖はなだいろ

蓼藍

浅縹　蓼藍

深縹　蓼藍

縹《はなだ》色は、藍色（128頁）より薄く、浅葱《あさぎ》色（140頁）より濃い色をさす。

しかし、古くは藍で染めた色の総括のように用いられたようで、『日本書紀』持統天皇四年（六九〇）の色制では、「追《つい》の八級には深縹《こきはなだ》。進《しん》の八級には浅縹《あさはなだ》」、『延喜式』では深縹、中縹、次縹、浅縹に分けられて、次のようになっている。「濃縹綾一疋。藍十囲。薪六十斤。……中縹綾一疋。藍七囲。薪九十斤。……浅縹綾一疋。藍一囲。薪卅斤。……」。一般に縹色と呼び習わしているのは、この中縹程度の色調にあたると考えてよい。

中国の後漢時代に撰せられた、諸物の名の字義を説いた『釈名《しゃくみょう》』には「縹猶レ漂。漂浅青色也」と見え、さらに『説文解字《せつもんかいじ》』にも「帛の青白色なるものなり」とあって、淡い青色であったようだ。

正倉院には楽器の琵琶を入れてあった袋が伝来し、「縹地大唐花文錦」（125頁）と呼ばれていて、澄んだ美しい縹色が印象的である。これを見れば、縹色を「くすんだ青」と解説するのが間違いであることを理解していただけると思う。

「縹」は「花田」とも記されるが、これは当字である。

また「花色」は花田色の略で、初夏に咲く月草《つきくさ》（露草）で色を染めたことに由来するとする説もある。

青黛

せいたい

顔料　藍蠟

藍《あい》の建染《たてぞめ》（133頁参照）のとき、藍がよく建って染色可能の状態になると、表面に泡が立ち始める。この「藍の花」（129頁）と呼ばれる泡を集めて湯を注ぎ、攪拌すると、藍は沈殿する。この工程を何度か繰り返し、美しく沈殿したものを集めて乾燥させたものが、青黛《せいたい》である。濃い藍色の顔料で藍蠟《あいろう》、藍靛《あいでん》、藍墨などともいわれ、紺紙金泥《こんしきんでい》経《きょう》と呼ばれる写経料紙の染めや、友禅染の色挿《いろさ》しなどに用いられる。『正倉院文書』に「青代」「藍花」と見えるものがこれにあたると思われる。

わが国では、仏教が伝来してから、経典を書写することは功徳を積むことであるとされ、天皇を中心としておびただしい数の写経事業が行なわれた。なかでも平泉の中尊寺や、京都の神護寺に伝来する平安時代の紺紙金泥経は、藍を精製したこの青黛を膠《にかわ》と礬水《どうさ》で溶いたものが塗られている。

一切経（神護寺経）　平安時代　重文　神護寺
俗に神護寺経といわれ、寺伝によれば、鳥羽天皇勅願、後白河法皇寄進とされる。二千三百余巻が、約二百枚の竹簀製経帙とともに伝えられる。料紙は藍を精製した青黛を塗り重ねたもの

浅葱色

あさぎいろ

蓼藍生葉

「浅葱《あさぎ》」の文字を考えると葱《ねぎ》の嫩葉《わかば》の色になり、緑味をおびた色のようであるが、実際には「水色」よりやや濃い色、蓼藍《たであい》で染めた薄い藍色をいう。色見本は蓼藍の生葉染《なまはぞめ》。

六位の袍《ほう》の色で、『源氏物語』「少女《おとめ》」の巻には、元服した夕霧が「浅葱にて殿上にかへりたまふ」のを不満いっぱいに見送る祖母大宮が描かれている。また『枕草子』には六月の法華八講に参列する公卿たちが「浅葱の帷子」などを透き通るように着ているさまが記されている。

田舎出の侍が羽裏に浅葱色の木綿を用いていたので、不粋な人、野暮な人を当時「浅葱裏」と呼んで揶揄した。

水浅葱

みずあさぎ

蓼藍生葉

「浅葱《あさぎ》色」より薄く、「水色」よりさらに淡い藍《あい》色。「甕《かめ》覗《のぞき》」よりわずかに濃い。

水浅葱の「水」は、ここでは水のような色というより、染料に水を加えて薄めるという用法があるように、薄さを意味するようだ。

薄い色ということで手間がかからない安価な色という発想か、江戸時代には囚人服の色とされ、「おやぶんは水浅葱まで着た男」という川柳も詠まれている。『守貞謾稿《もりさだまんこう》』の浅葱色の項には、「特に淡きを水浅葱と云ひ、中略して水色とも云ふ。藍染の極淡なり」と見える。

水色

みずいろ

淡い藍《あい》色だが、「甕覗《かめのぞき》」より濃い。たとえば岐阜県郡上八幡の吉田川や板取川の上流の、透き通るような水の色をあらわす。平安時代から用いられた色名で、『夜の寝覚』には「桜襲を、例のさまのおなじ色にはあらで、樺桜の、裏ひとへいと濃きよろしき、いと薄き青きが、又こくうすく水色なるを下にかさねて」、また『栄花物語』には、「色聴されぬは、無文、平絹などさま〴〵なり。……海の摺裳、水の色あざやかになどして」などと見える。桃山時代に編まれた『日葡《にっぽ》辞書』にも「一種の明るい青色」とある。古来、「浅葱《あさぎ》」などとともに夏の衣裳に欠かせない色。

蓼藍生葉

甕覗

かめのぞき

きわめて淡い藍《あい》色、もっとも薄い藍染といえるだろう。この色名のいわれには二説ある。一つは、藍甕《あいがめ》に布をほんのわずかの時間浸けて引き上げた、すなわち、布は藍甕のなかをちょっと覗いただけで出てきてしまったから染まり方も薄い、というもの。もう一つは、甕に張られた水に空の色が映ったような淡い色合だから。こちらは空を写す甕を人が覗き見たもの。どちらにしても、遊び心いっぱいの色名である。

「覗き色」ともいわれ、ほんの少し染まって白い布が白でなくなるためか、「白殺し」ともいわれたという。

蓼藍生葉

褐色　青黒

❖かちいろ
❖かちんいろ　あおぐろ

蓼藍

黒色に見えるほどの濃い藍《あい》色。今日「かっしょく」と呼ぶ、赤茶色（230頁）とは別である。「かつ」には褐があてられるが、本来は藍を濃くするために「搗《か》てて（搗《つ》いて）」染めるところからの名前という。

「かち」に「勝」の字をあてて勝色とし、縁起を担いで武具の革や布帛を染めたため、「褐色威《おどし》」とか、「褐色の直垂《ひたたれ》」などの表記が軍記物語によく見られる。

播磨《はりま》国は昔から藍の産地として知られ、その飾磨《しかま》に産する褐色が古くから「飾磨の褐」と名高く、尊ばれたという。

青味の強い褐色を「青褐《あおかち》」という。

鉄紺色

❖てつこんいろ

蓼藍×橡（鉄）

鉄色をおびた紺色。暗い青色で、「紺鉄」「藍《あい》鉄」ともいわれる。暗い緑色である鉄色と、紺色の中間色のような色調といえようか。

銅の「あかがね」に対して、鉄は「くろがね」と呼ばれるが、その名前のように色が黒いわけではなく、暗い青緑色である。

「鉄色」はそのやや青味の鉄の色をあらわすと考えるべきであろう。

色見本は、まず藍で染め、さらに橡《つるばみ》を染め重ねたあと、鉄漿《かね》（お歯黒鉄）で発色させて黒味を加えたものである。

納戸色

なんどいろ

わずかに緑味のあるくすんだ青色。江戸時代に生まれた色名と思われ、青系統の色のなかではおおいに流行り、男物の裏地、木綿の風呂敷などに盛んに用いられた。錆納戸《さびなんど》、藤納戸、桔梗《ききょう》納戸、鉄納戸、納戸茶、納戸鼠など、こじつけとも思われる色名も生まれるほどもてはやされた。

名前の由来には諸説ある。一に納戸（物置）の暗がりをあらわすような色。二に納戸の入口にかける垂れ幕の色によく用いられたため。三に将軍の金銀や衣服、調度の出納を担当した御納戸《おなんど》方《かた》（役）の制服の色であったから。いずれも定かではない。

蓼藍×矢車(鉄)

藍鼠

あいねず

藍《あい》色がかった鼠色、灰色がかった渋い青色である。「青鼠」ともいわれる。より青味が増した暗い色調を「紺鼠」という。

色見本は、蓼藍《たであい》で染めたあと、矢車《やしゃ》で染めて鉄で発色させたもの。矢車というのは、ハンノキ属の樹木の実の総称で、タンニン酸を多く含み、黒褐色を染めるのに欠かせない染料である。

鼠色は茶色とともに江戸時代の流行色で、半ば頃からは「何々鼠」と称する色が限りなく生み出され、「四十八茶百鼠」（238頁）ともてはやされた。

蓼藍×矢車(鉄)

青鈍

あおにび

蓼藍×橡(鉄)

青色に橡《つるばみ》、矢車《やしゃ》など墨系の色となる染料を掛け合わせ、鉄分で媒染した、薄く墨色がかったような青色をさす。

平安時代、近親者が亡くなった場合には鈍色《にびいろ》(244頁)と呼ばれる、橡などの染料を鉄塩で発色させた黒系統の色の衣裳を着て、喪に服していることをあらわした。亡くなった人との関係がより近いほど、濃い鈍色を着用した。だが、たんにその濃淡を着用しているだけでは、王朝の貴族たちの豊かな色彩感覚を満足させることはできなかったようで、あらかじめ青に染めたうえに薄墨色などをかけ、服喪の意をあらわしながらもお洒落感覚を出そうとしていた。

ただ、先にも記したように、平安時代の人々は、「青」という色名を、藍《あい》だけで染めるのではなく、わずかに黄色味を加えた緑がかったものととらえていたと思われるため、緑系に鈍色をかけたものか、藍で染めたのちに鈍をかけたものかは断定しにくい。

たとえば、『源氏物語』「葵」の巻では、光源氏の正妻葵の上が亡くなった年の秋の終わりに、六条御息所《みやすどころ》から文が届く。「菊のけしきばめる枝に、濃き青鈍の紙なる文つけて」と描か

青鈍の紙種々。藍で染めたあと橡(つるばみ)で染め、鉄塩で発色させた

れている。青色の紙に鈍色を足して喪の心をあらわしているのである。光源氏が返事をしたためたのは、やはり鈍色がかった紫の紙であった。

このような青鈍を染めるには、二つの方法がある。一つは、あらかじめ藍で染め、橡、五倍子《ごばいし》、檳榔樹《びんろうじゅ》などの染料に浸してから、さらに鉄分で媒染《ばいせん》して墨色を重ねるもの。

もう一つは、墨を磨って、青く染めた紙の表面に刷毛で引き染めをする方法である。美しい色は前者である。

露草色　❖つゆくさいろ

花色　❖はないろ

露草

夏、路傍などに咲く、露草《つゆくさ》の青い花の色をさしている。

露草は、古名をツキクサといい、月草、鴨頭草とも書かれる。ツユクサ科の一年草で、日本中いたるところに自生しており、その鮮やかな青瑠璃《るり》色は、よく人の眼にとまる。

この花も山藍と同じように原始的な摺り染めに使われた。ただ、古く『万葉集』に、「鴨頭草《つきくさ》に衣《ころも》色どり摺らめども移ろふ色といふが苦しさ」（巻七）と、露草の花の色を衣に摺り込むことに託しながら、あなたの申し出を受けたいのだが、気の変わりやすい人ときいているので、とためらう気持ちが歌われているように、「移ろふ色」であり、この色は水に遭うとすぐに流れてしまうような弱い色素である。

『枕草子』では、「鴨頭草。うつろひやすなるこそ、うたてあれ」（六十三段）と褪《あ》せやすさを情けないことといい、またその字面が大仰であるものとして、覆盆子《いちご》、胡桃《くるみ》、楊梅《やまもも》などとともにあげている。

花弁の幅が4cmくらいある大帽子花

また、江戸時代半ば、正徳二年（一七一二）の序をもつ図解百科事典『和漢三才図会』には、鴨跖草の和名は都岐久佐《つきくさ》で、花汁に浸し染めた紙を青花といって絵具にすること、江州（近江国）で多くつくられること、などが見える。

現在では、滋賀県の琵琶湖の東、草津市でわずかながらツユクサ科の大帽子花《おおぼうしばな》という、いくぶん花のおおきな品種が栽培されている。

梅雨の頃、朝早くから花だけを摘み取り、篩《ふるい》にかけて黄色の花粉などを取りのぞいて圧縮し、その青い汁を和紙に塗っては天日に乾かす作業を繰り返す。和紙は美濃産の薄様である。

この青花《あおばな》紙を水に浸すと美しい青色が溶け出す。その青花液は友禅の下絵描き、陶磁器の絵付けなどに使われるが、それは水に遭うとすぐに流れて跡を残さないからである。現在は化学青花の出現で需要は減少している。

色見本は、青花液を和紙に塗ったものである。

摘んだ花びらを集める

花びらを揉む

液を何度も塗っては乾かして染み込ませた青花紙

青花紙をちぎって水を注ぎ、溶け出した青花液で本友禅の下絵を描く

山藍摺　青摺

❖やまあいずり❖あおずり

山藍

葉を揉み込んで青い色の汁を出し、それを布に摺り込んだ色をさしている。日本では古来、トウダイグサ科の高灯台《たかとうだい》や山藍《やまあい》が用いられてきた。『古事記』の仁徳天皇の項では、丸邇臣口子《わにのおみのくちこ》が「紅《あか》き紐著けし青摺の衣を服たり」と記され、『万葉集』の「……くれなゐの赤裳裾引き、山藍もち摺れる衣着て」（巻九）などがそのことをあらわしている。青衣・青摺の場合には、145頁の「露草色」の可能性もある。

ただ、この山藍には文字に反して「藍」の成分は含まれておらず、しばらくすると茶色に変色してしまう。しかしながら、この山藍摺は、蓼藍《たであい》が日本にもたらされて本格的な藍染の技法が完成したのちも、小忌衣《おみごろも》に使われていた。『延喜式』に「新嘗祭小斎諸司青摺布衫三百十二領」と見えるように、新嘗祭《にいなめさい》の儀式に使用された。さらに天皇の御大典にさいし、大嘗宮《だいじょうきゅう》悠紀《ゆき》・主基《すき》両殿の御親祭のおりに、京都府八幡市石清水八幡宮境内に生える山藍で摺ったものが献上されて用いられている。

また、東国からもたらされた「東遊」という歌舞は、やがて宮廷の儀礼などで奏されるようになり、春日・賀茂・石清水などの社祭でも演じられるようになった。舞人は、青摺の袍をつけることになっており、その名残を毎年五月に行なわれる京都の葵祭、十二月の奈良の春日若宮御祭で見ることができる。

時間がたつと変色する山藍が、長く伝統行事に用いられている一因には、蓼藍のように藍の色素を含む植物が夏前後という一定の期間しか採取できないのに対して、この葉は常時緑を保っているためであろう。

なお沖縄に生育する琉球藍をヤマアイと称するが、ここで述べる山藍とはまったく別個のものである。

京都、石清水八幡宮境内の山藍

山藍の葉を刻んですりつぶす

空色

❖ そらいろ

蓼藍

青といえば真っ先に連想されるのが空の色、すなわち昼間の晴れわたった空の明るい青色、いわゆるスカイ・ブルーであろう。空の色は身近で誰もが眼にすることができるためか、英名もゼニス・ブルー（天頂の色）、ホライズン・ブルー（地平線近くの色）など、さまざまな呼び名がある。

十七世紀初期の『天工開物《てんこうかいぶつ》』にみえる「天青色」は、淡い藍に軽く蘇芳《すおう》を刷くとあるが、色見本は蓼藍で染めた。

ちなみに、『源氏物語』「葵」の巻には、源氏が朝顔の君に贈る歌を「空の色したる唐の紙」にしたためるが、この空は、そのおりの時雨模様の空で、つまり薄墨色である。

群青色

❖ ぐんじょういろ

顔料　群青

アズライトとマラカイトが混在した鉱物

群青《ぐんじょう》は、アズライト（藍銅鉱《らんどうこう》）という石を砕いて作られる青色の顔料（岩絵具）で、日本画には欠かせない色である。桃山時代の荘重な障壁画や江戸時代の華麗な琳派の屏風絵などに、金箔とともにふんだんに使われている。その澄んだ青色をいう。

岩絵具は同じ原料でも、粒子が細かくなるほどに色は淡くなり、群青の粒をより細かくしたものが紺青《こんじょう》（115頁）、そしてもっと細かく砕いたものが白群《びゃくぐん》である。なお、アズライトは、自然界唯一の緑色の顔料である緑青の原石のマラカイト（孔雀石）とともに産出される。

瑠璃色

❖るりいろ

ラピスラズリ

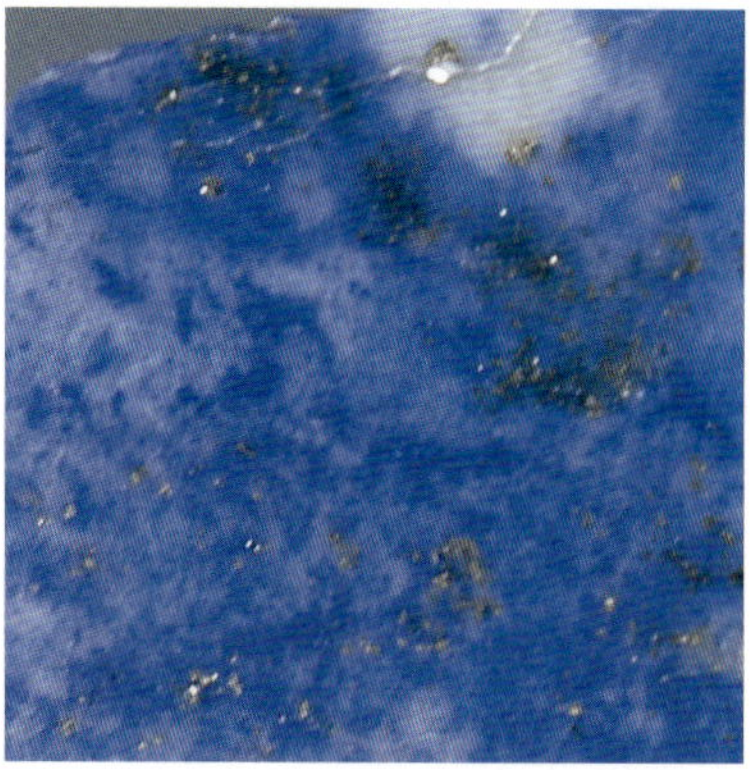

「瑠璃《るり》」は、その字義からすれば、玉の色、である。とくにラピスラズリ、つまり青金石と書きあらわす青く輝く石玉の色をさしている。さらに、その青色に合わせて製造されたガラスをもさす。

古代、洋の東西を問わず、アフガニスタンのバダクシャンあたりから採掘される青い石が尊ばれてきた。エジプト古代王朝のツタンカーメン王墓にも多くちりばめられている。ヨーロッパにおいて、海を渡ってきた青玉という意味で、ウルトラマリンと呼ばれている。仏教の経典にも、金、銀、瑠璃、玻璃《はり》（水晶）と記される四宝あるいは七宝の一つにあげられている。のちにガラスが製造されるに及んで、石英と呉須《ごす》をかけることにより、この色に近づくものがつくられるようになり、これも瑠璃と称した。日本の八世紀の宝庫正倉院には、中央アジアからもたらされた青金石そのものをはめこんだ革ベルト（121頁）も伝えられていて、またペルシャ製といわれるガラスの杯がはるかシルクロードを経てもたらされており、文書には「紺瑠璃杯」と記されている。

陶磁でも青色に発色する「瑠璃釉」がある。天然の呉須を長石釉に加えることによって発色させるもので、中国元代の景徳鎮《けいとくちん》で焼かれ、それが朝鮮の李朝、日本の有田、伊万里に受け継がれてきたものである。

紺瑠璃杯　正倉院　コバルトの発色によるアルカリ石灰ガラスのカップ。銀製の脚は後補だが、ガラスの本体はペルシャでの作と思われる

インディゴ

インディゴは藍《あい》の色素をいい、深い藍色をさす。

ヨーロッパでは大青《たいせい》に代わって印度藍《いんどあい》が普及したため、印度藍を用いた青色は、インディゴ（インドのものの意）といわれた。

褐返し　かちがえし

褐色《かちいろ》（142頁）よりさらに深く暗い青色。

また、すでに染められている色の上にさらに藍《あい》色を重ねる場合もある。そのときは、下の色によってやや赤味をおびるなど、色調は微妙に異なる。

呉須色　ごすいろ

呉須は染付磁器に用いられる顔料で、元の姿は黒褐色の粘土。コバルト、マンガン、鉄などを含み、生地に文様を描いて焼くと、濃度によってさまざまな青の濃淡をあらわすことができる。

コバルト・ブルー

海の青さの表現でよく使われる色名。もともとは酸化コバルトとアルミナからつくった鮮やかな青色の顔料の色。

サックス・ブルー

明るい青色。伝統色では浅葱《あさぎ》色（140頁）に近い色。

サキソニー・ブルーという酸性染料で染めた色をこのように呼んでいる。

シアン・ブルー

ただシアンともいう。マゼンタ（赤）、イエロー（黄）とともに色の三原色になっている。赤みがからない明るい緑味のある青色。

新橋色　しんばしいろ

明るい青緑色で、東京は新橋の芸者衆に好まれたところからの色名。

明治の終わりから大正にかけて流行った色である。緑味のある浅葱《あさぎ》色（140頁）ともいえようか。ターコイズ・ブルーに似る。

スカイ・ブルー

昼間の晴れ渡った空の色をあらわす。伝統色の空色（148頁）にあたる。

ゼニス・ブルー

紫味をおびた青色で、天頂（ゼニス）の空の色をあらわすといわれる。

セルリアン・ブルー

セルリアンもラテン語の「空」が語源といわれ、明るい鮮明な青、もしくはやや緑がかった青色をいう。

ターコイズ・ブルー

緑がかった青色。

ターコイズ（トルコ石）のなかで青系統のものの色。緑系のものはターコイズ・グリーンという。

千草色　ちぐさいろ

薄い浅葱《あさぎ》色（140頁）。空色（148頁）と同じともいわれるのは、千草《ちぐさ》は月草《つきくさ》（露草）の別称ともいわれ、その花の色（145頁）に近い色調とするからだろう。

鉄色　てついろ

くすんだような青緑色。

鉄はもっとも用途の広い金属で、その色をあらわすともいわれる。鉄を冠する色名には、鉄納戸《なんど》、鉄紺、鉄鼠などがあるが、いずれもくすんだ青緑系というのが共通である。

留紺　とまりこん　とめこん

紺色はもっとも濃い藍《あい》染の色であるが、もうこれ以上は濃くならないという気持ちをあらわすのだろう。

ナイル・ブルー

母なるナイル、世界最長の大河、エジプトのナイル河の水の色からとられた名で、澄んだ青緑色をいう。

ネイビー・ブルー

イギリス海軍（ネイビー）の軍服の色からきた色名。濃紺色。

ピーコック・ブルー

雄の孔雀《くじゃく》の首から胸にかけての鮮やかな青色をいう。また、広げた羽根のなかにもこの青色を見ることはできる。

ベビー・ブルー

ベビー・ピンクと同様に、男の赤ちゃんを包みこむ服の色で、淡く明るい青色。

紅掛空色　べにかけそらいろ

やや赤味がかった薄めの青紫色。二藍《ふたあい》（110頁）や紅掛花色《べにかけはないろ》（117頁）のように、二つの染料を掛け合わせたもので、空色に紅色を染め重ねた色。紅碧《べにみどり》ともいう。

舛花色　ますはないろ

くすんだ花色（縹色《はなだ》）。団十郎茶（227頁）同様、市川団十郎（五世）ゆかりの色名で、「舛《ます》」は市川家の家紋三舛《みます》。お家芸の演目に用いられた縹色であろう。

マリン・ブルー

ネイビー・ブルーのように、船員（マリン）の制服の色からの色名で、納戸《なんど》色（143頁）に近い、緑味のあるくすんだ青色。

ミッドナイト・ブルー

ミッドナイト（真夜中）とつくように、暗く灰色がかった青色。

勿忘草色　わすれなぐさいろ

ムラサキ科の多年草、勿忘草《わすれなぐさ》の花のような薄い青色。

「私を忘れないで」というのがこの花だが、反対に「忘れ草」と呼ばれたのは萱《かん》草《ぞう》（194頁）で、身につけると憂いを忘れるといわれた。

緑系の色

人間が自然のなかの一員であるということは、野山を自由に走廻し、海や川、湖を遊泳し、自然の産物を狩猟採集していた時代にはおのずから認識されていたことであろう。

やがて、人間が集団化する地に文明が興ってくると、そうした大自然界を知的に観察して説明付けされるようになってきた。

たとえば、古代ギリシャでは宇宙的自然の形態を構成するもっとも基本的な元素を「土、水、空気、火」の四つとする原子論を提唱した。いっぽう古代中国では、自然そのものをもっと有機的にとらえて、「木、火、土、金、水」からなるという陰陽五行説をとった。自然界に生育する木という植物は、人間によって火となる。それはやがて灰となって土に還り、金銀やアルミニウムなどの金属となる。そこをくぐって湧きだす水が木を育てる、という五行循環説を生み出したのである。

ギリシャの自然哲学には「木」という要素はあらわされていないが、人間が自然界で生まれて眼にする最初の色は、空か野山の木々、あるいは草木の緑であろう。中国の五行からすれば、木は青にあてられるから、現代の日本人が認識している緑と同じものと考えられて、厳密な区別はなされていない。ただ、色の三原色からすれば、黄系が入らない、つまり間色ではない、抜けるような空色、青色が必要なのである。

中国では、今から二千二百年ほど前に、青は藍より出ずる、と記された。

緑という色は、豊かな自然のあるところであれば、どのような草木からも容易に色

初秋の田圃

京都、乙訓の竹林

素を得られるように思われている。常緑の、たとえば松の葉を集めて熱湯のなかで煎じれば緑の色になり、糸や布が染まるように誰もが考えがちである。また、足元の青草の葉を摘み取って揉むと、手のひらは緑色に染まるから、それを布に摺り込みたいという衝動にかられることだろう。

自然を象徴するこの「緑」を身近な生活のなかにおきたい、というのは誰もの願いであろう。しかしながら、草木の葉がもつ葉緑素という色素は脆弱で、水に遭うと流れてしまう。しかも、時が経つと汚れたような茶色に変色してしまう。染料、顔料といった着色剤としては用をなさないのである。

高松塚古墳壁画　東壁男子群像(部分)
白鳳時代　国宝　文化庁
語らっているかのような二人のうち、左側の男子は、緑青で塗られたと思われる鮮やかな緑色の上着を着ている

磁鉢　奈良時代　正倉院
白釉の上に、口縁から底へ、緑釉の濃淡を流下させた二彩の鉢

自然界でそのまま緑の色を着色できるのは、唯一、銅の化合物である緑青《ろくしょう》という顔料だけである。

銅は数多の金属のなかでも精錬するのが比較的簡単なため、古代文明の栄えた地では、石器時代から、銅と錫《すず》を合金して器をつくるいわゆる青銅器時代へと移行していったので、人間が銅の錆びた緑色を目のあたりにすることは多かったにちがいない。

陶器においても、銅は鉛を溶化して燃焼させて酸化させると緑色になるところから、中国では約二千四百年前の戦国時代に焼成され、やがて瓦、俑《よう》、壺などの色彩に用いられるようになった。唐の時代には唐三彩《とうさんさい》として開花する。その影響を受けて日本でも焼成され、正倉院には奈良三彩や奈良二彩が遺されている。また、平安時代には緑釉の瓦や壺が焼かれたようで、平安京跡からも出土している。十六世紀終わりには、さらに高火度のものが焼かれ、日本では美濃で焼かれた織部《おりべ》焼に見ることができる。

前述したように、葉緑素という色素はあまりに脆弱で、布や糸に染まりついても

襷文平組紐(部分)　奈良時代　正倉院
濃い紺、緑、黄の色糸で暈繝に組まれた平帯

山繭の里、有明
山麓の緑色の繭

水に遭えばすぐに流れてしまうため、どのような繊維に染色するにしても、その色を永続させなければならないとなると、単独で緑色となる染料は世界中どこを探してもないと断言してよい。

ただ、絹糸のなかには、染めたりしなくても、もともと淡い緑色を呈するものがある。それは、「山繭《やままゆ》」から採られた糸である。櫟《くぬぎ》や楢《なら》などブナ科の樹木が茂る地で生育するこのヤママユガ科の蛾は、春に孵化したあと六月から七月にかけて脱皮して大きくなるが、幼虫の体は鮮やかな緑色である。成熟して繭を営むとき、口から吐くのは淡い緑色の糸のため、繭になっても色は変わらず、製糸後もその色合は失われることはなく、自然に育まれた色を保っているのである。

この絹糸以外は、緑系の色を染めるには、古来、藍色系と黄色系の染料を重ねて出す方法が採られてきた。日本において、緑という色が明らかにされたのは、大化三年（六四七）にあらためられた冠位であろう。かつて聖徳太子が制定した冠位十二階を、七色十三階とするもので、十一、十二位に緑の衣服が置かれている。

聖徳太子が亡くなった六二二年には、太子が往生された天寿国の様子を刺繍で描いたものが作製された。この「天寿国繍帳」は日本最古の刺繍といわれ、今日まで奈良中宮寺に伝来しているが、そこには美しい緑色の色糸が随所にあしらわれている。その緑の色糸は、藍色に刈安《かりやす》や黄蘗《きはだ》という黄色系の染料をかけて染められている。

正倉院には、緑地襷魚鳥文の臈纈染の布（次頁上図）が遺されているが、これは、まず白布に襷文を蠟で置いて黄色の染料で染め、そのうえに魚鳥文を蠟で置き、藍で染めて緑色

山繭から引いた
淡い緑色の生糸

にしたという手順が手に取るようにわかるのである。

平安時代の『延喜式』には、「深緑綾一疋。藍十囲。苅安草大三斤。……浅緑綾一疋。藍半囲。黄蘗二斤八両」と、緑の染色法が明記されている。

緑色は、身近にいつもありながら、たやすく再現することのできない色といえる。

襷魚鳥文臈纈絁袈裟箱袋（部分）　奈良時代　正倉院
黄を染め、藍をかけて緑色にするという、染色工程がよくわかる

羊木臈纈屏風（部分）　奈良時代　正倉院
版型による蠟防染で染めたあと、樹葉や猿などは、白緑らしい顔料で淡い緑色に彩色されている

刈安(明礬)×蓼藍生葉

柳色

❖やなぎいろ

この柳色は、柳の葉の、三月から四月にかけて萌《も》え出《いず》るような色をいう。葉の表は淡い黄色がかったような緑色である。『万葉集』に、「浅緑染め懸けたりと見るまでに春の楊《やなぎ》は萌えにけるかも」（巻十）とあるように、柳は緑をあらわすのにふさわしい植物である。

柳の色は動いていく。枝垂れた枝が浅い黄緑色の若い芽をつけて揺れていると、春がもう近くにきていることを知らされる。その光景を、中国の人は麴塵《きくじん》の糸とも称している。麴塵とは麴黴《こうじかび》の色で、日本では平安時代、天皇が特別なあらたまった儀式のときだけ着用された、黄の混じった神秘的な青緑色である（170頁）。

春の柳を愛で、それに生命の息吹を見る気持ちは、このような中国の影響もあるのか、『万葉集』には「青柳の上枝《ほつえ》攀《よ》ぢ取り蘰《かずら》くは君が屋戸《やど》にし千年《ちとせ》寿《ほ》くとそ」（巻十九。葉をつけた柳の柔らかな枝を手折って蔓にするのは、あなたの家で千年の栄えを祝うためです）と詠まれている。

大唐帝国の都長安では並木に使われ、その影響からか、奈良の平城京も京都の平安京も大路には柳が植えられた。「見わたせば柳桜をこきまぜてみやこぞ春の錦なりける」（素性法師）と、桜の薄紅と柳の緑の織り成すさまが織物の錦のように美しいと歌われている。おそらく、東山の少し高い丘から都大路の春の景色を見渡しての歌であろう。

平安京を造営するにあたって、もともと今の堀川通りに流れていた大川を、東に曲げて鴨川としたところから、京の街は洪水に弱かった。そのために根がよく張って、水の流れに耐える柳はうってつけで、そこかしこに植えられたのである。

柳の襲：表-白（白生絹）　裏-薄青（蓼藍×刈安）

柳の枝の細く垂れ下がるさまはまた、美しく染められた糸にもたとえられて、柳糸といわれる。

『源氏物語』のなかで、光源氏のもとに朱雀《すざく》上皇の末娘、女三の宮が降嫁し、それまで源氏の寵愛を一身に受けていた紫の上が強い衝撃を受ける帖が「若菜」である。「若菜下」巻には、六条の院で催される有名な女楽《おんながく》の場面がある。光源氏は、ゆかりの女性たちを次々に垣間見る。そのおりの女三の宮を、「ただいとあてやかにをかしく、二月の中の十日ばかりの青柳の、わづかにしだりはじめたらむここちして、鶯の羽風にも乱れぬべく、あえかに見えたまふ」と、気品あふれ、枝垂れ始めた青柳のようにか弱げだと評している。

風にそよぐ柳

　また、季節の植物の美しい彩りを少し先取りしながら衣裳に取り入れることは、王朝の女人たちの才で、明石の上の衣裳については「柳の織物の細長《ほそなが》、萌黄《もえぎ》にやあらむ、小袿《こうちき》着て、羅《うすもの》の裳のはかなげなる引きかけて」とある。「柳」は、「表白、裏薄青」と二枚の衣を重ねて、柳の葉をあらわす襲《かさね》（上図）。表の白い透明な生絹《すずし》で、裏の青を透過して見ることで葉の裏をあらわす。柳はいつも風に揺れていて、葉の表裏が重なるように見えるからであろうか。

　柳色については、萌黄《もえぎ》色の経《たて》糸と白の緯《よこ》糸で織りあげた布であると、古い文献には見える。

　江戸時代に、公家、武家だけでなく、町人にまで着物が広まっていくなかで、染屋が他の店との差をつけようと、色名と染め方にさまざまな工夫を凝らすようになり、おびただしい色名が登場する。

　そのなかで、柳にまつわる色は、柳茶、青柳茶、草柳茶が、文化八年（一八一一）に刊行された『染物重宝記』に見え、これらは「茶にまぎらハしきの名の事」と書かれているから、茶色がわずかに緑色がかったものと解してよいだろう。柳煤竹、柳鼠という灰色系の色も登場してくる。これもわずかに灰色に柳の葉の色がかかっている色と思われる。

裏葉色

うらはいろ

蓼藍生葉×黄蘗

黄味の少ない、ごく薄い黄緑色を裏葉色という。

　柳は太い幹の上部から細くしなやかな枝が垂れ下って風に揺れている。細く長い葉とともに下がるさまは糸のようで、「柳糸」と呼ばれ、葉は表も裏も人の眼にとまるせいか、柳の裏葉色という言葉がある。

　草や木の葉は、柳や蓬《よもぎ》などのように、表の濃い緑色に比べると裏のほうは薄くて白っぽいものがほとんどで、その違いをうまくとらえて名づけられたものであろう。「裏柳」「裏葉柳」も同じような色相をあらわす。

木賊色

❖ とくさいろ

シダ植物の木賊《とくさ》の茎のような、少し黒味をおびた深い緑色。色見本は、刈安《かりやす》と蓼藍《たであい》を掛け合わせたものである。

木賊は「砥草」の意で、堅い茎には珪酸塩が含まれており、乾燥させて木材などを砥いだり磨いたりするのに用いられたことからこの名があるという。

木賊色という色名は平安時代には見えないが、鎌倉以降、「とくさの狩衣に青袴きたるが」（『宇治拾遺物語』）、「木賊色の水干」（『義経記』）などの記述が見られるようになる。

襲《かさね》の色目では、「表黒青、裏白」「表萌黄《もえぎ》、裏白」「表薄青、裏白」などいくつか見られる。

刈安（明礬）×蓼藍

木賊の襲：
表-萌黄（蓼藍×刈安）
裏-白（練絹）

蓬色

❖ よもぎいろ

冬の気配が色濃く残る浅春の野に、いちはやく淡い緑色の葉を見せる蓬《よもぎ》。その葉の色をさしている。蓬はその特有の香気と、打ち身や腹痛などの薬として古くから珍重されてきた。

五月五日、端午の節句の、この葉がもっとも美しい頃に刈って門に掲げる習わしが古くから中国にあって、わが国でもその影響を受けて薬草狩りの一草になっている。『枕草子』に「節は、五月にしく月はなし。菖蒲・蓬などの薫りあひたる、いみじうをかし」（三十六段）とあり、宮中でも庶民の家でも屋根や廂《ひさし》に並べた様子が描かれている。

刈安（明礬）×蓼藍

蓬の襲：
表-淡萌黄（蓼藍×黄蘗）
裏-濃萌黄（蓼藍×刈安）

緑色

みどりいろ

蓼藍×刈安(明礬)

濃い緑色を『延喜式』では、「綾一疋。藍十囲。苅安草大三斤」で染めると記されている。色見本もそれに倣って、蓼藍《たであい》で染めた上に刈安《かりやす》を掛け合わせた。なお同書には「中緑」「浅緑」の染め方も記され、それぞれ「藍六囲。苅安草大二斤」「藍半囲。黄蘗二斤八両」を用いるという。『源氏物語』「澪標《みおつくし》」の巻では、須磨・明石を流浪後、栄光への道を歩み始めた源氏が願果たしの住吉詣での場面で、「松原の深緑なるに、花紅葉をこき散らしたると見ゆるうへのきぬの濃き薄き、数知らず」と、緑の松原を背景に、色とりどりの衣裳の供奉のものたちを記している。

青緑

あおみどり

蓼藍×黄蘗

青味がかった緑色。青色とも緑色ともいえず、緑色のなかでも少し色相が異なる。『延喜式』にはじめて見える色名と思われ、そこには、「帛一疋。藍四囲。黄蘗二斤」とあるから、藍《あい》に黄色系の黄蘗《きはだ》をわずかに掛けた、ほとんど縹《はなだ》色に近い緑色といえる。平安時代は青も緑系の色で表現していたので、上項の「緑」と比較すると興味深い。

私の経験でも、刈安《かりやす》は濃い黄色に染まり、黄蘗はかなり薄い黄色にしか染まらないことがよくわかり、『延喜式』はその点を正確にとらえている。

若竹色

わかたけいろ

若竹の、さわやかな緑色で、萌黄《もえぎ》色よりやや濃い。色見本は、刈安《かりやす》で染めたあと蓼藍《たであい》の生葉染《なまはぞめ》を重ねた。

春になると竹藪の土には縦横に亀裂が入り、地下茎についた芽が大きくなって筍《たけのこ》が地上に姿を現わす。「筍」という文字は、一旬（十日）で竹になるといわれるほど生長が速いことをあらわしている。五月から六月になると、暖かい太陽の光を浴びて、節ごとに茶色い竹の皮を一枚一枚剥がしながら、見る見るうちに空へ向かって真っすぐに伸びていく。若竹色はその瑞々しい竹の幹の表面をあらわしている。

刈安（明礬）×蓼藍生葉

若竹の幹

青竹色

あおたけいろ

明るく濃い緑色。生長した青竹の幹の色。色見本は、まず刈安《かりやす》で黄色に染めてから蓼藍《たであい》の生葉《なまは》で染めて、さらに藍甕で藍を重ねて深みを加えた。

竹は東南アジアを中心に生育し、六百を超える種類があるといわれる。日本でも古くから自生し、食用はもちろん、建築、工芸細工、楽器などにも使われる、いたって身近な植物である。そのためか、若竹《わかたけ》色、老竹《おいたけ》色、煤竹《すすたけ》色など、おりおりの変化がとらえられて色名にもなっている。また、冬でも青々とした生命力を讃えられて、おめでたい松竹梅の一つにあげられてきた。

刈安（明礬）×蓼藍
生葉×蓼藍

青竹の幹

萌黄色

もえぎいろ

蓼藍生葉×黄蘗

新緑

新緑の萌《も》え出《いず》る草木の緑、冴えた黄緑色をいう。色見本は、蓼藍《たであい》の生葉染《なまはぞめ》のあとに黄蘗《きはだ》を掛け合わせた。

萌黄《もえぎ》色は平安時代から用いられた色名で、『源氏物語』「若菜下」女楽《おんながく》の場面で、明石の上の衣裳は「柳の織物の細長《ほそなが》、萌黄にやあらむ、小袿《こうちき》着て、羅《うすもの》の裳のはかなげなる引きかけて」とあらわされている。

色名の由来からうかがえるように、若向きの色とされ、『平家物語』では、老体と気取られぬように、赤地錦の直垂《ひたたれ》に萌黄威《おどし》の鎧という出で立ちで出陣する斎藤実盛の姿が描かれている。

鶯色

うぐいすいろ

楊梅(明礬)×蓼藍

鶯《うぐいす》の羽のような渋い萌黄《もえぎ》色。色見本は楊梅《やまもも》で黄色に染めて、蓼藍《たであい》を掛け合わせたもの。楊梅は、同じ黄色でも刈安《かりやす》や黄蘗《きはだ》のように鮮烈ではなく、くすんだ色調になる。

鶯は昔から親しまれた鳥であり、「鶯は、詩などにもめでたきものに作り、声よりはじめて、さまかたちも、さばかりあてにうつくし」いのに、宮中で啼かないのが憎らしいと『枕草子』(三十八段)にも記されているが、はたして色名として定着したのはいつの頃からか不明である。

江戸時代には茶色が流行り、やや褐色味の「鶯茶」がもてはやされ、「鶯」といえばこちらをさしたともいわれる。

鶸萌黄

❖ひわもえぎ

鶸《ひわ》色と萌黄《もえぎ》色との中間の色。鶸色より緑味が強く、萌黄色より黄味の勝った黄緑色といえよう。

色見本は、蓼藍《たであい》の生葉染《なまはぞめ》のあとに黄蘗《きはだ》を掛けて、黄緑色に染めた。

江戸時代の終わり、嘉永六年（一八五三）に刊行された『染物早指南《そめものはやしなん》』には、鶸萌黄の染法がみえ、「かや　こくにつめて　表裏二へんづ、　あいけし」とある。「かや」は刈安《かりやす》、薄《すすき》の類であろう。「あいけし」とはほんの少し藍を重ねるのであろうか。

蓼藍生葉×黄蘗

鶸色

❖ひわいろ

黄味の勝った明るい萌黄《もえぎ》色をさす。鶸《ひわ》は、スズメ目アトリ科の小形の鳥で、日本には十数種が生息するといわれるが、多くは冬鳥として大陸から渡来する。金雀、金翅雀とも記される。真鶸《まひわ》の羽の色である緑黄色に、この色名は由来しているといわれる。

鶸色の語は、鎌倉時代の『布衣記《ほいき》』に見られるのが初見であろう。「布衣」は、公家装束の「狩衣《かりぎぬ》」のことで、もともと狩りに出かけるときの上着であったが、それらは麻布で仕立てられていたために、「布」の字が用いられた。『日葡辞書《にっぽ》』には「黄色或る色」と見える。

蓼藍生葉×黄蘗

千歳緑

❖ちとせみどり ❖せんざいみどり

蓼藍×刈安(明礬)

不老長寿の象徴のようにいわれる常磐《ときわ》の松、その葉のようなくすんだ緑色。

色見本は蓼藍《たであい》と刈安《かりやす》を掛け合わせたもの。

刈安と蓼藍といえば、『延喜式』に見える「深緑」にも同じ染料を用いるが、深緑が藍がかった緑色であるのに対して、千歳緑は、青竹色（163頁）のくすんだような色相である。

旧東海道御油の松並木

常磐色

❖ときわいろ

刈安(明礬)×蓼藍

常に変わらないこと、永久不変なことをあらわす語句である「常磐《ときわ》」は、松や杉など年中緑色をたたえる常緑樹にも用いられて「常磐木《ときわぎ》」と呼ばれている。

その常磐木の葉のような色、やや茶味を含んだ深い緑を常磐色と呼んでいる。「千歳緑」と同じように、常に変わらない緑を讃える色名である。色見本は刈安《かりやす》に蓼藍《たであい》を重ねて深みを出したもの。

松葉色

まつばいろ

蓼藍×刈安（明礬）

松の葉のような、濃い黄緑色。「松の葉色」ともいわれる。

色見本は蓼藍《たであい》と刈安《かりやす》の掛け合わせで染めたもので、これより藍を濃くすると木賊色《とくさいろ》（161頁）になる。

「マツ」の名は、神様がその木に降りてこられるのを待つところに由来するともいわれ、四季おりおりに移り変わる季節のなかで、いつも変わらず緑の葉をつけ、何十年、何百年も生き続けるため、古来神聖視されてきた。そして長寿、節操、不変のシンボルでもあった。

『枕草子』二百六十四段で、清少納言が男性の狩衣《かりぎぬ》の色目をいろいろと思いめぐらすなかに「松の葉色」とあるのは、年少者用の「表萌黄《もえぎ》、裏紫」の松襲であろうか。

松葉

松の襲：表-青（蓼藍×刈安）裏-紫（紫根）

若菜色

❖わかないろ

蓼藍生葉×黄蘗

「君がため春の野に出でて若菜摘むわがころもでに雪は降りつつ」（『古今和歌集』光孝天皇）

立春といってもまだまだ寒さが残るが、その頃に野に芽吹いてくる食用にする菜類を総称する若菜の、柔らかな淡い緑色をいう。

七種類の若草を摘んで食し、邪気を払うという習わしが中国からもたらされ、日本でも正月七日に汁にして食べた。それが室町時代以降、粥となった。七草の種類についてはさまざまな説があるが、セリ、ナズナ、ゴギョウ、ハコベラ、ホトケノザ、スズナ、スズシロが一般的である。

若苗色

❖わかなえいろ

刈安（明礬）×蓼藍生葉

苗代《なわしろ》から田圃へ植え替える頃の苗、または植えたばかりの稲の苗、つまり早苗《さなえ》のような、淡い黄緑色である。苗色より薄い。色見本は、刈安《かりやす》で黄色に染めたあと、軽く蓼藍《たであい》の生葉染《なまはぞめ》を重ねたもの。

『源氏物語』「宿木《やどりぎ》」の巻で薫が垣間見る、長谷寺に詣でた帰りの浮舟は、「濃き袿《うちき》に、撫子《なでしこ》とおぼしき細長《ほそなが》、若苗色の小袿着《こうちき》たり」とあり、濃紅の袿に撫子襲《がさね》の細長、若苗色の小袿という少しあらたまった様相である。

襲《かさね》の色目の若苗は、「表裏淡萌黄《もえぎ》」「表淡青、裏黄」「表裏淡木賊《とくさ》」などが見られる。

若草色

わかくさいろ

春になり、いっせいに芽吹いた若草の、明るい萌黄《もえぎ》色である。色見本は蓼藍《たであい》と黄蘗《きはだ》の掛け合わせであるが、藍を薄くして明るさを出したもの。

若草は、その瑞々しさから若い女性にもたとえられて、『伊勢物語』四十九段では、男が妹を思い、「うら若みねよげに見ゆる若草を人の結ばむことをしぞ思ふ」（若草、つまり若く可愛い妹と誰かほかの人が契りを結ぶと思うと惜しい）と詠んでいる。『源氏物語』でも、この場面を踏んで、匂宮《におうのみや》が姉の女一の宮に同じように詠みかけている。だが、色名としては、明治時代に生まれたようである。

蓼藍×黄蘗

若草の襲：
表-淡青（蓼藍×黄蘗）
裏-濃青（蓼藍×刈安）

苗色

なえいろ

苗色は、しっかりと田圃に根を張って渡る風にも爽やかに揺れ、初夏の光をいっぱいに受けて天を突くように伸びる稲苗の色。

「若苗色」と同色別名ともいわれるが、若苗が生長して、緑色も濃さを増してきた頃の色相と思われる。

色見本は、蓼藍《たであい》で染めたのち、黄蘗《きはだ》を染め重ねて濃い萌《もえ》黄《ぎ》色をあらわした。

襲《かさね》の色目では、「表淡萌黄、裏淡萌黄に黄」「表淡青、裏黄」などとある。

蓼藍×黄蘗

麴塵　青白橡　山鳩色

❖きくじん　❖あおしろ（ら）つるばみ　❖やまばといろ

紫根（椿灰）×刈安（椿灰）

標題の色名は、緑色がわずかに白い膜におおわれた、くすんだ感じの色といえよう。

麴塵《きくじん》とは、麴黴《こうじかび》の色であって、緑青にくすんだ抹茶を混ぜたような不思議で魅惑的な色である。

青白橡《あおしろつるばみ》は、文字どおりに読めば、夏の終わり頃のまだ青い状態の団栗の実ではないだろうか。このように考えると、二つのまったく異なったものにたとえられる色相が、少しは読めてくる。

平安時代、天皇だけが着用できた禁色《きんじき》で、室内のほのかな明るさでは薄茶色に見えるが、太陽の光のなかに立つと、緑が浮くように映える。

麴塵と青白橡はまったく別個の色名に思われるが、源高明《みなもとのたかあきら》という公家が、平安時代の半ば頃（十世紀）に宮中における年中行事の作法を解説した『西宮記《さいぐうき》』を著わしたが、そのなかに、「麴塵与二青白橡一一物」とあって、同じようにみなしていたことがうかがえる。さらに、山鳩色とも同じとする説もある。

『西宮記』の約百年前に編纂された『延喜式』には、「青白橡綾一疋。苅安草大九十六斤。紫草六斤。灰三石。薪八百卌斤」と、その染色法が記されている。

普通、緑系の色を出すには藍《あい》と黄色を掛け合わせて染めるということを前にも記したが、これはその例外中の例外であるといえる。

どのような色であるか、私の工房で『延喜式』にのっとって染めてみた。さいわい、刈安《かりやす》は近江の琵琶湖の東、伊吹山で採れたものがある。紫根《しこん》は中国吉林省産の硬紫根もあるし、京都福知山で丹精され、譲っていただいたものもあった。

さて、『延喜式』に「灰三石」とあるのは、椿や柃《ひさかき》などツバキ科の樹を生木のまま

青い団栗

燃やしてつくった灰と解して間違いない。そのなかにはアルミニウム塩が含まれているため、熱湯を注いで放置しておけば、その成分が溶け出すのである。そうして取った灰汁《あく》は、古代から紫草や刈安の発色剤として使われているのである。薪は刈安などを煎じて色素を抽出したり、染色の際に液を温めるために使う。

紫草の根は、臼で搗《つ》いて砕き、麻袋に詰めて湯のなかで揉み込んで色素を出す。その液のなかに布があるときは赤味の紫色になるが、椿の灰汁を漉《こ》して薄めた液のなかで繰《く》る作業とを繰り返しているうちに、青味の紫色になる。したがって、適当な色合になれば、灰汁の工程で作業を終える。こうして染めた布に刈安の黄色をかけると、たしかにくすんだ緑色になってくる。

紫草の根を使う染色は単独でもむずかしく、さらに刈安を重ねて麹塵色を出すのはきわめて高度な技術を要する。何度も失敗してようやく染まるというものである。

『源氏物語』「澪標《みおつくし》」の巻で、光源氏が一行を引き連れて住吉詣をする場面に、「六位のなかにも蔵人《くろうど》は青色しるく見えて」とある。ほとんどの注釈が『河海抄《かかいしょう》』にその論拠をもとめているため、この青は天皇から下された麹塵の袍《ほう》を着ているとしているが、それには私は同意しがたい。

まず、天皇以外が着用してはならない禁色の着衣がそう簡単に下げ渡されるものかどうかということ、第二に、先に記したように、この色を染めるには大きな困難をともない、たびたび染色することは不可能であると思われるのである。

私の経験では、櫨《はぜ》と蘇芳《すおう》で染める黄櫨染《こうろぜん》とこの麹塵の染色はきわめてむずかしく、こうした袍は天皇が着するときでも、その存在をことさらに強調する場面ではないかと考える。たとえば神泉苑《しんせんえん》などの表舞台へお出ましになると、室内では一見何気ない色でありながら、ひとたび輝く太陽のもとに出れば瞬時に深い不思議な緑色に変わってきらめく。その神々しさはいかばかりであったろうかと想像されるのである。

青朽葉

❖あおくちば

蓼藍生葉×楊梅(明礬)

秋が近づいて木々の葉が朽ちていく状況を朽葉《くちば》色と称するが、平安朝の人々は赤朽葉、黄朽葉、青朽葉と、木の葉を観賞して呼び分けた。

青朽葉とはどのような色か。『西三条装束抄』には、織色とされ、「経青、緯黄。有㆓黄気㆒、木賊色也」とあり、つまり経《たて》糸の濃い緑に、緯《よこ》糸の黄色を打ち込んで、やや黄味のある木賊《とくさ》色（161頁）のようだとしている。

私見では、銀杏の青葉が秋のはじめに少し黄ばんでくるような状況と考えて、蓼藍《たであい》の生葉染《なまはぞめ》のあと、楊梅《やまもも》を掛け合わせてあらわした。

苔色

❖こけいろ

蓼藍×楊梅(明礬)

苔

苔《こけ》のような色といえばそれまでであるが、幸い日本のように湿度の高い国では、地上、あるいは岩や石が苔生している景色はどこででも目にすることができる。

とりわけ梅雨の頃の長雨のあとの、わずかに雲間より光が覗いたときに寺院の庭をめぐって、水気をたっぷり残して濡れたビロードのような苔の緑を観るとき、日本の自然の色とはこんなにも美しいものかと感じ入るのである。

これは乾燥した欧州の気候に暮らす人たちとはまったく違った感覚である。

色見本は、蓼藍《たであい》と楊梅《やまもも》で染めた。

海松色

みるいろ

海の浅瀬の岩に生える海藻の海松《みる》のような、茶色味をおびた深い緑色。木賊色《とくさ》（161頁）と同じともいわれるが、海松色のほうが木賊色より暗い。

色見本は、楊梅《やまもも》で染めたあと蓼藍《たであい》を重ねた。

海松は、幹が二つに分かれながら生長し、高さ二十センチくらいになる。ミルメ、ミルナ、マタミルなどとも呼ばれる。

江戸時代になると、海松茶、藍海松茶、海松藍茶などさまざまに派生し、落ち着いた色合いから中高年の間に流行した。襲《かさね》は「表黒萌黄《もえぎ》、裏青」「表萌黄、裏縹《はなだ》」など。

楊梅（明礬）×蓼藍

海松の襲：
表-萌黄（蓼藍×黄蘗）
裏-縹（蓼藍）

青磁色　秘色

せいじいろ　ひそく

青磁《せいじ》は、中国で宋の時代から焼かれてきた磁器である。釉薬《ゆうやく》に含まれる鉄分が焼成されて発色し、独特の灰味をおびた青緑色を呈する。濃淡の諧調も幅広く微妙であるが、その磁器の肌色のような色合を青磁色という。また、瑠璃《るり》色、薄い藍《あい》染の縹《はなだ》色、とする説もある。

わが国へ青磁が伝えられたのは平安時代といわれ、その神秘的な美しさに、秘色《ひそく》と呼んで珍重したという。『源氏物語』「末摘花《すえつむはな》」の巻に「御台、秘色やうの唐土《もろこし》のものなれど」とあり、食器は唐よりの舶来の青磁と記している。秘色の襲《かさね》は「表経紫緯青、裏淡紫」「表裏濃き縹《はなだ》」など。

顔料　草水晶

緑青色

❖ろくしょういろ

顔料　緑青

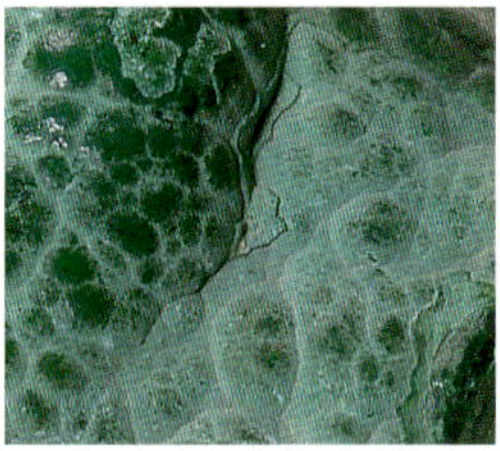
孔雀石

銅が酸化して生じる錆《さび》、緑青《ろくしょう》のような明るいパステル調の青緑色。緑青は、古来人体に有害とされてきたが、近年ほとんど無害であることが証明されている。

天然の顔料（岩絵具）の緑青は孔雀石（マラカイト）を砕いたもので岩緑青ともいわれ、六世紀の終わり頃、仏教の伝来とともに、他の顔料ともども中国から伝えられた。顔料、染料を含め、自然界では唯一緑色を出すことができる。神社仏閣などの建築物、彫刻の彩色に用いられ、また、日本画にも欠かせない顔料である。奈良にかかる枕詞「青《あお》丹《に》よし」の青丹は、この岩緑青の古名である。

白緑色

❖びゃくろくいろ

顔料　白緑

白緑

白緑《びゃくろく》は緑青《ろくしょう》のさらに粒子の細かいものをいう。粒子が細かくなればおのずと色も薄くなり、白味がかった淡い緑色となる。

中国清朝の画譜で、わが国の絵画にも大きな影響を与えたといわれる『芥子園画伝《かいしえんがでん》』には、緑青をつくる場合に孔雀石を砕いて細かくしたものを水のなかに入れて混ぜ、水《すい》簸《ひ》すると、比重がそれぞれに異なるため「頭緑、二緑、三緑」に分かれるとある。この頭緑が白緑にあたり、飛鳥時代から仏画や仏像の著色に用いられてきた。

虫襖《むしあお》　玉虫色《たまむしいろ》

玉虫厨子、宮殿の梁。透し彫り金具の下には玉虫の羽が敷き詰められている

玉虫のなかでも、日本や朝鮮半島、台湾などに分布するヤマトタマムシは、体長三センチほど。深い緑色の羽は金や赤の線に囲まれた黒紫も混じり、光線の具合によっては金属的な緑から紫に輝いて見える。その多彩で複雑な色調は虫襖《むしあお》、あるいは玉虫色と呼ばれている。

玉虫の羽は古来、工芸品などにもよく用いられている。奈良斑鳩法隆寺に伝わる玉虫厨子《たまむしのずし》は、宮殿を象《かたど》ったお厨子と須弥座《しゅみざ》、そして台座《だいざ》の三つの部分からなるが、厨子の柱や基壇の側面などには玉虫の羽が張り詰められ、金銀の透かし彫り金具をかぶせてあるため、光の角度によって鋭い光を放っている。

染織で玉虫、すなわち虫襖（青）色をあらわすには、経糸《たていと》を深い緑、緯糸《よこいと》を紫で織ったものが、それに近いといわれる。襲《かさね》には「表青黒ミアリ、裏二藍《ふたあい》又淡紫」と記されている。

玉虫厨子　飛鳥時代
国宝　法隆寺

青丹 あおに

暗い黄緑色。岩緑青《いわろくしょう》の色をあらわすといわれ、奈良にかかる枕詞。

浅緑 あさみどり

淡い緑色。

同じ薄緑でも、瑞々しさにあふれるような若緑とは異なり、煙るような、霞みがかったような、少しくすみのある色調である。

アップル・グリーン

青林檎《りんご》の実のような黄緑色。

日本では夏の青林檎はなじみが薄く、林檎の色といえば赤というのが一般的だが、ヨーロッパでは青も多い。

エメラルド・グリーン

緑柱石、緑玉などと呼ばれる宝石のエメラルドのような、鮮明な緑色。

老竹色 おいたけいろ

青々とした若竹も、歳月とともに次第にくすんでくる。そのような、灰味をおびた鈍い緑色をいう。

オリーブ

オリーブはモクセイ科の常緑高木で花が咲き終わった秋口に緑黄色の実をつける。そして熟すると黒紫色になり、そこからオリーブ油を採取する。

ここでの色は、まだ未成熟の実の、黄味のある暗い緑色をいう。

オリーブ・グリーン

実の色はオリーブ、葉の色をオリーブ・グリーンという。わずかに実の色より沈んだ深い緑色となる。

オリーブ・ドラブ

自衛隊の車輌や制服に使われているくすんだ茶っぽい緑色。

ドラブはくすんだ茶色、くすんだ黄褐色の布の意などにも使われる。

草色 くさいろ

少し黒味のある濃い黄緑色で、一般的な草の色に用いられる。

「草青む」といえば、春の深まりとともに生長する草をあらわす季語だが、そのような力強い緑をいうのであろう。

クロム・グリーン

松葉色（167頁）のような深い黄緑色。

十九世紀はじめ、クロム酸鉛を主成分とする金属顔料がつくられ、鮮やかな黄、オレンジ、緑などの絵具が生まれた。

ターコイズ・グリーン

ターコイズは宝石のトルコ石のこと。この石は青緑系の色相をもつため、青みが強ければ、ターコイズ・ブルーといい、緑が強ければターコイズ・グリーンという。

ティール・グリーン

青みがかった緑色。小鴨《こがも》（ティール）や真鴨《まがも》の頭部にみられる濃い青緑色からの色名である。

パロット・グリーン

ピーコック（孔雀《くじゃく》）やティール（小鴨《こがも》）と同じように、鳥の羽根の色からきた色名で、パロット（鸚鵡《おうむ》）の羽根のような冴えた黄緑色。

ピー・グリーン

黄色味がかった明るい緑色。豌豆豆《えんどうまめ》の色からの命名。

ピーコック・グリーン

ピーコック・ブルーと同様に、孔雀《くじゃく》の羽根に見られる鮮やかな緑色をいう。

ビリジャン

酸化クロムからつくられる顔料で、少しくすんだ青味のある深い緑色。緑色の絵具の代表。ラテン語の緑に由来する色名。

深緑　ふかみどり

一年中緑をたたえる常緑樹の緑。濃い緑色。英名ではエバー・グリーン。

抹茶色　まっちゃいろ

和菓子や近年ケーキなどにも用いられるが、主に茶の湯に用いられる抹茶《まっちゃ》の粉のような、ややくすみ気味の柔らかな黄緑色。

マラカイト・グリーン

孔雀石《くじゃくせき》、石緑とも呼ばれるマラカイトのような鮮烈な緑色。マラカイトは装飾品としても用いられるほか、顔料にも使われる。

モス・グリーン

洋服の色名などによく使われる深く沈んだ黄緑色。伝統色の苔《こけ》（モス）色（172頁）である。

若緑　わかみどり

若草色（169頁）のように瑞々しく明るい緑色。若葉や若芽などをあらわす色であるが、季語ではことに常緑の松の枝に芽吹いた新芽をいう。

山葵色　わさびいろ

日本独自の香辛料、山葵《わさび》の根を摺りおろしたような、少しくすんだ黄緑色。山葵は山間の水の澄んだ沢に自生するが、清流を利用して栽培もされ、長野県の安曇野《あずみの》などが有名。

黄系の色

山吹の花

黄という色の印象は、明るくあたたかい光を放って人間の眼が強く引きつけられる色であるといえようか。

古代中国の春秋時代から戦国時代にかけて確立されたといわれる五行思想では、黄は「木、火、土、金、水」の真ん中の土にたとえられている。黄という文字は「光」と「田」に分解されるから、光り輝く田圃、すなわち土の色ということになろう。

こうした土あるいは黄を中央とする思想がもとになって、中国最古の王朝である夏の以前に、国の源ともいう時代があって、そこに三皇五帝という、八人の聖人伝説がつくられた。その五帝のなかでも、第一と崇《あが》められたのが黄帝《こうてい》である。乱を平定して天子となり、衣服、舟車、家屋、弓矢など生活に必要なもの、文字音律の暦なども考案し、薬草も発見して医術を確立するなど、人民の文明生活におおいに寄与したといわれる。黄帝は神話的伝説の王としてまつりあげられたのである。したがって戦国時代までは五行の中央の黄は天子の色であり、その色がもっとも高貴な色として尊ばれたと考えてよいだろう。

しかしながら、春秋時代の末頃に成立したといわれる、孔子の言を集大成した『論語』陽貨篇のなかには、「紫の朱を奪うを悪《にく》む」という言葉が見られ、朱、黄など五行の正色に対し、紫のような間色の流行もいっぽうにあったようである。

日本において、聖徳太子が冠位十二階を定めたのは、中国の隋の制度を取り入れたもので、この五行思想の「青、赤、黄、白、黒」に、最上の紫を加えて六段階、それ

水辺の芥子菜　京都伏見

に濃淡をつけて十二の冠位とした。濃黄、薄黄はそれぞれ七位、八位という位階になっていた。

ところが、大化三年（六四七）の改正では、黄色は冠位から消えてしまっている。そればかりか、『日本書紀』によれば持統天皇七年（六九三）の正月に、「是の日に、詔《みことのり》して天下《あめのした》の百姓《おほみたから》をして、黄色《きぞめ》の衣《きぬ》を服《き》しむ」とあり、八世紀前半の『養老律令』「衣服令」には「制服、無位は皆皂の縵の頭巾。黄の袍」とある。

こうしてみると、黄色系が尊ばれなくなったともいえなくはないが、七、八世紀の遺品を見ると、一概にそう判断するのは早計であることが次の例を見てもわかると思う。

まず、七世紀末から八世紀の初頭につくられたといわれる高松塚古墳の女人像と男子像はともに黄の衣裳を着用した姿で描かれているので、必ずしも衣服令のとおりであったとは思えないのである。

さらに現在まで伝えられている染織品では、法隆寺にペルシャ方面から伝来した葡萄唐草の文様をもとに、日本的な様式であらわされた褥《じょく》があり、それは黄地葡萄唐草文錦と命名されている。正倉院にも入子菱文綾、亀甲亀花文黄綾などの裂が収蔵されていて、いずれも一千二百年あまりを経て、今も美しい黄色をたたえている。

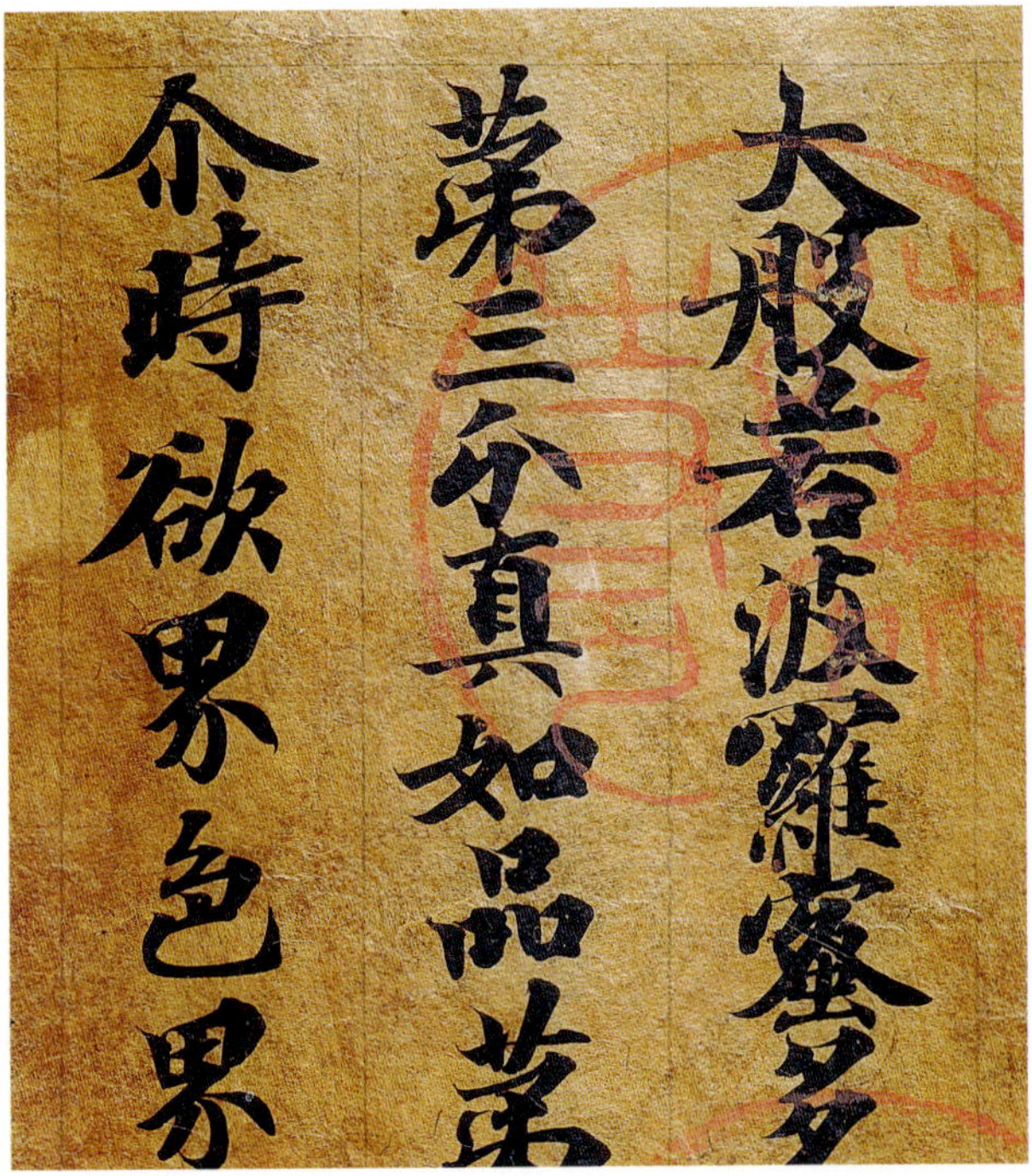

大般若経　奈良時代　薬師寺
黄蘗染の和紙に大般若経が書写される。奈良時代の能筆、朝野魚養筆と伝えられ、「魚養経」の名で親しまれる

入子菱文黄綾　奈良時代　正倉院
幡の垂脚と思われる刈安染の裂

仏教の伝来によって、斑鳩の法隆寺をはじめとして、南都の七大寺ではおびただしい数の経巻がつくられていった。紙を漉《す》く技術が中国で発明され、それが朝鮮半島を経て日本へもたらされ、日本人の手の器用さとあいまって、この当時飛躍的な発展をみた。そのために、経典の写経には手漉和紙が用いられたが、それはまた、たんなる白紙ではなく、その多くは黄蘗《きはだ》で染められた。黄紙、黄染紙、黄麻紙などの表記が『正倉院文書』に見られ、その枚数は驚くべきことに、黄紙の場合二百万枚を超える数字が記されている。事実、今日までも奈良薬師寺に伝えられる「魚養経《ぎょようきょう》」(大般若経)、法隆寺百万塔陀に納められていた「陀羅尼経《だらにきょう》」、そして正倉院にはおびただしい数の黄色のお経が伝えられることを見ても明らかである。

ほとんどの和紙が黄蘗で染められたのは、黄蘗には防虫効果があるためで、あわせて黄色という色が墨の色の美しさをより深める点にあるのだろう。

平安時代になると、黄蘗色、刈安《かりやす》色といった直接的な色名あるいは染料となる植物の名前ではなく、季節それぞれに咲く美しい花の名前になぞらえた黄色が登場してくる。春の山吹《やまぶき》、秋の女郎花《おみなえし》、銀杏《いちょう》などの葉の色が移ろう黄朽葉《きくちば》などが、季節の彩りを尊ぶ王朝の女人たちを装う襲《かさね》の色としてあらわされている。

沖縄では尚《しょう》王朝が確立してからは、中国明国の影響を受けたために、王は黄色の袍《ほう》を着ることになり、黄が尊ばれて一般の人々には着用が許されない禁色《きんじき》とされた。

刈安色

かりやすいろ

刈安（椿灰）

刈安《かりやす》という植物で絹に染めた美しく澄んだ黄色をいう。

刈安色は黄系の色名のなかでももっとも古く、奈良時代、『正倉院文書』に登場する。そして日本の伝統色を代表する一つといってもよい。

刈安という植物は、本州中部から西側の、主に山地に自生するイネ科の多年生宿根草である。薄《すすき》と見紛うほどよく似ているが、穂が二、三本しかなく、やや丈が低いのが特徴である。

この刈安の産地としては、琵琶湖の東にそびえる伊吹《いぶき》山が有名で、先の『正倉院文書』にも「近江苅安」と記されており、その歴史の深さが知られる。

なにゆえに伊吹山かというと、この山の山麓には針葉樹、広葉樹がおおいつくすように茂っているが、山頂の近くは高木がなく、草原のようになっている。したがってそこには強い太陽が照りつけて、紫外線が強くあたるため、山頂の刈安はそれを避けるためおのずと大量のフラボンを含んで身を護る必要に迫られることになり、より多くの色素を貯えるのである。そのため、「近江刈安」と称されるほど黄色の染料として名高いものになったのである。

今日もなお、私たちの工房では、伊吹山山麓で薬草を扱う方から、毎秋、刈り取って乾かされたものが送られてくるのを心待ちにしているのである。

正倉院宝物のなかの黄色系の染め布の多くはこの刈安で染められたものと考えてよく、また「苅安紙」という記載もあるので、和紙の染めにも用いたと思われる。

平安時代の『延喜式』には、「深黄綾一疋。苅安草大五斤。灰一斗五升。薪六十斤。……」と、染色の材料が列記してある。刈安で染めて濃い黄色にするには、刈安草を

八丈刈安とも呼ばれるこぶな草

伊吹山の刈安

煎じ、それを薄めた液のなかに糸や紬などの布を入れて繰《く》る。次に、あらかじめ椿の木灰に湯を注いでその上澄み液を漉《こ》しておき、それを薄めた液のなかで繰って発色させることが記されている。

また、同じイネ科の植物で、日本各地の野原や道端に生育する「こぶな草」も、同じような染料となる。

とくに東京都の南方にある八丈島には多く生育し、「八丈刈安」と呼ばれている。これはこの島で織られる黄八丈の色として知られる。黄八丈は、島で採れる蚕の糸を細く紡ぎ、こぶな草の黄、タブノキの鳶《とび》色、あるいは椎の樹皮の黒色などで染めた縞織物で、江戸時代には町人の粋な着物としてもてはやされた。

格子文様黄八丈　江戸時代

黄蘗色

きはだいろ

黄蘗

ミカン科の落葉高木である黄蘗《きはだ》の樹皮の内側には黄色のコルク層があって、口にすると苦味がある。中国や日本では、それを薬用ならびに染料として用いてきた。それで染めた色がまさに黄蘗色といえる。

黄蘗は、その黄色いコルク層を煎じて染液とする。そのなかに浸けるとよく染まるところから、その利用は古くからあったと思われるが、とりわけ中国で発明された紙の染色に多く用いられるようになっていった。仏教の発祥の地インドでは、多羅《たら》という棕櫚《しゅろ》のような樹の葉、すなわち貝多羅葉《ばいだらよう》に文書や手紙を書いていて、仏教の誕生の頃には、経文の書写にも用いられていた。中国へ仏教が伝えられると、経典を書写する材料としては漉いた紙が重用されたが、これには虫の害を防ぐために黄蘗で染めることが多く行なわれ、敦煌《とんこう》発掘の経典にもその例が見られる。

仏教が日本へ伝来してもこの習わしが受け継がれ、奈良薬師寺伝来の「魚養《ぎょよう》経《きょう》」（180頁）をはじめ、多くの経典が黄蘗で染められている。正倉院も同様で、「文書には黄紙、黄染紙」と記されていてこれらも黄蘗染紙と解してよいと思われる。ただ歳月を経たものには、若干茶色に変色しているものもある。

黄蘗の樹皮の内側は鮮やかな黄色

鬱金色

うこんいろ

鬱金

ターメリック

鬱金《うこん》はミョウガ科の多年草で、地下に太い根茎があってそれが黄色の染料や香辛料、薬用にもされている。鬱金色あるいは木綿に染めた鬱金文庫というのは、これで染めた色のことをあらわしている。

香辛料、薬用には、根茎を五時間ほど煮て乾かし、それを粉末にしたものが用いられる。ターメリックと呼ばれて、インドのカレー粉には必ず入れられている。

本来この植物は高温で多湿な地を好むところから、熱帯・亜熱帯地方で広く栽培されており、日本には江戸時代になってから渡来した。東南アジア、中国、琉球などから輸入されていたが、やがて九州など温暖な地での育成も可能となっていった。当時から「黄染草」と呼ばれており、友禅染の衣裳には、地色として「うこん地」がいくつか見られる。

紅花《べにばな》の赤をやや黄味のある緋色《ひいろ》にするために、支子《くちなし》とともにその下染に用いられることもある。加えて、香辛料としても用いられるように、その香りを虫などが嫌うためか、木綿に染めて子供の衣裳にしたり、古美術品の包み、反物の上巻き、つまり鬱金文庫としても知られるようになった。

現在も沢庵漬けのように、食品の黄色の着色には欠かせないものとなっている。

鬱金の根

山吹色

やまぶきいろ

支子×蘇芳（明礬）

春の桜が見頃をすぎて散りそめる頃、赤味を帯びた黄色の花を咲かせるバラ科の山吹《やまぶき》の花の色である。

『古今和歌集』に「山吹の花色衣ぬしやたれ問へどこたへず口なしにして」（素性法師）と詠まれている。山吹の花をふわりと脱ぎかけられた衣に見立て、美しい黄色の衣よ、お前の持ち主はいったい誰なのだと問うても返事がない。無理もない、支子《くちなし》の実（56頁）で染めた黄色であるから、と、返事のないこと（口無し）と支子をかけているのである。

この歌にあるように、支子の実を煎じて染め、わずかに蘇芳を重ねると赤味が加わり、山吹色にふさわしい色合となる。

山吹の花には一重と八重があり、一重は多く山野に自生し、庭園には八重が観賞用に植えられることが多い。春を彩る花として万葉の昔から歌に詠まれ、物語に記されてきた。

『源氏物語』「若紫」の巻では、光源氏が北山へ加持を受けに出かける場面に、この色が印象的に記されている。

都では桜の花が散っているが、山ではまだ残っている。源氏はとある庵で、供のものが雀を逃がしたと泣いているあどけない少女を垣間見る。この少女こそ、のちに最愛の人となる紫の上である

花山吹の襲：表-淡朽葉（刈安） 裏-黄（槐）

が、彼女は夕日のなか、山吹襲《がさね》の衣裳を纏っている。桜の終わる頃、山吹の花の黄がまばゆくなる、まさにその季節に合った衣裳を着ていて光源氏はその見事な色彩感覚に感動するのである。

京都、松尾大社境内の八重山吹

黄支子色

きくちなしいろ

支子

支子《くちなし》は梔子とも書く。六、七月に咲く花は美しくて香りがよく、木も常緑の低木のため、庭木として好まれる。花は三杯酢にして食べる。

秋の終わりに赤黄色の実をつけるが、熟しても口を開かないので「口無し」と称されるのだという。その実が黄色の染料になり、布を染めるほか、栗ご飯やキントン、また沢庵の黄色を出すために用いられる。

『古今和歌集』の巻十九の歌「耳成の山のくちなし得てしがな思ひの色の下染めにせむ」は、耳成山で採った支子の実で、思いの色（緋の色）の下染めをしようという意で、紅をかけることによって、深支子（56頁）、浅支子の色があらわれる。

『延喜式』でも、支子といえば色名として赤が少し入ったことをさし、秋に熟した実の色をあらわしていて、支子で染めた黄はあえて黄支子とあらわしている。

柑子色

こうじいろ

支子×蘇芳(明礬)

柑子《こうじ》は橘《たちばな》の変種である。橘はミカン系の植物をさす古い名称で、色はその実の色をあらわす。初夏、瑞々しい緑の葉のなかに、白い五弁、黄色い花芯の花をつける。平安京を造営した桓武天皇は、御所の正殿の南面の庭に桜と橘を植えられ、「左近の桜」「右近の橘」として愛でられた。

そのため王朝人の橘に対する関心も高まったようで、『古今和歌集』に「五月待つ花橘の香をかげば昔の人の袖の香ぞする」とその花の芳香を楽しむものもあれば、清少納言のように、「四月の晦《つごもり》、五月の朔《ついたち》のころほひ、橘の、葉の濃く青きに、花のいと白う咲きたるが、雨うち降りたる早朝《つとめて》などは、世になう心あるさまに、をかし。花のなかより、黄金の玉かと見えて、いみじうあざやかに見えたるなど、朝露に濡れたる朝ぼらけの桜に劣らず、郭公《ほととぎす》のよすがとさへ思へばにや、なほさらに、いふべうもあらず」(『枕草子』三十四段)と、花木としての美しさを愛でるものもあった。

したがって、橘の襲《かさね》を纏った女性もあったと思われるが、平安時代にはその名は見えない。室町時代の終わり頃の成立と思われる『胡曹抄《こそうしょう》』に、花橘は「表朽葉、裏青」と見え、江戸時代後期の『薄様色目』には橘として、「表濃朽葉、裏黄」とあり、これらは樹に実るものとその木の葉を表現したものと思われる。

橘の襲：表-濃朽葉(刈安×日本茜) 裏-黄(槐)

安石榴色

ざくろいろ

安石榴(明礬)

安石榴《ざくろ》は標題のほか、石榴、柘榴と書き、観賞用、食用また薬用に栽培される。ペルシャおよびインドが原産で、西南アジア地域で古くから栽培された果実の一つ。日本には平安時代以前に渡来している。

木の高さは五〜十メートルに達し、六月から七月にかけて朱赤色の花を開き、果実は九月から十月に熟する。この果実の皮の黄色でやや赤味がかった色を、安石榴色という。

安石榴は砂漠をゆく旅人には恰好の果物であった。これをラクダに背負わせた袋に入れておき、喉が渇くと実を両手で揉んでジュースにし、皮に穴をあけて飲む。果汁にはクエン酸やビタミンCが含まれていて、疲れが癒されるのである。

熟した果実は皮が破れ、多数の紅色の種子があらわれる。このように、安石榴は種子が多いことから古代ギリシャ・ローマでは豊穣のシンボルであり、中国では子孫繁栄の象徴として結婚式の縁起ものにされた。しかし、日本では、安石榴の木が家より高くなると家運が傾くとされ、また、果実の味は人肉の味といわれている。

また、金属の鏡を使っていた時代には、磨き粉代わりに安石榴の果汁が用いられたり、皮が苦いことから歯痛止めや下痢止めに、根を煎じたものは虫下しにと、薬効も伝えられた。

安石榴

朽葉色

くちばいろ

刈安(明礬)×阿仙(明礬)

朽葉《くちば》色というのは、朽ちてゆく葉の色の総称として用いられる。秋になり、木々が葉を落としていくさまを、青朽葉、黄朽葉、朽葉、赤朽葉などの名前で、ことに平安朝の人々は使い分けていたようである。したがって、朽葉色は黄色くなった葉がわずかに赤茶色に色づいたものと解釈して、色見本は、黄色の染料である刈安《かりやす》（あるいは支子《くちなし》）に、ほんのわずかに阿仙《あせん》をかけあわせた。

また、朽葉と書くので、枯葉とも解され、淡茶色の枯葉色ともとれなくはない。『源氏物語』「野分《のわき》」の巻で、光源氏が、台風が過ぎた六条の院の東北に住まう花散里を訪ねる場面がある。台風のあと急に肌寒くなったためか、女房たちは真綿《まわた》を引くなど冬の衣裳の準備をしている。花散里が「いときよらなる朽葉の羅《うすもの》、今様色の二なく擣《う》ちたるなど、ひき散らしたまへ」るのは、源氏の息子、夕霧の下《した》襲《がさね》であった。「きよらなる朽葉の羅」とあり、若い夕霧のためであることも考え合わせると、そこへ「今様」つまり紅花染の赤を合わせるとあるので、地味な淡茶色だけではなく、黄色い葉がやや赤味をおびてきたようになる。

季の彩りの妙がここにはある。

色とりどりの落ち葉

黄朽葉

きくちば

朽葉《くちば》とは、秋が近づいて緑から紅葉へと色が移ろって散るまでの木々の葉をあらわしている。そこへさらに黄が冠せられるのだから、たとえば銀杏《いちょう》が色づいていくようなさまといえよう。

緯度の高い北の寒い地域では、黄葉するといちはやく葉が散ってしまうが、温暖で寒さがゆっくりとやってくる日本の秋では、朽ち色に変わる速度も遅く、青朽葉、黄朽葉、赤朽葉など野山にはさまざまな色が見られ、それぞれに名前をつけて楽しんだのである。

色見本は、刈安《かりやす》と印度茜《あかね》を掛け合わせて染めた。

刈安(明礬)×印度茜(明礬)

黄朽葉の襲：
表-朽葉(安石榴)
裏-朽葉(刈安)

黄橡

きつるばみ

橡《つるばみ》は櫟《くぬぎ》の古名。また、団栗のかさを煮出した汁で染めた色をいう。そのためたんに橡染というと鉄媒染の墨染色、鈍色《にびいろ》をあらわすが、黄橡は櫟の実の煎汁と椿の木の灰汁《あく》媒染によって染めた黄褐色をいう。『養老律令』「衣服令」(八世紀前半)では、鉄媒染の黒い色を橡色の基本にして、灰汁媒染には「黄」をつけた。そして、黄橡は紅につぐ第七位の色とされている。また、『延喜式』では黄橡色を橡色の基本にして、鉄媒染の黒色は「黒橡」とした。

なお、『令義解《りょうのぎげ》』(九世紀前半)では「謂二木蘭一黄橡也」とあり、木蘭色《もくらん》(218頁参照)と同色となっている。

橡(椿灰)

女郎花色

おみなえしいろ

経糸　蓼藍
緯糸　槐

初秋から十月にかけて、枝分かれした緑色の茎の先端に、黄色い粉を撒き散らしたような花をつける女郎花《おみなえし》。その、かすかに緑がかった黄色い花の色をいう。

「おみなえし」は、東北地方などでは小さな黄色い花がかたまって咲く様子が粟飯に見立てられ、その粟飯は白米（男飯《おとこめし》）に対して女飯《おんなめし》とされており、それが転じてオミナエシとなったともいわれる。

『万葉集』に「女郎花《おみなえし》秋萩まじる芦城野《あしきの》は今日を始めて万代《よろずよ》に見む」（巻八。女郎花と萩が混じり合って咲く芦城野を、万代までも眺めよう）と詠まれるように、古くから親しまれてきた花である。

『源氏物語』「野分《のわき》」の巻にも、その襲《かさね》の色があらわされている。

前夜、激しい野分（台風）が都大路を抜けた。光源氏が造営した理想の邸六条の院は、広く高い建物であるから、倒壊などを心配した光源氏は、息子夕霧を名代として各館を見舞わせる。

早朝、秋好《あきこのむ》中宮を見舞う。朝まだき、訪れる人もなかろうと、若い女房たちはくつろいでおり、庭に降り立つ童女は籠のなかの虫に露を与えている。童女の衣裳は「紫苑《しおん》、撫子《なでしこ》、濃き薄き衵《あこめ》どもに、女郎花の汗衫《かざみ》などやうの、時にあひたるさまにて」と、秋という季節にふさわしい襲であることに感心している。

また宇治十帖「東屋《あずまや》」の巻では、二条の院の中の君に引き取られた浮舟《うきふね》を匂宮《におうのみや》が見つける場面がある。匂宮は「紫苑色のはなやかなるに、女郎花の織物と見ゆる重なりて」という衣裳に引かれて歩み寄るのである。

「女郎花の織物」とは、『装束抄』によれば、「経青、緯黄」の平絹で、襲は、表は経《たて》

女郎花の襲：表-経青（蓼藍）緯黄（槐）裏-青（蓼藍×刈安）

女郎花　京都、亀岡（越畑）

糸を青つまり緑系の藍《あい》染の糸、緯《よこ》糸は刈安《かりやす》のような黄色で織りあげた織物に、裏は女郎花の萼をあらわす青緑を重ねたものと思われる。

女郎花のような、緑の葉の上に粟の実が散ったような花の色をあらわすのは容易ではない。薄い藍色と黄色、二種類に染め分けた色糸を経と緯に織り成した布は、見る角度や光の加減でさまざまな色相に変化する。あたかも秋風に女郎花の花が揺れるように、美しく輝くその姿を表現したのであろう。

萱草色

かんぞういろ

支子×蘇芳(明礬)

梅雨の頃から真夏にかけて、黄色から橙《だいだい》色の百合に似た小さな花を咲かせる萱草《かんぞう》。一日でその花が凋んでしまうところからか、平安朝の人々は、この花の色に染めた「萱草の襲《かさね》」を喪に服するときの色とした。

萱草はまた別の漢名に「諼《けん》草」ともあって、諼は忘れるという意である。そのためか万葉の昔には「忘れ草」と呼ばれ、衣を染めるのではなく、花そのものを身につけて物思いを忘れるとされたようである。

染色には支子《くちなし》か黄蘗《きはだ》の黄色と紅花《べにばな》、あるいは蘇芳《すおう》を掛け合わせて黄赤系の色とする。今回の色見本は、支子に蘇芳を重ねた。

『源氏物語』では、正妻葵の上を亡くした光源氏が、兄である頭中将やその両親たちと語らう場面、葵の上に仕えていた女房たちと亡き人をしのぶ場面を、紫式部は「ほどなき衵《あこめ》、人よりは黒う染めて、黒き汗衫《かざみ》、萱草の袴など着たるも、をかしき姿なり」と描いている。汗衫は童女が着る上着で、その下には衵をつける。そして萱草色の袴をはいて喪に服す装いである。

萱草の花

萱草の襲：表-萱草色(支子×蘇芳)　裏-萱草色(支子×蘇芳)

波自色　櫨色

はじいろ

櫨（椿灰）

山櫨の幹を割ると鮮やかな
黄色の芯部があらわれる

山櫨《やまはぜ》の幹の芯の部分には見るからに黄色の色素が含まれていて、切り口の鮮やかな黄色が印象に残る。このような芯材を煎じた液で染め、椿の木灰の灰汁《あく》もしくは明《みょう》礬《ばん》で発色させると、温かみのある黄色に染まる。

山櫨は本州の東海から九州にかけての暖かい地の山地に自生する。

ハジは『万葉集』に、「皇祖《すめろき》の神の御代より梔弓《はじゆみ》を手握《たにぎ》り持たし……」（巻二十）と、瓊々杵尊《ににぎのみこと》の頃から弓を握って仕えてきた栄えある家名であるからと、大伴氏一族を諭す一文に見られるように、弓材に最適とされていた。ただ、古くから詠まれているハジはヤマハゼあるいはヤマウルシである。『正倉院文書』にも「波自」と見え、古代においてはそう厳密な区別はなかったわけである。蒔絵に、染料に、蠟《ろう》にと多用されていたと考えるのが妥当であろう。

この系統の木は秋に美しく紅葉する。

王朝の襲《かさね》の色目「櫨紅葉」や「櫨」は、葉の色の様子をいっていて、波自《はじ》色はこの樹の芯材で染めた色とするのが妥当であろう。

櫨を使った染色には、黄赤色の黄櫨染《こうろぜん》（66頁）が『延喜式』に見られる。

ただし、現在日本においてハゼノキと呼んでいるのは同じくウルシ科であるが、桃山時代に琉球からもたらされた、いわゆる琉球ハゼノキである。

櫨の襲：表-赤色（日本茜）裏-黄（刈安）

菜の花色

なのはないろ

槐（明礬）

ほんの少し緑が入った鮮やかな黄色。その名のとおり油《あぶら》菜《な》（菜種《なたね》）の花の色をさす。色名としては比較的新しいものと思われる。というのは、菜種から抽出した菜種油は古くから食用や灯火用に用いられ、人々は身近なその油の緑の勝ったくすんだ黄色を菜種色と呼んでいたが、花の色にあらためて、菜の花色として誕生させたのだろう。

司馬遼太郎の小説の題名『菜の花沖』からは、紺碧《こんぺき》の海を背に咲く菜の花の黄色が鮮やかに想像でき、また蕪村の「菜の花や月は東に日は西に」では暮れなずむ大地に広がる菜の花畑が思い浮かぶ。

楊梅色　山桃色

やまももいろ

楊梅（明礬）

楊梅

ヤマモモ（山桃）は本州中部以西の暖かい地方に生える常緑高木で、中国名で楊梅と書く。樹皮が染料となる。果実は六月頃に紫紅色に熟して食用に供されるほか、果実酒、塩漬、ジャムに加工される。また、木材は乾燥すると堅くなり洋服のボタンなどに使われる。

清少納言の『枕草子』百四十七段、字面の大仰さに、「見るにことなることなきものの、文字に書きてことごとしきもの。覆盆子《いちご》。鴨頭草《つゆくさ》。……楊梅」と見える。

柿渋と同じく染色後に耐水性を増すので、とくに漁網などを染めていた。

卵色

たまごいろ

この卵色には諸説がある。まず、鶏卵の黄身の色。これは赤味のある黄色をいう。次に鶏卵の殻の色、これは白っぽい薄茶色をいう。さらに、鶏卵の黄身と白身を攪拌した色、これは黄身そのものより鮮やかな黄色になる。そして、ゆで卵にしたときの黄身の色を、卵色とする場合もある。

ここでは支子《くちなし》を染料にして、黄身と白身を攪き混ぜた明るい黄色、もしくはゆで卵の黄身の色を再現した。

『諸色手染草』（一七七二）には、玉子色はたまご土（黄土）を大豆をすりつぶした汁（豆汁《ごじる》）で溶いたものを、漉《こ》して染めるとある。

支子

ゆで卵

承和色

そがいろ

少しくすみ気味の黄色をいう。

平安京に都を遷した桓武天皇の孫、第五十四代仁明《にんみょう》天皇は、漢学、文学、書を愛した聡明な天皇であった。天皇はことのほか黄菊を好まれ、宮中にたくさん植えて楽しむとともに、衣裳の色にも染めるよう命じられた。そのため、在位中には黄色が流行していたという。

この黄色を「そがいろ」というのは、仁明天皇在位の年号が「承和《じょうわ》」であったため、「承和菊」「承和色」がだんだんと変化して「そがいろ」「そがぎく」となったのだといわれる。

黄蘗

黄菊の襲：
表-黄（支子）
裏-青（蓼藍×刈安）

黄金色

❖ こがねいろ

顔料　黄金石＋黄土（黄口）

黄金《こがね》のように光り輝く黄色をいう。

「黄」という字は大きな矢の先端に火をつけたさまから火の矢をあらわす。また、「金」という字は、土中に含まれている鉱物の意味をあらわしていたが、転じて金属、黄金のことに用いられた。

黄金は、こがね、おうごん、古くは、くがね、きがね。金色は、こんじき、きんいろ、と読み、いずれも絢爛で美しくまばゆい黄色を想起させる。

「天皇《すめろき》の御代栄えむと東《あずま》なる陸奥《みちのく》山に黄金《くがね》花咲く」と『万葉集』（巻十八）にあり、日本は黄金の産する国であった。

芥子色

❖ からしいろ

顔料　黄土（黄口）

アブラナ科の越年草である芥子菜《からしな》の種子を粉末にした香辛料が「和芥子」で、この芥子粉が調理に広く使われていたことは『正倉院文書』や『延喜式』にも見られ、第二次大戦後に普及する洋がらし以前は、日本人にとって欠くべからざる香辛料であった。

芥子菜の葉は緑褐色で、小さくつける花は鮮やかな黄色。ただ、ここでいう芥子色は芥子菜の種子を粉にして練って得た香辛料の、やや鈍い黄色をいう。茎や葉にも辛みがあり、春先に薹立《とうだ》ちしたものを漬物にして食べることも多い。香辛料のほかに薬用にも重宝されていた。

黄土色

おうどいろ

やや赤みのある濃い黄色で、黄土《おうど》とは中国北部やヨーロッパ、北アメリカの中央部にみられ、乾燥地帯から石英や長石さらに雲母《うんも》などを含む砂塵が風によって運ばれ堆積した黄褐色の土のことをいう。オーカー、オークルと呼ばれる。顔料や塗料に用いる黄土は赤土を精製して採った酸化鉄を粘土に混ぜたもの。

「天地玄黄」すなわち、易経では天は黒で地は黄であるといっており、日本中の地面がコンクリートに塗り固められる以前の子供たちは、この黄土色が絵具でもクレヨンでもほかの色に比べて減りがはやかった。

顔料　黄土

雌黄

しおう

少し赤味のある黄色。

古く雌黄《しおう》と藤黄《とうおう》は混同されてきたが、まったく別のものである。雌黄は有毒の硫化砒素を主成分とする鉱物で、光沢のある黄色を呈する。いっぽう藤黄は、高さが十八メートルにも達するオトギリソウ科の熱帯常緑高木の樹皮に傷をつけて得られる黄色の樹脂を固めたもので、黄色の顔料や絵具として用いられる。今は毒性のない藤黄で代用する。

雌黄というからには雄黄《ゆうおう》もあるわけだが、じつは両者は一つの原石のなかに混在する。黄色い部分を雌黄といい、そのなかに点在する赤い部分を雄黄というのである。

顔料　藤黄

雌黄

藤黄

油色 あぶらいろ

菜種《なたね》（油菜の種子）から取った油のような、くすんだ黄色。菜種色、菜種油色ともいわれる。

菜種油は食用とされるほか、電気のない時代には灯火用に欠かせないものだった。

イエロー・オーカー

たんにオーカーともいい、黄土色（199頁）にあたる。

カーキ

もともとカーキはヒンズー語で土埃《つちぼこり》のこと。緑味のある黄土《おうど》色。

明治の日本陸軍の軍服の色で、昭和初期からは国防色《こくぼうしょく》ともいわれる。

カナリア

鮮やかな明るい黄色。カナリアの羽根に見られる色からの色名。

黄色のなかではもっとも冴えた色調といえる。アフリカのカナリア諸島原産の野生種はくすみ気味の黄褐色の羽根だが、美しい声が愛でられて各国で飼われるようになって、鮮やかな黄色に改良された。

款冬色 かんとういろ

「款冬」は「やまぶき」とも読んで春に咲く山吹にあてられることが多いが、「かんとう」は石蕗《つわぶき》をいう。

石蕗はキク科の多年草で、庭にもよく植えられ、十月から十二月頃、光沢のある蕗のような葉に、やや赤味のある鮮やかな黄色い花をつける。その花の色。

クリーム

日本でも日常的によく使われる色名で、乳脂のようなごく薄い白っぽい黄色をいう。

クロム・イエロー

クロム・グリーン、クロム・オレンジなどと同様、クロム酸鉛を主成分とする金属顔料。

黄色の画家といわれたゴッホ愛用の絵具といわれる。

蒲公英色 たんぽぽいろ

春の野辺を彩る蒲公英《たんぽぽ》の花のような明るい黄色。

蒲公英は世界中に分布し、花も、花のあと結実して白い冠毛におおわれるさまも人々に愛されてきた。蕾《つぼみ》の形が似ているからか、「鼓草《つづみぐさ》」ともいわれる。若葉は食用に、花びらはお茶、根はコーヒーに。

藤黄 とうおう

日本画や友禅染に使われる黄色の絵具。

硫化砒素を主成分とする雌黄《しおう》（199頁）と同一視されていたが、これは植物の樹脂で、藤黄《とうおう》というオトギリソウ科の木の幹に傷をつけ、その鮮烈な黄色の樹液を集めて凝固したもの。

菜種色→油色

ネープルス・イエロー

少しくすんだような褐色がかった黄色。

十九世紀はじめにクロム酸鉛を主成分とする顔料が発明されるまで、黄色といえばこの色であった。イタリアのベスビオス火山の鉱物からつくられ、ナポリで盛んに用いられたため、「ナポリの（ネープルス）黄色」と呼ばれたのだという。

向日葵色　ひまわりいろ

夏になると大きいものなら直径二十センチという大輪の花を咲かせる向日葵《ひまわり》の花。その花びらの赤味をおびた明るい黄色をいう。

ミモザ

フランス語でミモザと呼ばれる銀葉《ぎんよう》アカシアは、オーストラリア原産の常緑高木で、二月から三月にかけて黄色い球状の花を咲かせる。しかも香りがよいためとくに南仏では人気の花。

「ミモザ咲き海かけて靄黄なりけり」水原秋桜子

利休色　りきゅういろ

緑味のあるくすんだ黄色。灰色味のある黄緑色ともいえる。

茶の湯の大成者千利休にちなんで、緑味を含む色には「利休」が冠せられることが多い。

レモン・イエロー

文字どおりレモンの皮の少し緑がかった黄色をいう。「レモンエロウの絵具をチューブから搾り出して固めたような……」と、この色は梶井基次郎の短編小説『檸檬《れもん》』で印象的に描かれている。

レモンはインド原産で、爽やかな香りは飲料や香料として親しまれている。

茶系の色

茶の色も、自然界のなかにたくさん見られ、樹木の幹、そして土の色、と人間の普段の暮らしのなかでおのずから眼に入ってくるものである。そして、日本建築のなかにはふんだんに木が使われている。食事のときに用いる焼物の器も、釉薬《ゆうやく》をかけない素焼のものは、赤茶あり、焦茶、黒茶ありと、一枚の皿のなかに茶の五彩を秘めているようである。

茶色という表現のもととなっているのは、日本人が喉の渇きを癒すために飲む習慣となっているお茶の、それも葉っぱを焙《ほう》じて、ほとんど葉緑素がなくなった、カフェインとタンニン酸の色素だけが色として見えるものであるといえよう。

ところが、日本には古代からお茶があったわけではない。お茶を飲む習慣が伝えられた時期を探らないことには、いつから「茶色」という色名が使われだしたのかを明らかにすることはできない。

喫茶の歴史の源流は中国にあり、日本には天平《てんぴょう》時代にその習わしが伝えられたという。ただ、その初期の頃は貴重なもので薬として扱われ、喫茶は天皇を中心とする公家や、それをもたらした最澄や空海のような唐から帰国した留学僧など、ごく限られた人たちのものであった。

建久三年（一一九二）、中国の宋へ留学した僧栄西が、ツバキ科の茶の木の種を持ち帰り、京都高山寺の明恵上人《みょうえしょうにん》に贈ったのが、日本における茶の普及の第一歩であった。明恵上人はそこに茶園をつくり、茶の木を育てていたが、のちに京都の南郊の宇治、三重県の伊賀など各地に運んだために、その栽培が広まっていったのである。

京都、清涼寺の柱

田圃の土

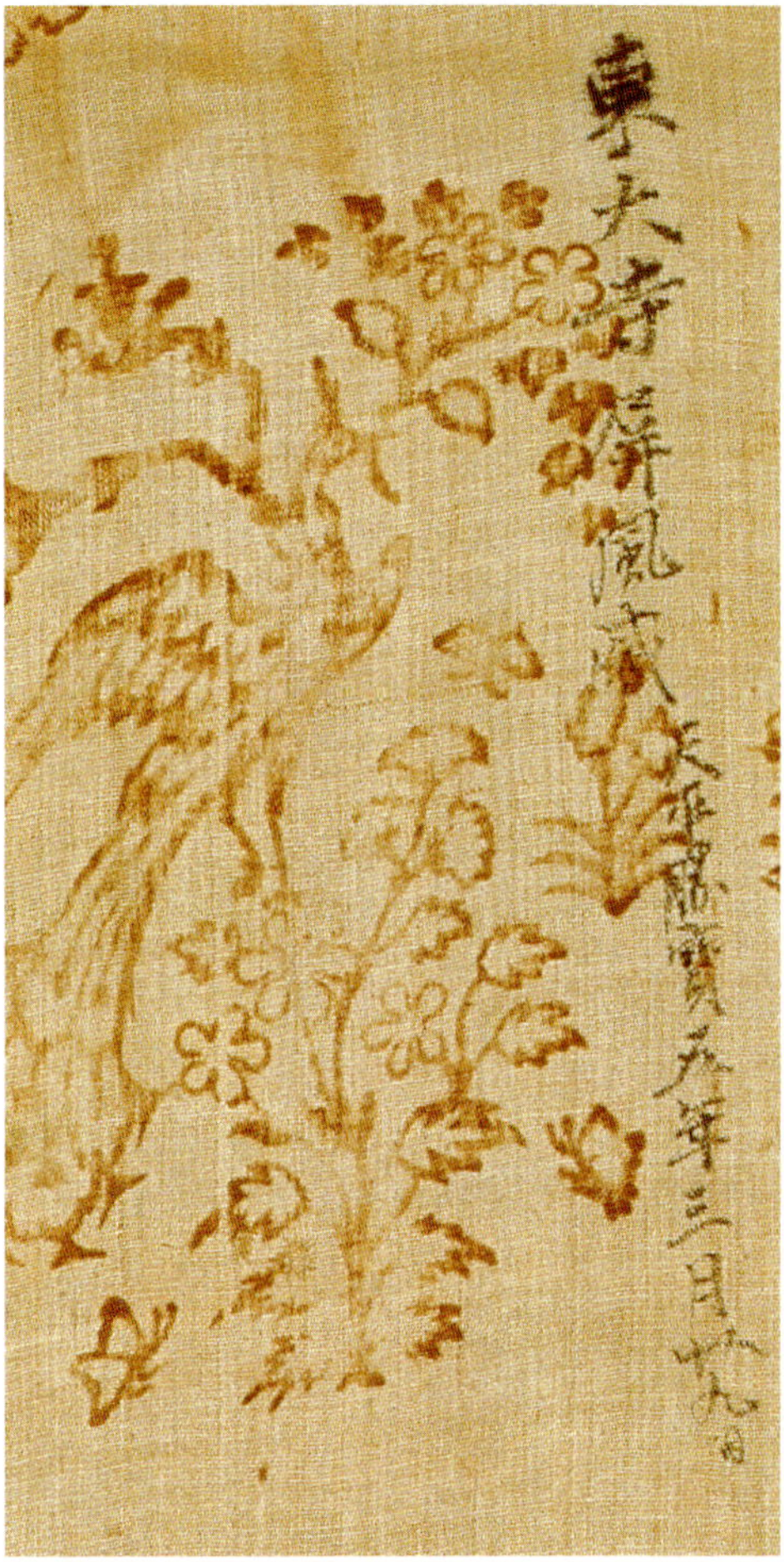

揩布屏風袋(部分)　奈良時代　正倉院
褐色の花鳥文様があらわされている。おそらく柿渋か胡桃の実の液を使ったものだろう。天平勝宝五年(753)の墨書がある

したがって、茶という言葉が一般的になっていくのも鎌倉時代以降のことである。茶の葉を刈り取って蒸してから乾燥させて酸化を防ぐようにして、葉緑素の色を残していく、いわゆる不発酵茶（緑茶）か、摘んだあとに乾燥させて一部を酸化させてから、釜炒《かまい》りする半発酵茶であるかによって、まさに茶という色名は違っているのである。

鎌倉時代の終わりから桃山時代まで、寺院と武家の社会とで広まっていったお茶は、葉を粉のようにして湯に溶かして飲む、今でいう抹茶である。当時はまだ、今の日本人が常に飲んでいる煎茶のなかの玉露のような葉緑素を十分にのこす「青製」という技法がなかった。この製法は元文四年（一七三九）、京都山城の永谷三之丞が考えだしたものである。したがってその茶色というのは、今日ほど緑美しいものでな

焙じ茶

く、もう少し渋味のある緑系ではなかったかと思われる。

『山槐記』の治承三年（一一七九）の記事に「茶染一斤立烏帽子」、『太平記』に「地黒ニ茶染直垂ニ、金薄ニテ大笳籠ヲ押シテ、黄ナル腰ニ白太刀帯タリ」、とあるから、茶木と葉で染めたことが知られる。

現在私たちが日常に飲んでいる煎茶は、かなり長時間炒った茶色の葉に湯を注ぐか、それを漉して出した液である。この方法は、江戸時代になって石川丈山や黄檗《おうばく》宗の売茶翁《ばいさおう》らが煎茶というものを普及させてからのものである。その後、徳川の諸藩が栽培を奨励して、山地に植えるようになり、それにともなって農民や庶民にも飲茶の習慣が広まり、それが今、私たちが飲んでいる煎茶、焙じ茶、番茶の類いであったため、「茶色」という表現が広まっていったと考えてよい。

したがって、一口に茶色といっても千差万別で、『守貞謾稿《もりさだまんこう》』に「茶は黄赤あり、赤黒あり、黄黒あり。煎茶色を云ふなり」とあるのが正しいようである。

茶系等の色を出す染料として、日本では古くから橡《つるばみ》、矢車《やしゃ》、胡桃《くるみ》、柿、杉皮など、タンニン酸を多く含んでいる樹皮、木の実などが用いられてきた。タンニン酸は植物そのものにとっても抗菌作用をもつ大切なものである。病虫や害虫を防ぎ、強風で揺れて擦れたり、動物につけられた傷口にタンニン酸が集まって菌の侵入を防ぐ役割をはたしているのである。したがって、次の世代をつくるための種子が入っている柿の実、団栗《どんぐり》などにはタンニン酸が多く集まっているわけで、人間はそれを地上に落ちる前に採集して、茶色の染料としてきたのである。

また、松や杉の樹皮は見るからに厚いが、そこにはタンニン酸が層をなしており、恰好の染料となる。タンニン酸はどの植物にも含まれており、したがって、染色の効率を考えなければ、茶と黒の色はどこの草木からも得ることができるのである。

唐茶

❖からちゃ

蘇芳（明礬）×阿仙（明礬）

蘇芳（明礬）×安石榴（明礬）

日本では奈良時代、大唐帝国の強い影響を受けて文化を確立していったので、その後、中国の国家が宋・元・明・清と変遷したにもかかわらず、中国渡来の物品に「唐」を冠して「唐物《からもの》」と呼び珍重した。

今日、私たち日本人が普通に飲む煎茶のたぐいは、中国では明の時代からの習慣で、わが国へは桃山時代の終わりから江戸時代のはじめに伝わった。その当時は現代のような澄んだ緑茶はまだなく、中国の方式の摘み取った葉を釜で炒《い》る方法か、または摘み取った葉を天日で乾かし、一部を酸化させる半発酵茶、ウーロン茶のようなものであったと思われる。現在の緑茶は、十八世紀のはじめに宇治で考えだされたもの（204頁）で、「唐茶《からちゃ》」すなわち中国から渡来した煎茶は、炒った葉の色もしくはそれを煮出した、いわゆる茶色の液をさしたのではないかというのが私の説である。

205頁にも触れたように、「茶染」という語はあっても、「茶色」もしくは「唐茶」などという色名が登場するのは桃山時代以後のことで、「カラチャ」はポルトガル人が編纂し、一六〇三年に刊行された『日葡《にっぽ》辞書』に、「茶の色に似た一種の色合い」とあるのが初見である。岩波版には「枯茶」をあてているが、色相と時代背景から見れば、「唐茶」が妥当と思われる。

中国の煎茶が江戸時代にもたらされ、庶民にいたるまで広がりを見せるようになって、飲む茶の色を衣裳に映すようになってきた。慶安四年（一六五一）というから、江戸時代もかなり初期に刊行された『聞書秘伝抄』には「ちや色そめやうの事」という項があって、「江戸ちや」「みる色ちや」の染め方があり、そのあとには「くろちやそめの事」の記述もあったりするから、茶色はこの頃はかなり一般の人々に使われていたと思われる。その五十年あまりのち、元禄九年（一六九六）に、京都中京の染物師の秘伝を伝授すべく刊行された『当世染物鑑』の序文には、「近年染物屋方上手に成候故か亦好ミ方上手に成候哉。色々の茶ぞめ。すゝ竹。替たる染出し有之。然といへども遠国にハ知とも染用不知」とあり、ますます茶色が流行している様子がうかがえる。そこには「きからちゃ」「からちゃ」など茶染系の染色法が数多く見られる。

樺茶

❖かばちゃ

樺色（蒲色）をさらに茶っぽくした色ともいい、または江戸時代は茶色全盛期であるから、もとから茶系であった樺色を樺茶といったともいわれる。

阿仙（明礬）×日本茜（明礬）

団栗色

❖どんぐりいろ

熟した団栗《どんぐり》の外皮のような渋みのある茶色。団栗とは、クヌギ、ウバメガシ、シラカシ、シイ、マテバシイ、ミズナラ、コナラなどの果実の総称。また、とくにクヌギの果実をさして団栗ということもある。

団栗（明礬）×阿仙（明礬）

榛摺

はりずり

矢車（石灰）

矢車（鉄）

ハリノキの実で摺った色をさす。やや黄味のある茶色であるが、これを鉄気《かなけ》を含む水、錆を溶かした鉄漿《かね》などに浸して発色させると灰色になる。

『万葉集』に「住吉の遠里《とおさと》小野の真榛《まはり》もち摺れる衣の盛り過ぎ行く」（巻七）と詠まれている。これはまさに榛《はり》の摺染を歌ったもので、実を搗《つ》いて擂りつぶし、その汁で衣に摺ったが、だんだんと美しい色が褪《さ》めていくという意である。

ハリノキ（ハンノキ）をはじめ、同じカバノキ科ハンノキ属のヤマハンノキ、ヤシャブシなどの実はいずれもこのような染め物に使われたもので、これらを総称して「矢車《やしゃ》」あるいは「榛」と呼んでいる。

当然のことながら、樹皮を煎じても茶色の染料となる。

矢車

柴染

❖しばぞめ　ふしぞめ

柴《しば》、柴木《しばき》は山野に生える背の低い雑木の総称で、「爺さんは山に柴刈りに」の柴である。「ふし」とも読む。その柴木である椎《しい》、栗、櫟《くぬぎ》、樫《かし》などの木の煎汁で染めたもので、灰汁《あく》媒染により、色はやや赤味のある薄い褐色になる。そのため、柴染、櫟染ともいう。どこにでもある染め材料であるためか、古代の服色尊卑序列（衣服令）では下位の色とされている。『平家物語』にも「げす男ふしぞめの直垂に立烏帽子」とある。

　また、柴染、櫟染はクロモジの木から採った染料で染めた黒味のある淡い紅色という説もある。

椎（明礬）

阿仙茶

❖あせんちゃ

アセンヤクノキとかアカシア・カテキューと呼ばれる熱帯に生育するマメ科の喬木の幹材を煮つめると、タンニン酸が主成分の濃い茶色のエキスが得られる。この阿仙《あせん》は茶色系の染料の基礎的かつ代表的なものである。阿仙の茶をさらに濃くした色を阿仙茶という。

　阿仙は、日本には奈良時代に中国から鑑真《がんじん》和上がもたらしたといわれている。

　染料としては衣服のほかに、漁網や暖簾《のれん》、また家具の彩色に使われ、生薬としては胃腸薬や仁丹のような口中清涼剤に用いられる。

阿仙（明礬）

檜皮色

ひわだいろ

阿仙（鉄）×阿仙（明礬）×蘇芳（鉄）×蘇芳（明礬）

檜《ひのき》の樹皮のような赤茶色をいう。古くはこの樹皮で屋根を葺いた。実際にその皮を染材として使ったこともあった。この種の樹皮で染めた色を木色《もくじき》とも樹皮色《きはだいろ》ともいう。檜皮《ひわだ》色は色名としては古いもので、『源氏物語』「真木柱《まきばしら》」の巻に、「姫君、檜皮色の紙の重ね、ただいささかに書きて、柱の乾われたるはさまに、笄《こうがい》の先して押し入れたまふ」と見え、襲《かさね》の色目の名称としてあらわれる。

その襲は四季を通じて用いられ、表が黒味のある蘇芳《すおう》で、裏が花田（縹《はなだ》）。別に表は蘇芳で裏は二藍《ふたあい》あるいは萌黄《もえぎ》など十種あまりが見られる。

肉桂色

にっけいいろ

肉桂（明礬）

肉桂《にっけい》はクスノキ科の常緑高木でベトナム原産。わが国には享保年間（一七一六〜三六）に中国を経由して入り、暖かい地方で栽培されるようになった。樹皮には芳香と辛味がある。

その樹皮を乾燥させたものはニッキ、シナモンともいわれ、古来香辛料として知られる。また発汗、解熱、鎮痛などに効能がある漢方薬としても珍重されてきた。

ここでの色は、肉桂の樹皮や根皮を乾燥させておいたときの、やや明るめの赤味がかった茶色をいう。色見本は、乾燥させた肉桂の樹皮を煎じて染料としたもの。

胡桃色

くるみいろ

胡桃（明礬）

胡桃の青い実

胡桃《くるみ》色とは、食用にする胡桃の、果実の固くて割れにくい核の部分の色をさしている。

胡桃はクルミ科の落葉高木であるが、わが国にも古くから自生しているのは、オニグルミと呼ばれる種類である。核のなかの種にあたる部分は油分があって滋養に富み、古くから食用となっていた。

青い果実は、秋になって手で搾ると茶褐色の液がにじみ出てくるほどタンニン酸を含んでいるため、早くから染料としても使われていたと考えられる。

『正倉院文書』には、「胡桃紙」と呼ばれる紙を染めていたという記録がある。

承和元年（八三四）の制では、囚人を監視する囚獄司や、祭祀を司る物部氏の佩《は》く大刀の紐を胡桃染の色と決めていたという記事が、『延喜式』弾正台に見えている。

紙の染色もまた、この時代もよく行なわれていたらしく、『源氏物語』では光源氏が須磨・明石に流浪の旅をしているときに出会った明石の君への手紙を、胡桃色の紙にしたためているさまが描かれている。

襲《かさね》の色目にもあり、「表香色、裏青」と見える。香色《こういろ》とはあるが、胡桃の殻や樹皮で染めた淡い土壁色と緑系の色が組み合わされている。

胡桃染の和紙

柿渋色

かきしぶいろ

柿渋

渋柿の実を青いうちに搾り、その液を二年あまりおいて自然に発酵させたものの上澄み液を布や紙に塗った茶色をいう。

市川団十郎はこの色を好み、「団十郎茶」と称して幕などに使った。

江戸時代には「柿色」と記されてこの色を指す場合があるが、現在では、柿色といえば柿の実が色づいた黄赤色を指し（68頁）、照柿《てりがき》色ともいわれている。

柿は中国や日本などで古代から栽培され、その実の熟したものは、人々の甘味薬として広く親しまれていた。

もとより渋柿、甘柿の区別はなかったという説と、渋柿が本来のもので、日本では室町時代からその区別がなされるようになったとする二説がある。

江戸時代になるとさまざまな品種改良が行なわれ、北海道と沖縄をのぞいて、

柿渋で和紙を貼り重ねた型紙

各地で栽培されるようになった。

柿渋はいつの頃から染料として布に塗ったり、防腐剤の役目も込めて木材などに塗られるようになったのか明らかではないが、正倉院に伝えられる花鳥文様の屏風袋（204頁）は、柿渋で文様を描いたものではないかと私は考えている。

江戸時代には、紙を染めて渋紙にしたり、漁網を染めて丈夫にしたり、厚手の木綿布に塗り、白く濁りのある酒を搾って澄んだ清酒にするなど、さまざまな分野に使われた。

京都府の南山城《みなみやましろ》地方では、茶畑の周囲に柿の木を植え、お茶の葉に直射日光が当たるのを遮ってきた。そのため渋柿の生産量が多く、木津《きづ》、和束《わつか》、宇治田原《うじたわら》あたりには柿渋屋が多くあって、その生産に励んできた。今では四、五軒になってはいるが、その生産は続けられている。

青い柿渋を細かく砕いて圧縮する

搾りたての液。二年あまり置いて発酵、熟成させる

栗色《くりいろ》　落栗色《おちぐりいろ》

栗の毬（石灰）×栗の毬（明礬）

落栗の襲：表-蘇芳（蘇芳×矢車）裏-香（丁子）

熟して木から落ちた栗の毬《いが》を取りのぞくと、艶やかな実が出てくる。その皮の色をさしている。

『源氏物語』「行幸《みゆき》」の巻では、玉鬘《たまかずら》の裳着《もぎ》の儀式が行なわれ、秋好中宮《あきこのむ》をはじめあちこちから贈り物が届く。末摘花《すえつむはな》からは、お祝い申し上げるほどの立場ではないと承知しながらも、妙に折り目正しいところがあって「青鈍《あおにび》の細長《ほそなが》一襲《ひとかさね》、落栗《おちぐり》とかや、何とかや、昔の人のめでたうしけるあはせの袴一具《ひとぐ》、紫のしらきり見ゆる霰《あられ》地の御小《こ》袿《うちき》……」などが届けられる。それを見た源氏は、何もしないでいればよいものを、昔気質《かたぎ》の困った人だ、と嘆く場面がある。

この「落栗色」は、南北朝時代の『源氏物語』の注釈書『河海抄《かかいしょう》』には「濃き紅」、『原中最秘抄』には、普通の紅より、やや黒い色、あるいは下地を薄紫に染めて上を紅で濃く染めた色、と記されているが、どうしても栗の皮の色にはならないのである。『河海抄』の約百年後に一条兼良《いちじょうかねら》の著わした源氏の注釈書『花鳥余情』には、「落栗トハ濃紅ノ黒ミ入タルホドニ染タルヲ云ベシ」とあり、江戸時代後期に編まれた衣服の色目に関する諸説をまとめた辞書『四季色目』には「表蘇芳《すおう》、黒気アリ／裏香」とある。どうも王朝人の眼には落ちたばかりの栗皮は、かなり赤味に映ったようである。

江戸時代になってからの文献、たとえば『染物秘伝』には「栗色。梅皮二返。水かねにてくり。其上水かねにて一返。石灰水にて返ス」（茶色の染料である梅で染めて鉄で媒染《ばいせん》してやや黒味にし、それを石灰に浸けて赤味を出す）と見える。これだと今私たちが眼にしている栗の皮の色のようになる。

色見本は栗の毬で明るめに染めた。

栗皮色

くりかわいろ

文字どおり、熟して落ちた山栗の実の皮の色。黒味がかった赤褐色。栗色、栗皮茶、落栗色と同一視する場合もある。というのは、栗色と皂《くり》色は同音で異色であるため、紛らわしさを避けるために栗皮色としたという説もあるからである。

ただ、平安時代の栗色はわりあい明るく赤味の強い色調をさしたようだが、江戸時代には、現在「栗」と聞いて思い浮かべるような色合いになり、茶色の流行とともにこのような色も流行ったようで、『守貞謾稿《もりさだまんこう》』には「栗皮茶は弘化中女帯に江戸にて用ひし」などの記述も見られる。

阿仙（明礬）×蘇芳（明礬）

桑染

くわぞめ

ほんの少し褐色味をおびた薄い茶色。もともと桑の樹皮は淡い褐色で、その樹皮や根皮の煎汁と灰汁《あく》を用いて染めた色をいう。桑色、桑茶ともいう。古くからの植物染色法ではあるが、桑の木そのものに色素が少ないため、繰り返し何度も染めなければならず、八世紀はじめに編纂された『養老律令』の「衣服令」には「桑」が黄色の上に置かれていたが、『延喜式』の服色には採用されていない。また、桑の実を用いて染めたものを「桑染」とする向きもあるが、桑の実は紫黒色であり、古くからの桑染とはまったく異なる赤紫系の色になる。色素は弱く、耐久性はない。

桑（明礬）

白茶

❖しらちゃ

橡（石灰）

文字どおり、白っぽい茶色ということで、薄茶色、英名でいうベージュにあたる色である。

丁子《ちょうじ》などの香木を使用して染める香色と似た色であるが、本書では、香色（220頁）は丁子で染め、この白茶《しらちゃ》は橡《つるばみ》を石灰媒染《ばいせん》で染めて表現した。

白茶すなわち白橡《しろつるばみ》色と同様としてよいだろう。

江戸時代の元禄期頃は比較的濃い茶系統が流行したが、文化・文政期以降は、このような薄い茶系統が、茶人や通人にもてはやされた。やがて明治になって、女性の着物にも多く用いられる色として定着した。

鳥の子色

❖とりのこいろ

橡（石灰）

「鳥《とり》の子《こ》」というのは鶏の卵のことで、「鳥の子色」は卵の殻の色をいう。

現在のように白色レグホンの白い殻の色ではなく、薄い黄茶色の殻色である。

のちに、雁皮《がんぴ》と楮《こうぞ》を混ぜて漉《す》いた厚手の上質な和紙を「鳥の子紙」といったため、その紙の色を鳥の子色というようになったが、本来は、卵の殻の色をいう。

襲《かさね》の色目にもみられ、表が瑩《みがき》色（白）で裏が蘇芳《すおう》、老者が常用するものとしてある。

生壁色

❖ なまかべいろ

壁土を塗ってまだ乾いていない状態のときの色。生っぽくいかにもまだ水分を含んでいる様子が伝わる、なかなか絶妙な色名である。

ほんの少し灰赤色が勝ったような茶色。

藍生壁色（青みがかったもの）、藤生壁色（紫がかったもの）、利休生壁色（灰緑がかったもの）などのバリエーションもみられるところから、生壁色は人々におおいに受け入れられた色と考えていい。

橡（石灰）

砥粉色

❖ とのこいろ

砥石を切り出すときにでる砥石の粉末を砥粉《とのこ》といい、やや灰色がかった薄茶色をしている。その色をいう。

砥粉は、刀剣類を磨いたり、板や柱などの色付けに用いたり、漆を塗る際の下地用にも使われる。

また、役者が顔のしわを隠すために塗ったり、厚化粧の下地としても用いられた。

顔料　砥粉

木蘭色

❖もくらんいろ

丁子（明礬）×印度茜（明礬）

仏教の僧侶が纏う袈裟《けさ》は、釈迦が異教徒との区別が一目でわかるようにと、着用することを定めたもので、その語の源はサンスクリットの「kaṣāya」、つまり赤褐色を意味する語で、漢字では壊色《えじき》、あるいは染衣ともあらわされる。

さらに袈裟について釈迦は、一般の人が身につけているような整った衣服やそのための布を用いるのではなく、在家の人々には用済みとなったもの、塵芥のごとく捨て去られたもの、墓地などで拾い集めたようなものを縫い合わせて仕立てるいわゆる糞掃衣《ふんぞうえ》か、あるいは上等の染料を使って華やかな色を出すのではなく、落ちた木の実や樹皮を集めてぐつぐつと煎じ、その汁で染めた布を着衣とするように勧めたといわれる。それが木蘭色《もくらん》である。木蘭という植物が存在するわけではない。

このような袈裟の原点を見ての、植物染を専らとする私の考えをいえば、木蘭色とは、木の実や樹皮を使って染色すると赤褐色か黄茶系の色になり、「壊色あるいは染衣」と表記されるのは、右のような、贅沢で華やかな色になる衣を新調することを戒める釈迦の精神をあらわしているといえよう。

糞掃衣は、人々が着古してぼろ裂となったものを集め、刺し縫いをしてつなぎ合わせた、いわば現代のパッチワークの原点ともいうべきものある。このような例は東大寺正倉院にも「樹皮色袈裟」といわれて何点か遺されている。ただそれらはあくまでその精神を踏襲するもので、実際は新しく美しく染められた赤、黄、緑などの鮮やかな絹の小片を綴った華麗なものである。なかには遠くに連なる山を望むような景色を思わせる意匠から、「遠山《とおやま》袈裟」と呼ばれるものもある。

染衣については、茶系統の色（205頁）でも記したように、茶色を染めるには、どの

橡（明礬）

阿仙（石灰）

植物にも含まれているタンニン酸が着色剤となるわけだから、あらゆる草樹、そして実を煎じれば色が出るのである。たとえば、梅の樹皮、胡桃の実など周りにあるものを煎じて染め、それを木の灰や石灰水に浸けて発色させれば赤褐色になるし、ミロバランの実、団栗《どんぐり》、安石榴《ざくろ》の果皮などで染めると黄褐色になるわけで、前者はチベット仏教のダライ・ラマのような仏徒が纏う衣の色、後者はミャンマー、タイなど南方の小乗仏教系の僧の着衣の色となる。もっともこの黄色は鬱金《うこん》の根でも染められていると聞くが、その色の源は木の実と考えてよいだろう。したがって木蘭色とは、赤褐色と茶味のかかった黄色の両方をさすように考えられるのである。

日本では木蘭の語は八世紀のはじめに編纂された『養老律令』の「僧尼令」にあるのが初見である。天長三年（八二六）、淳和天皇の命によって編纂され始めた、その養老令の公定注釈書『令義解《りょうのぎげ》』には、「謂二木蘭一黄橡也」とあり、木蘭は黄橡（191頁）であるとされている。とすれば、これは橡《つるばみ》の実で染めた黄色系の色で、前述の南方仏教の系統である。

正倉院には、孝謙天皇が天平宝字二年（七五八）正月の初卯の日の儀式に用いられた三十足の几にかけられたと思われる「黄橡地花文臈纈羅断片」が現存していて、黄橡すなわち木蘭色をあらわしているといえる。ただ、この布も、同じく正倉院に伝えられる「袈裟付木蘭染羅衣」の名称のある大袖の衣も、近世になって付された名称であって、天平時代にそのように呼ばれていたかどうかは不明である。

橡によって染められた黄味の色見本が上図の右である。

ところが、平安時代になり、先の『令義解』の約百年あと、『延喜式』には、「橡綾一疋。搗橡二斛五升。茜《あかね》大二斤」とあって、橡に茜色がわずかに加わっている。上の色見本のうち、右は小乗仏教系、左はチベット仏教系の色と考えて染めた。

香色　丁子色

❖こういろ　❖ちょうじいろ

丁子(明礬)

丁子《ちょうじ》はフトモモ科の常緑高木で、熱帯地方に生育する植物である。その花の蕾を開く前に摘み取って乾燥させたものが丁子香、丁香と呼ばれるもので、その芳しい香を、古く中国では「鶏舌香」と呼び、香料として珍重していた。皇帝の前に出るとき、家臣たちは必ずこれを口に含んで口臭を消したという。後漢の頃から、健胃剤・鎮痛剤・興奮剤など医薬品としても用いられてきた。

日本へも古くから輸入されていたようで、正倉院には今もそのものが伝えられている。

丁子は、香料、医薬品のほか、染色にも使われていて、『源氏男女装束抄』（室町時代後期）には、「丁子を濃く煎じたる汁にて染めたるものなり。香染ともいふなり」とあり、その香り高いところから「香色」という呼び名が生まれたことが知られる。『源氏物語』にもいくつか丁子染が登場する。手紙にはその得もいわれぬ芳香が残るため、よりいっそうの効果があった。息子夕霧が、幼なじみの雲居雁《くもいのかり》とようやく結ばれることになったとき、光源氏が彼を六条の院に呼んでこれからのことを諭す場面がある。夕霧は「すこし色深き御直衣に、丁子染のこがるるまでしめる、白き綾のなつかしき」を着ており、あらたまったさまがことさら優雅に見えると表現されている。

ただ、こうした輸入品で高価なものを染色に使うことを許されるのは、殿上人だけであったようで、淡紅に染めて支子の黄色を掛け合わせ、少し赤味のある黄色に染めてそれを「濃き香」と呼んでいたと記されている。

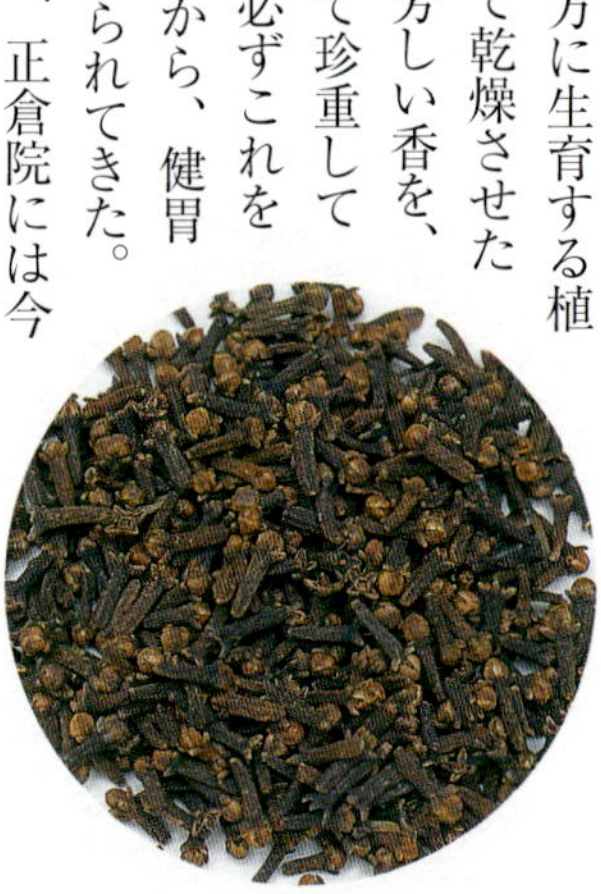

丁子の蕾を乾燥させたもの

蟬の羽色

せみのはねいろ

阿仙（石灰）×阿仙（鉄）

アブラゼミの羽の色、またその脱け殻の色を示す透明感のある茶色である。色名としてはあまり使われていないが、平安時代からの襲《かさね》の色目にあり、羽の色と木立の葉をあらわすかのように、「表檜皮色、裏青」とある。

『源氏物語』のなかでは、光源氏と空蟬《うつせみ》という薄幸な女性の愛の場面も印象的である。葵の上と結婚したばかりの光源氏は、方違《かたたが》えのために、妻のいる左大臣家から紀伊守《きのかみ》の屋敷へゆく。そこで出会った紀伊守の父・伊予介《いよのすけ》の後妻の空蟬と契りを結ぶが、その後は拒み続けられる。空蟬の弟の小君《こぎみ》の手引きでようやく部屋に忍んだものの、その気配に空蟬はいちはやく部屋を逃れ出る。源氏は空蟬が脱ぎ残した小袿《こうちき》を持ち帰り、「うつせみの身をかへてける木《こ》のもとになほ人がらのなつかしきかな」（蟬のように衣を脱ぎ捨てて去った人は憎くはあるが、残された殻〈上着〉にやはりその人柄を懐かしむのです）と手なぐさみのように畳紙《たとうがみ》に歌を書き、「いとなつかしき人香《ひとが》に染《し》める」その小袿を肌身離さず見つめている。小君から光源氏の歌を渡された空蟬は、同じ畳紙の端に「うつせみの羽《は》に置く露の木《こ》隠《がく》れて忍び忍びに濡るる袖かな」と古歌を書いて、人知れず私も涙で袖を濡らしていますと、密かに応えるのである。

その情景を思いめぐらすと、薄い衣と蟬の羽の色彩が眼に浮かんでくるようである。

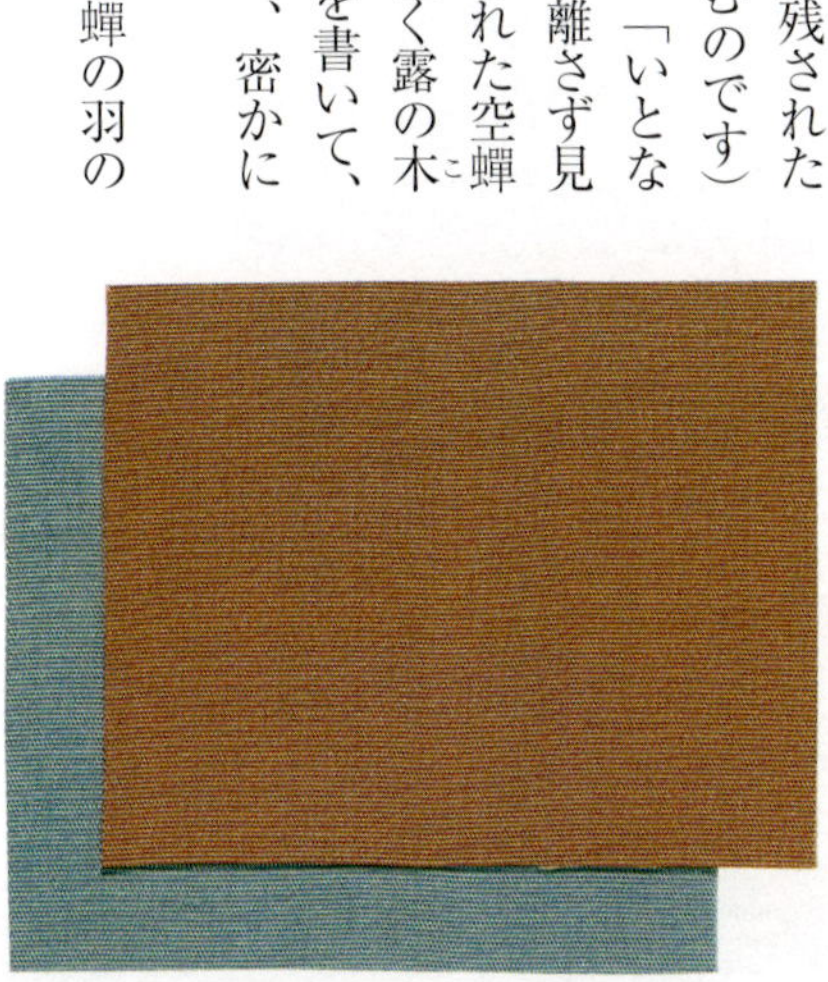

蟬の羽の襲：表-檜皮色（阿仙）　裏-青（蓼藍×刈安）

一位色

いちいいろ

一位（明礬）

一位《いちい》の木の赤味をおびた芯材で染めた色で、赤味の強い淡い茶色をいう。

一位は別名アララギともいわれ、北海道ではオンコとも呼ばれる常緑高木で、高いものは二十メートルにもなる。北海道から九州まで分布し、とくに北海道に群生する。生長は遅いが、材木としては木目が直線で弾力性に富み光沢があり、しかも加工しやすいため、建材から器具材、彫刻や櫛、さらには鉛筆の材にと広く使用される。また、庭木や生け垣にもなる。九月頃に赤く熟す実はとろっと甘くて食べられるが、種には毒がある。

錆色

さびいろ

阿仙（明礬）×阿仙（石灰）×蘇芳（明礬）

鉄錆

金属が空気にふれると表面に酸化物、もしくは水酸化物が生じる。すなわち「錆《さび》」であるが、鉄の場合は赤褐色か黒で、銅の場合は緑か黒となる。

ここでいう錆色は鉄錆で、赤錆色とか鉄錆色という沈んだ赤褐色をさす。

たんに錆色というほかに、青緑系の錆浅葱《あさぎ》、それより暗い錆納戸《なんど》、青磁《せいじ》色のくすんだ錆青磁、桔梗《ききょう》色の沈んだ錆桔梗、さらには朱色のくすんだ錆朱などがある。錆を冠した色は、その色より彩度の低いくすみや沈みのある色になる。侘び寂びの「寂び」に通じる。

亜麻色

あまいろ

日本人の黒髪を「烏《からす》の濡《ぬれ》れ羽《ば》色」といい、欧米人のブロンドの髪を「亜麻《あま》色」と表現する。たとえばドビュッシーのピアノ曲に「亜麻色の髪のおとめ」がある。

亜麻の原産地はコーカサスから中近東で、茎からは繊維が、種子からは油がとれるために、古代からインドやエジプトで栽培されていた。その繊維は強くて美しく、木綿が普及するまで西欧では主要な衣裳素材であった。枝分れせずまっすぐ伸びる繊維用亜麻は明治初期に欧米から北海道に入って栽培された。晩春に種を蒔いて、晩夏に収穫するため、晩夏の季語に「亜麻引く」「亜麻引」がある。

橡（石灰）

生成色

きなりいろ

自然のままの生地や糸の色。ごく薄い茶色。

青木玉氏の『幸田文の箪笥の引き出し』という着物にまつわる名エッセイに、祖父（幸田露伴）の寝間着についての描写がある。

「寝間着は袷の絹紬（絹の布団の裏布）。今でいう生成り、母は朽葉《くちば》色と言っていた不思議な布で……」

絹紬（繭紬）とは柞蚕《さくさん》の茶色の繭からとった糸の織物で、それを染色も漂白もしないで使ったのだろう。「今でいう」とあるところから、生成《きな》りは近年の色名で、母すなわち幸田文氏の時代にはなかったものと思われる。

橡（石灰）

苦色

にがいろ

丁子（明礬）

香《こう》色（220頁）のやや黒味がかった色をいい、いかにも苦《にが》そうな粉薬のような色である。味覚を色名にした珍しい例であろう。

色見本は、香色と同じ丁子《ちょうじ》で何度も染め重ねた。

苦色は主として襲《かさね》の色目にあらわれて、表が濃き香色、裏が濃き藍とされ、九月、十月に着用とある。

また、文政十三年（一八三〇）に、種々の故実書に見られる衣裳の色目に関する記述をまとめた『四季色目』には、表は香色（黒味アリ）、裏は二藍《ふたあい》で、着用は十歳から二十歳までとあり、聟取や移住の際は用いず、とされている。

象牙色

ぞうげいろ

顔料　瑪瑙（白）

象牙《ぞうげ》のような黄味をおびたごく薄い茶色。英名でいうアイボリー色である。

象牙は、食肉動物の犬歯が牙となったものとは異なり、象の上顎門歯が伸び続けて牙のようになったものである。その長さは三メートル以上になるものもあるという。

材質はキメが細かく細工物に適して、昔から珍重されていた。日本では正倉院に、象牙を藍や紅で染め、線彫りで文様をほどこす撥鏤《ばちる》と呼ばれる技法でつくられた琵琶の撥や碁石（18・132頁）が伝えられている。また江戸後期には牙彫《げぼり》と呼ばれ、櫛、根付《ねつけ》、置物などの工芸品に多用された。

江戸茶

❖えどちゃ

江戸時代前期に流行した赤味のある茶色。遊郭の風俗をまとめた延宝七年（一六七九）成立の『色道大鑑』に、遊郭へ通う客の「帯は黒きを最上とす。茶色またよろし。茶の中にも、江戸茶……」と見えて、通人にとって新趣向の粋な色とされている。また、「当世茶」とも呼ばれていた。

寛文七年（一六六七）に刊行された『御ひいなかた』にも、「ぢゑどちや」など小袖の染め色として見られ、当時、広く愛好された色であったのだろう。その染色法は、楊梅《やまもも》で下染めをして、蘇芳《すおう》なり茜《あかね》で赤味を加えて色を出すものである。

楊梅（明礬）×蘇芳（明礬）

路考茶

❖ろこうちゃ

庶民から「今はお歴々の奥方、役者を真似る」（甲子夜話）の大名武家まで、江戸の流行の源泉は歌舞伎役者にあったといえる。宝暦六年（一七五六）に二代目瀬川菊之丞《せがわきくのじょう》を襲名した通称・王子《おうじ》路考《ろこう》（路考は瀬川菊之丞の代々の俳名、一七四一～七三）は美貌の名女形《おやま》として江戸随一の人気を博し、「いっそもう路考が出るといっそもう」と娘が身もだえするような川柳にもなった。彼の意匠は、路考結、路考髷、路考櫛などとして流行った。路考茶の色合いは、黄茶のやや赤黒が加わった色といえる。

「路考茶の流行《はやり》見はやせ二の替」佐韋人

阿仙（明礬）×楊梅（明礬）×楊梅（鉄）

璃寛茶

❖りかんちゃ

蓼藍生葉×楊梅（明礬）×楊梅（鉄）×阿仙（鉄）

色の口碑《こうひ》として「四十八茶百鼠」（238頁）はよく知られるところで、江戸時代の茶色系の流行は、そうじて歌舞伎役者たちの茶色好みによるといわれている。この色名も、文化・文政時代、大坂の歌舞伎を中心に、美男で人気の高かった初代嵐璃寛《あらしりかん》（二代目嵐吉三郎、一七六九～一八二一）が好んだ茶色をその名にちなんで名付けたものである。その色味はやや緑がかった暗い茶色である。古今の染色を色譜で解説した『手鑑模様節用』には「藍こび茶、一名りくわん茶」とあり、媚茶《こびちゃ》すなわち黒味を帯びた茶色に藍がかかった色としている。

梅幸茶

❖ばいこうちゃ

橡（明礬）×蓼藍

今日では独立した歌舞伎役者名である尾上梅幸《おのえばいこう》は、そもそも五代目までは尾上菊五郎の俳名であった。この色名の「梅幸」は初代の尾上菊五郎（一七一七～八三）。京都生まれで最初若女形《おやま》として舞台にあがり、二代目市川団十郎の「鳴神」に出演して好評を得、のちに江戸に下り立役《たちやく》に転じて絶大な成功をおさめて座頭まで異例の出世をする。

その初代菊五郎が好んだ緑がかった茶色を梅幸茶と呼ぶ。また、『手鑑模様節用』では「草柳」を当世は「梅幸茶」と通称するとしており、色味は黄緑または萌黄《もえぎ》系であったのだろう。

団十郎茶

❖ だんじゅうろうちゃ

歌舞伎を代表する色は、舞台の正式な引幕である定式幕《じょうしきまく》の萌黄《もえぎ》、柿、黒の三色であろう。その柿色がほぼこの団十郎茶といえる。代々の団十郎が舞台衣裳として好んだ茶色。

初代（一六六〇～一七〇四）は市川段十郎の名で荒事《あらごと》芸を創始し、元禄六年（一六九三）に団十郎とあらため、その名は歌舞伎の一大看板として現在まで十二代を数える。歌舞伎十八番の一、市川家伝統の演目である「暫《しばらく》」の素《す》襖《おう》にこの色を用いたのがはじめとされている。

柿色は熟した柿の実もいうが、鳥居清倍筆「初代団十郎の暫」（238頁）を参考に、柿渋染のような茶系と考えた。

阿仙（明礬）×日本茜（明礬）

芝翫茶

❖ しかんちゃ

中村芝翫《しかん》は江戸後期から続く歌舞伎役者名。初代は三代目中村歌右衛門（一七七八～一八三八）のことで、俳名を芝翫としたことにはじまる。その三代目歌右衛門は、短身で容姿、口跡《こうせき》ともに見劣りしたが、立役《たちやく》、女形《おやま》、敵役《かたきやく》、所作事《しょさごと》となんでもこなし、希代の名優と称された。

彼が好んだ、ややくすみのある赤がかった茶色が芝翫茶で、彼の人気とともに流行した。また、芝翫下駄という前歯と後歯の間隔がはなれた下駄も彼が好んだもの。「時のはやり模様大かた歌舞伎芝居より出づるなれば」（女重宝記）のように、流行物は歌舞伎スターからはじまった。

一位（明礬）×刈安（明礬）

土器茶　枇杷茶

❖かわらけちゃ
❖びわちゃ

一位（明礬）×刈安（明礬）

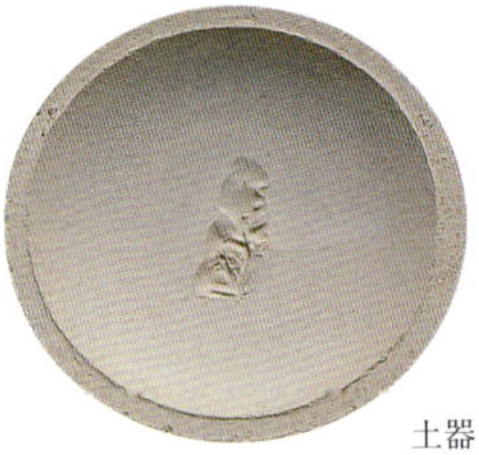

土器

どちらも浅く赤黄味のある茶色である。

土器《かわらけ》茶は土器色ともいい、枇杷《びわ》茶は枇杷の果皮の色をさらに茶っぽくさせた色とする。

『手鑑模様節用』には「びわ茶、俗にかわらけいろといふ」とある。

土器は神前に供えたりするような釉薬《ゆうやく》をかけないで素焼きにした陶器のことで、平安時代には宮中の日用器として使われ、下って行灯《あんどん》の油皿、さらには的当て遊びの土器投げに使われたりした。

「しぐるゝやしめたる帯の土器茶」万太郎

枯茶

❖かれちゃ

栗の毬（石灰）

枯草

枯れるとは、すなわち草木の生気がなくなり、かさかさに干からびる様子で、色名にも、枯色、枯葉色、枯草色、そして、この枯茶色がある。

色相は薄い茶で、少し濁ったような色とする。色見本は、栗の毬《いが》で染め、媒染剤に消石灰を用いた。

「枯色」は襲《かさね》の色目にみられ、表は白、裏は淡い紫、または表黄、裏青、さらに表香色、裏青、としている。そして、この襲は、十月から三月にかけて壮年者が着用するものとしてある。

「枯野」は冬の、「枯野の色」は秋の季語である。

媚茶

こびちゃ

もともとは昆布茶といった色で、その名のとおり昆布の色をいったもの。それが転じて、異性に媚びるような艶っぽい色とされて、媚茶《こびちゃ》となったようである。『守貞謾稿《もりさだまんこう》』には、「媚茶は天保中江戸に行はれ」と見える。

寛文六年（一六六六）の『紺屋万染口伝書』には「こびちや」、元禄九年（一六九六）の『当世染物鑑』には「こぶちや」と、染色法が記されているが、いずれも「かわ」「ももかわ」すなわち楊梅《やまもも》と、「かね」で染められている。

色見本もそれに準じて楊梅と鉄漿《かね》（お歯黒鉄）で染めた。

楊梅（鉄）

焦茶

こげちゃ

文字どおりものの焼け焦《こ》げたような、濃い褐色をいう。この焦茶色もよく人々の口の端にのぼる色名である。ごく身近なところでは、焙《ほう》じ茶の葉の色もこれに含まれるだろう。江戸中期、売茶翁《ばいさおう》が煎茶を広めて、葉茶が普及してからの色名であろう。元禄頃までは文献にあらわれない色名である。

西欧では、茶色とか褐色という色合いから、焼けるとか焦げることを連想するようで、英語名のブラウンにしても、フランス語のブランにしても、そのような意味をもつ言葉が使われている。

阿仙（鉄）×矢車（鉄）

褐色

かっしょく

阿仙(鉄)×阿仙(石灰)×矢車(鉄)

古代中国および日本においては、「褐」は茶系統の濃い色が本来である。ただ、日本の中世以降、『平家物語』など戦記物の記述からは、褐色《かっしょく》が「かちいろ」あるいは「かちんいろ」となり、藍をきわめて濃くした黒に近い色となっている場合もある(142頁)。

「褐」の文字は衣偏を除くと葛の茎から取った繊維でつくった衣料の意をもっている。やがてそのような樹皮を原料とする繊維の総称となり、なかでももっとも普及するのが早く、そして広く栽培されるようになった麻からつくった衣料、それで編んだ靴下にあてられるようになった。

これらの繊維はいずれも樹皮の表面にタンニン酸の色をそのままもっており、茶系の色が自ずとついているため、褐色になったと考えられる。

中国の漢民族が、遊牧民の飼っている羊の毛の衣服を着るようになる。羊のなかにはもともと茶色の毛でおおわれたものもあって、それを使って織られた服を「褐寛博《かつかんぱく》」といった。

日本においては、中世の武家社会になってから褐色《かちいろ》が勝色となり、革や糸を藍で染めて鎧の威《おどし》などに盛んに使われるようになった。それと時を同じくするように、日本にお茶を飲む習慣が定着し、「茶染」あるいは、「茶色」という色名が登場する。そして、本来の褐色《かっしょく》には、「茶」を冠して「茶褐色」と呼ぶようになったようである。

色見本は、阿仙の鉄発色、阿仙の石灰による発色のあと、矢車で染めてお歯黒鉄で発色させた。

金茶

きんちゃ

金色に近い茶色をいう。黄金の大判や小判を形容するとき、よく「山吹《やまぶき》色」という表現もされるところから、この金茶を山吹茶ともいう。また、金色に近いというより、さらに赤みのある茶色とする説もある。

元禄九年（一六九六）に当時の染色技法を著わして刊行された『当世染物鑑』には、この色の染め方として、楊梅《やまもも》で染めて乾かし、二度目はその楊梅のなかへ明礬《みょうばん》を入れ、さらに「くろみ（黒味）少かけてよし」とある。

色見本は、黄色の染料こぶな草と茶の染料の丹殻《たんがら》を掛け合わせたもの。

こぶな草(椿灰)×丹殻(椿灰)

鳶色

とびいろ

ピーヒョロロと特徴のある啼き声をもつ鳶《とび》はトンビともいわれ、海岸から開けた陸地に多く生息する中型の鷹《たか》である。両翼を広げて輪を描いてゆったりと飛ぶ。歌にある「トンビがくるりと輪をかいた」である。

この鳶の羽のような濃い褐色を鳶色という。

この色は江戸前期から茶系の代表的な色としてあらわれ、男の着尺の色として流行した。そのため、紅鳶とか黒鳶など、この色を基調にバリエーションがいくつも出現した。「鳶色の瞳」といった表現もあるように、なかなか魅力的な色である。

蘇芳(鉄)×阿仙(明礬)

訶梨勒

かりろく

ミロバラン（明礬）

ミロバランの実

訶梨勒《かりろく》はシクンシ科の落葉高木で、ヒマラヤ山地より南、マレー半島やインドネシアなどに分布する。果実は「ミロバラン」または「訶子《かし》」といい、タンニン酸を多く含んでいて、染めの材料、または漢方薬としての価値が高い。

仏典には、一切の病に効く薬中の王と記される。正倉院には薬物として伝えられ、藤原道長も服用したといわれる。

その薬効に基づいてか、中世になって書院造りが完成すると、この実を象ってつくった装飾的な袋に本物の実を入れて、座敷の柱に掛けることが流行した。それは香道、茶道にも応用されたが、そのときの中身は香木である。

杉色

すぎいろ

杉皮（石灰）

杉皮

杉は日本特産種の常緑大高木で、樹皮は赤味がかった褐《かっ》色《しょく》。その色をいう。樹皮には多くのタンニン酸が含まれており、茶色に染めるには適している。石灰か灰汁《あく》媒染で赤勝ちな茶系統の色になる。

『正倉院文書』には「須岐染」という語が見られるが、これには二つの解釈がある。一つは漉《す》き染のことで、和紙を漉くとき、あらかじめ染めておいた楮《こうぞ》などの樹皮をくだいたものを漉き込んだものとされる。もう一つは杉皮で染めたもの。その染料は柴染《しばぞめ》（209頁）で見たように椎《しい》の木を煎じたり、また杉の樹皮を煎じた汁であったのだろう。

葡萄茶

❖えびちゃ

海老茶、蝦茶とも書く。ここでいう「葡萄《えび》」は、葡萄《えび》葛《かずら》（山葡萄《やまぶどう》）の実が熟して赤紫色になったもので、その赤紫に茶を加えた色を葡萄茶とする。

近代になって葡萄と海老が混同され、伊勢海老の殻のような色を「海老茶」と呼ぶようになった。『武江年表』に「嘉永四年（一八五一）海老色といふ染色はやり出す」とある。

この葡萄茶は明治中期から女学生や女教師の間に流行した袴《はかま》の色で、彼女らを当時の人々は、平安の才女・紫式部にかけて「葡萄茶式部」とからかった。

蘇芳（明礬）×矢車（鉄）

琥珀色

❖こはくいろ

琥珀《こはく》そのものは、古代に松など植物の樹脂類が埋もれて、長い年月を経て化石となった鉱物である。装身具や装飾品として用いられる。

色調は、透明、または半透明の黄味が強い茶褐色である。宝石としての価値があるため、顔料としては高価で使えず、瑪瑙《めのう》の顔料を代わりにして琥珀色を再現することが多い。

色名としては近世以後のものと思われるが、古くから「くはく」とか「赤玉」と呼ばれて珍重されていた。

琥珀

雀茶

❖すずめちゃ

阿仙(明礬)×阿仙(鉄)

雀

雀をよく見ると、頭の部分はクルっと丸く茶髪の坊主頭といった様子である。その頭の色を雀《すずめ》頭色と呼んだ。やや赤がかった濃い茶色で、これを雀《すずめ》色と同様とみる説と、雀色は雀の羽の色として、雀頭色より若干灰みのある茶色とみる説もある。ここでは同じとした。「雀色」が、江戸期の茶好みから「雀茶」といわれるようになったと考えてよいだろう。

蛤《はまぐり》の殻は文様や色が雀と似ているため、「雀大水《うみ》に入り蛤となる」といわれる。また、夕暮れの暮れなずんだときを「雀色時」ともいい、田園風景のたそがれを思わせる。

煤竹色

❖すすたけいろ

阿仙(鉄)×矢車(鉄)

煤竹《すすたけ》茶ともいい、竹を囲炉裏のある部屋の天井近くに置き、煙で煤けさせたような暗い茶褐色をさす。江戸時代の茶好みから、煤竹茶としたのだろう。通人の好む衣裳や帯色に多く用いられた。たしかに暗いなかにも赤味をおびた華やかさが感じられて、江戸茶（225頁）や鳶《とび》茶と同様、粋な色である。

天井に括られていた縄の跡が残る煤竹

藍海松茶　あいみるちゃ

海松色《みる》（173頁）を藍がからせたもので、より暗い緑味のある茶色になる。

江戸時代には男女の小袖の色に好まれ、また麻の裃《かみしも》に。

飴色　あめいろ

水飴のような、黄味のある褐色。

アンバー

絵具や塗料に用いられる天然顔料で、主成分は水酸化鉄。色は黄褐色である。

岩井茶　いわいちゃ

やや緑がかった茶色で、名女形五世岩井半四郎が愛用したところからの名。

団十郎茶、路考茶《ろこうちゃ》などと同様、歌舞伎役者の好みから生まれた色名である。

鶯茶　うぐいすちゃ

褐色がかった鶯《うぐいす》色（164頁）で、江戸時代にはとくに女性の小袖に好まれた色。

色合も時代によって変わるためか、鶯色と鶯茶の別は曖昧になり、後期には、鶯といえば鶯茶をさしたともいわれる。

薄香色　うすこういろ

灰色がかった薄黄茶で、香色《こういろ》（220頁）より薄い色。

遠州茶　えんしゅうちゃ

赤味のある明るい茶色。

江戸前期の大名で、お茶をたしなみ、建築や造園にもその才を発揮した小堀遠《こぼりえん》州《しゅう》が好んだといわれてこの名がある。

御召茶　おめしちゃ

『染物早指南』に「下染薄藍」とあるように、藍《あい》で下染めをして矢車《やしゃ》などを重ねるため、茶色というものの、くすんだ青緑系統の色調である。

「御召」は、十一代将軍家斉が愛用したため、高級縮緬に冠せられたものという。

狐色　きつねいろ

狐の毛色のような、やや赤味のある黄褐色。

揚げ物、焼き物などのほどよい上がり具合の表現に用いられることが多い。

キャメル

駱駝《らくだ》色のこと。駱駝の毛のような黄味のあるくすんだ赤茶色。

その繊維は保温性に優れて毛布や高級な下着に用いられる。

伽羅色　きゃらいろ

香色《こういろ》（220頁）よりさらに濃い黄褐色。香木の伽羅《きゃら》で染められたという。

キャラメル

砂糖を加熱してつくった黒褐色のカラメルからとられた色名。水飴と砂糖、牛乳などを煮固めてつくった菓子のキャラメルより濃い茶色。

栗梅色 くりうめいろ

赤味おびたを濃い栗皮色（215頁）。

「梅」は、梅染（249頁）のことで、梅の幹を刻んだものを染料に、明礬で発色させてさらに濃い色とする。

コーヒー

コーヒーの木は芳香のある白い花をつけ、果実は緑から赤、そして紫と、熟すにつれて色を変え、そのなかにコーヒー豆となる種子をもつ。その種子を乾かして炒《い》った濃い茶褐色をいう。コーヒー・ブラウンともいう。

木枯茶 こがらしちゃ

少しくすみがちの灰色がかった茶色。

焦香 こがれこう

焦げた香色《こういろ》（220頁）の意で、香色より赤味のある濃い茶色。

ココア

カカオの種子を炒《い》って粉末にしたココア・パウダーの色。もしくはそれを熱湯で溶かしたときの色。

カカオは南米、中米原産で、コロンブスがヨーロッパに持ち帰ってから世界中に広まったといわれる。

小麦色 こむぎいろ

小麦の種子のような、少し赤味のある茶色。日に焼けた健康な肌色の表現によく使われる。

コルク

コルク樫《がし》の樹皮は軽くて弾力性に富み、しかも気体や液体を通しにくい。そのためワインの栓などに使われる。そのコルク質の淡い茶色のことをいう。

沈香色 じんこういろ

伽羅色《きゃらいろ》と同じように、香色（220頁）より濃い茶色。

セピア

褪色したモノクロ写真の色をいうことが多い。その場合は淡い茶色だが、ほんらいのセピア色は暗い褐色をいう。

セピアはギリシャ語で烏賊《いか》のことをいい、古くは、烏賊墨を乾かしたものから褐色の顔料がつくられていた。

煎茶色 せんちゃいろ

ごく日常の飲料である煎茶のような色。葉は緑色であるが、湯をそそぐと碾《てん》茶《ちゃ》のように緑色にはならず、黄味のある薄茶色になる。

宗伝唐茶 そうでんからちゃ

唐茶（206頁）より黒味のある濃い茶褐色。京都の染師の宗伝という人がはじめた色という。

チョコレート

ココアのことをチョコレートともいうが、一般的にはココア・パウダーにバターやミルクを加え、甘みをつけて練り固めた菓子、いわゆるチョコレートの色。

テラコッタ

テラコッタはイタリア語で焼いた土という意で、粘土でつくった素焼きの陶器や陶瓦のことをさす。土器茶《かわらけ》（228頁）に近いが、より赤味がある。

礪茶　とのちゃ

赤味をおびた褐色で、砥茶とも書くように、金物をおおまかに研ぐときの砥石の色からの名称という。

トパーズ

トパーズは黄玉といわれる宝石で、透明なもの、半透明なものがあり、その色も黄系、オレンジ系などいくつもの種類がある。一般的には、黄褐色をいう。

バフ

淡い黄褐色。牛や水牛などの揉革《もみがわ》の色。

ブラウン

褐色《かっしょく》、茶色、鳶色《とび》など、いわゆる茶色系統の色調をいう。

ベージュ

もともとベージュとは、フランス語で染色しない羊毛の色の意味で、伝統色でいえば生成色《きなり》（223頁）といった明るい薄茶色。

紅鳶　べにとび

濃い赤褐色で、鳶色《とび》（231頁）の赤みがかった色。江戸の半ば頃、鳶色はもとより、紺鳶、紫鳶など、鳶色を基調とした色が流行ったという。

紅檜皮　べにひわだ

赤味の強い檜皮色《ひわだ》（210頁）。紅鳶《べにとび》と同系統だが、やや褐色味が強い。

マホガニー

マホガニーは木目の美しい材質で高級家具などに用いられる。そのやや赤味がかった褐色をいう。

マルーン

英語でマルーン、フランス語でマロン。赤味のある明るい茶色で、栗皮色（215頁）のような色。

海松茶　みるちゃ

褐色《かっしょく》がかった暗い海松色《みる》（173頁）。もとの海松色に近い素《す》海松茶、少し黄味のある黄《き》海松茶などもある。

百塩茶　ももしおちゃ

何度も染めを繰り返したような濃い茶色をいう。

「百」は回数の多さ、「塩」は八入（やしお）の染めというように、浸ける意。

利休茶　りきゅうちゃ

緑がかった薄茶色。利休色（201頁）の茶色がかった色ともいえる。

利休茶と利休色は同じとする説もある。

四十八茶百鼠

江戸時代の初期、寛永・寛文の時代をすぎたあたりから、天下太平を謳歌した元禄時代にかけて、江戸、京、大坂といった大きな都市における町人の繁栄振りには眼を見張るものがあった。街には人が集まって活気にあふれ、地方ではそれぞれの藩の殖産振興の政策の成果があらわれて、特産品はこぞって都市へ運ばれ、商品流通も盛んになったからである。

町人たちは富を築くとともに、公家や武家のような贅沢な暮らしを目指すようになり、衣服にもその兆しはあらわれた。

一六七三年、江戸日本橋に呉服小売店越後屋三井（三越百貨店の前身）が開店して、一般大衆を相手に呉服を売るようになったのが、そのような時勢を象徴しているといえよう。

幕府は奢侈《しゃし》禁止令をたびたび出して、庶民の華美、贅沢を禁じた。紅、紫、金糸銀糸、総鹿の子などの華やかな衣裳を着てはならないというお触れを出したのである。

富める町人たちはそれをやむなく受け入れ、幕府の禁令に対して、茶や黒、鼠系統の地味な色合の縞や格子、小紋染の着物など、表向きには目立たないものを着るようになっていった。

だが、茶や黒にもさまざまな変化をつけたのである。そして、それぞれの色に、当時人気の歌舞伎役者、歴史的人物、風月山水などあらゆるものからゆかりのある名前をとってつけ、その微妙な色相の変化を楽しんだようである。

その数は、「四十八茶百鼠」といわれるように、茶色には四十八、薄墨から墨にいたっては百もの色があったという。実際にそれだけの数があったのかどうか詳らかではないが、それほど多かったということなのだろう。

初代団十郎の暫　鳥居清倍筆
江戸時代　重文　平木浮世絵美術館

その色名を江戸の文学、『御ひいなかた』『小袖御ひいなかた』などの雛型本、『染屋秘伝』などその時代に刊行された染法を記す文献などから拾ってみると、およそ次のようになる。

●茶色

路考茶　璃寛茶　梅幸茶　団十郎茶　芝翫茶　岩井茶　路春茶　遠州茶　利休茶　利休白茶　宗伝唐茶　宗伝茶　観世茶　白茶　黄茶　赤茶　青茶　緑茶　黒茶　金茶　唐茶　昔唐茶　樺茶　江戸茶　土器茶　枯茶　媚茶　焦茶　葡萄茶　栗皮茶　煤竹茶　御召茶　黄海松茶　木枯茶　桑茶　沈香茶　千歳茶　礪茶　百塩茶　丁子茶　枇杷茶　黄唐茶　山吹茶　鶯茶　鶸茶　雀茶　鳶茶　柳茶　藍媚茶　御納戸茶　銀御納戸茶　茶微塵茶　宝茶　栗金茶　猩々茶　栗梅茶　小豆茶　紅海老茶　丹柄茶　蜜柑茶　桃山茶　蘭茶　黄雀茶　梅茶　海松茶　素海松茶　柳煤竹茶　威光茶　藍礪茶　藍墨茶　極焦茶　憲房黒茶　猟虎茶　鼠茶　文人茶　光悦茶　信楽茶　翁茶　鴇唐茶　桑色白茶　豆殻茶　唐竹茶（など約八十種）

●鼠色

桜鼠　素鼠　銀鼠　丼鼠　利休鼠　深川鼠　藤鼠　鳩羽鼠　青柳鼠　梅鼠　想思鼠　納戸鼠　紅消鼠　松葉鼠　柳鼠　葡萄鼠　白鼠　茶鼠　藍鼠　錆鼠　濃鼠　薄鼠　白梅鼠　紅梅鼠　小町鼠　薄雲鼠　絹鼠　暁鼠　薄梅鼠　鴇色鼠　鴨川鼠　淀鼠　水色鼠　湊鼠　空色鼠　浪花鼠　中鼠　都鼠　御召鼠　小豆鼠　臙脂鼠　紅鼠　牡丹鼠　茶気鼠　嵯峨鼠　壁鼠　生壁鼠　山吹鼠　黄鼠　玉子鼠　島松鼠　呉竹鼠　藍生鼠　藍味鼠　鉄鼠　軍勝鼠　納戸鼠　紫鼠　桔梗鼠　貴族鼠　源氏鼠　繁鼠　黒鼠　漆鼠　染汁鼠　唐土鼠　薩摩鼠（など約七十種）

江戸時代の人が、元禄をすぎた頃より、幕府の禁令にそむくことなく、粋なお洒落として、こうした茶・黒系の色を基調に、縞・格子、小紋などの着物を好んだことは確かではあるが、その頃でも裏地には、女性なら鮮やかな紅絹《もみ》をつけたり、男性なら羽織の裏に描絵をほどこしたり、インドやヨーロッパから舶載された手に入りにくい裂を使うなど、見えないところに華麗な色や意匠を凝らしていたことも忘れてはならない。

「裏優り《うらまさ》」といわれ、庶民の心意気と反骨心をあらわすものだろう。

松林図(六曲一双の内左隻)　長谷川等伯筆
桃山時代　国宝　東京国立博物館
朝靄のなかに見え隠れする松林が、墨色の濃淡だけで描かれる

黒・白系の色

太陽の光によって明るくなってくると、人間は眼のなかに万物が飛び込んできて、視界が広がってゆく。だが太陽が沈み、光を失ってものを見ることができなくなってきたとき、黒い闇の世界へと入ってゆく。闇は恐怖の世界であり、人の生涯にたとえるなら、生から死への世界へ入ることを意味する。

「アケル」から「クレル」、赤から黒へ。人は黒を恐れながら、赤あるいは白との対極にある色としてとらえ、そのなかにすべての色が内包されるように感じて、例えば中国では、「墨に五彩あり」と、墨のなかにはすべての、あらゆる色が含まれていると説いた。

　人間は火を自由にできる唯一の動物であるから、ものを燃焼させると太陽に近づく明るさが得られることを知るようになった。そしてその炎から出る煙で天井には煤《すす》がたまり、それが顔料となり、黒が生まれることを知った。

黒という文字の旧字体（本字）は「黑」である。「柬」と「火」からなっていて、柬は袋のように覆いかぶせるものと解する。その下で火を燃やすと袋のなかが黒くなる。すなわち墨ができるということである。

　人間が初めてつくりだした黒い色は墨である。洞窟や動物の皮でつくった天幕のなかで生活しているとき、太陽が没して夜になると、焚火をして灯りを取り、また暖を取る。そして、獲物を焼いたり煮たりして食事をとる。これを繰り返すうちに天井には煤がたまる。それを集めて塗れば、墨色の線や文字を描くことができる。土をこねて器をつくる。竃で焼成すると、ある部分には墨がついて黒色となる。人は黒という

京都、町家の格子戸

色を炎によって知ったのである。

もう一つの黒は、染料が鉄分と化合して発色する。

鉄分を多く含む黒っぽい土のなかに、水が流入して泥状になっているような場所がある。そこに木の葉が落ちたり、木が倒れて幹が浸かったりする。するとその泥に浸かった部分は黒くなっている。つまり泥のなかに含まれる鉄分によって、樹に含まれるタンニン酸が黒く変化することを発見したときに、黒染が始まったのである。茶と黒は兄弟である。

黒には「涅」という文字があるが、『説文解字《せつもんかいじ》』に「黒土の水中に在るものなり」と、また『淮南子《えなんじ》』（前漢の高祖の孫、劉安著）には、その涅土をもって緇すなわち黒に染めるとあるから、土中の鉄分によって媒染して黒染をしていることを示している。

このような技法は、わが国では今も、奄美大島で織られている大島紬の黒茶色の染色に使われていて、車輪梅《しゃりんばい》という茶色の染料で染めたあと、鉄《かな》気《け》水の出る泥田に浸けて黒色にするのである。こうしたものが近くにない、たとえば地下水に鉄気がない京都のようなところは、鉄屑を錆びさせて、お粥や木酢のなかに入れて鉄気水（鉄漿《かね》あるいはお歯黒鉄という）をつくったのである。

炭

墨に五彩あり、すなわち、五行思想の「五」は万物すべてであるから、水墨画の雲龍図など、画面は墨の濃淡であるのに、目の奥深くには、一つ一つ表現するのがもどかしいほどの極彩色が鏤《ちりば》められていると感じるのである。

人間は暗黒の世界へ入っていくことを嫌いながらも、数えきれないほどの黒の色もつくり出してきたのである。

黒と対比されるのが白である。

白の文字の源は、頭が白骨化したものという。偉大な指導者や強敵の首は長く保存されたが、それが次第に白くなるので、白色、明白、潔白の意となったという。したがって、「伯」は偉大な人の意となったといわれる。

自然界においては、雪や霜、霧は白をあらわしている。五行思想では、「金」に相当し、方角では西をさす。

白はどんな色にでも染まるところから、清らかな、汚れのないものの意味にも使われ、日本でも古代の神に捧げる浄らかなものという意味をもっていた。これは古代エジプトでも、晒《さら》した亜麻布の白を清浄なものと崇《あが》めて、いつもそれを着用していた。壁画の人物像は、どれも白い布を纏っている。人が亡くなったあと、墓に葬るときにも、その体を白い布で包むのも、死者の再生を願ってのことである。

現代人なら、絹糸というと白い糸を思い浮かべるが、もともと、野生の櫟《くぬぎ》や楢《なら》の木の葉を食べて育つ蛾が吐く糸は、緑色や薄茶色であった。桑の葉を食べる蚕《かいこ》も、もとの原種は黄色い糸を吐いたが、人間の手によって飼育されるようになり（家蚕）、そののちに白い糸を吐くものだけを集めて交配、改良が重ねられたのである。

麻布も、織り上げたばかりのものはいわゆる生成《きなり》色である。つまり漂白することによって白くなる。木灰に湯を注いで上澄み液（灰汁《あく》）を取り、そのなかでひたすら洗う。そのあとは太陽の紫外線に晒《さら》すのである。沖縄では静かな内海の海面すれすれに布を張り、光が海水の反射によって強くなることを利用する海晒し。越後上布の雪晒しは、降り積んだ雪のうえに布を広げて日光に晒す。奈良では茶畑を覆うように布を張り、緑葉の照り返しを受けるようにしている。

人は美しい色を得るためには、まず純白な布、糸、紙が必要だったのである。

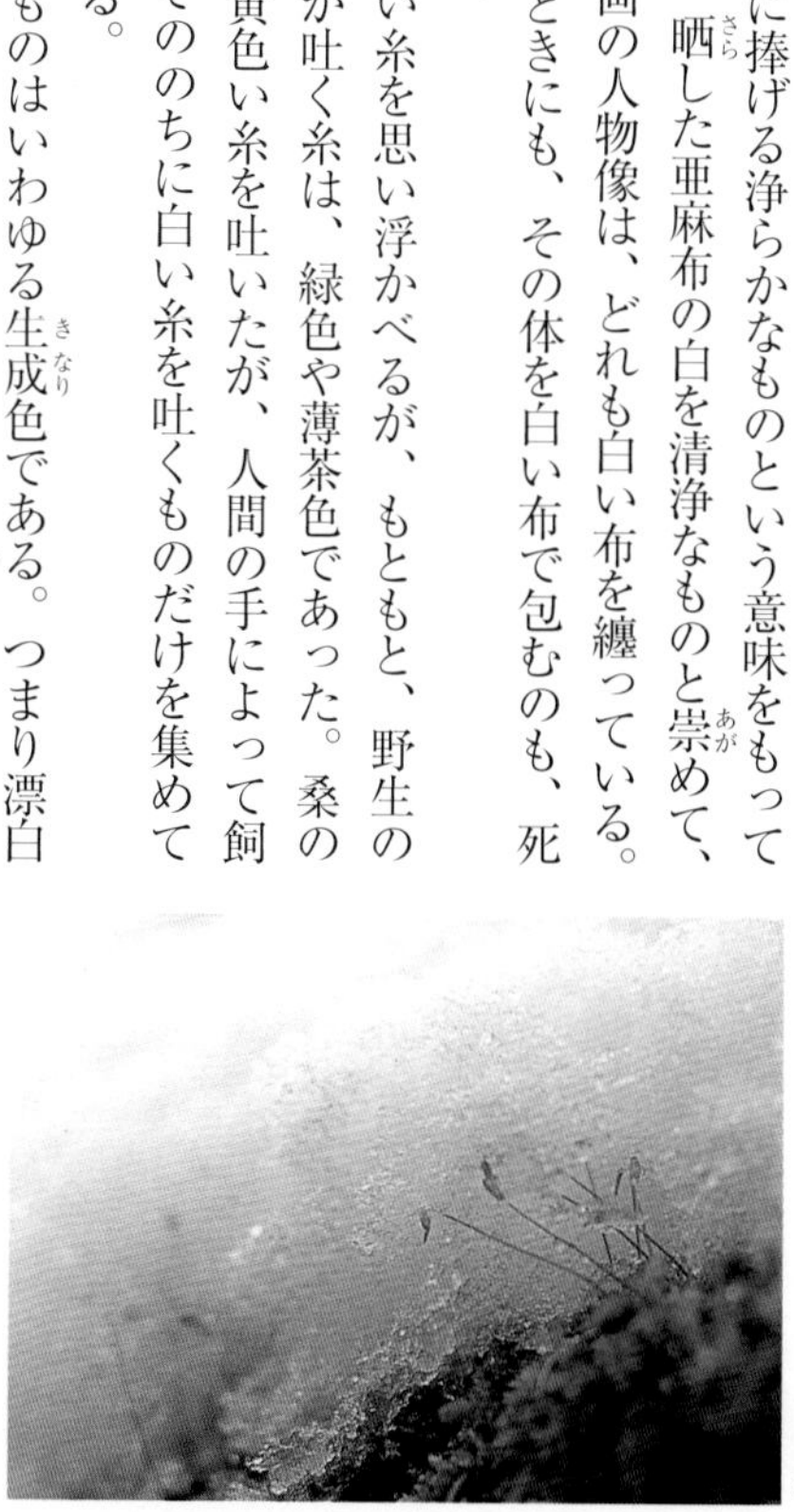
檜皮葺きの屋根に積もる雪

鈍色

❖にびいろ

矢車（鉄）

平安時代から見られる色名で、墨色の淡いものからかなり濃いものまで、近しい人に不幸があったとき、喪に服する気持ちをこめて着用した色である。『古今和歌集』に「深草の野辺の桜し心あらば今年ばかりは墨染めに咲け」と歌われているように、黒あるいは墨色の濃淡は、陽が沈んだ暗黒の時をあらわしているようで、それが人の死へもつながっているように思われる。

墨色に染めるには、橡《つるばみ》、矢車《やしゃ》などの樹の実を煎じた汁で染めたのち、その色を布や糸に定着させるための仲立ちをする媒染《ばいせん》剤、この場合は鉄分のある液に浸けて発色させる（255頁）。

奈良時代に橡、椎、柴などのタンニン酸を含む染料のことが記されているが、これらはいずれも右の技法によって喪服用の染色に用いられたと考えてよいだろう。

『源氏物語』「葵」の巻では、光源氏の正妻葵の上が亡くなって「にばめる御衣《ぞ》たてまつれるも、夢のここちして、われ先立たましかば、深くぞ染めたまはしとおぼすさへ」とある。

光源氏が鈍色《にびいろ》を着ながら、亡くなってしまったのは夢のようである、もし自分が先だったら、葵の上はもっと深い鈍色を着た

鈍色の空

だろうと記されている。妻の喪の場合は三カ月、夫のときは一年間濃い喪服を着ることとなっていた。鈍色とはその濃淡すべてをいい、亡き人とのつながりが深いほど濃いものを着たものである。

平安時代になって「鈍」という漢字が使われたかは不明であるが、この文字は、刀が錆びて切れが鈍くなったとの意というから、私は、その錆びた刀を木酢などの液中に放りこんでおけば鉄分が溶けて媒染剤となり、それを使って発色させたからではないかと推測している。

室町時代の終わり頃に刊行された『胡曹抄《こそうしょう》』などに、「移し花ニテ染也。又云花田染也。又云青花ニスミヲ入也」というように、移し花すなわち月草《つきくさ》（145頁）の花で染めたり、それに墨を加えるとあるが、これらの記載はまったくの間違いであるといっていい。というのは、青花《あおばな》は水に遭えば流れてしまい、これがほどよく定着したとしても、もしくは藍で染めた縹《はなだ》色であるとしても、墨色ではなく、青緑色になってしまうからである。

色見本は矢車で染め、お歯黒鉄で発色したものである。その回数によって、左図のように、淡いものから順次濃い鈍色へと染め上げることができる。

さまざまな鈍色

橡色 黒橡

❖つるばみいろ ❖くろつるばみ

樫の実（鉄）

橡《つるばみ》で染めたあと、鉄分を含んだ液で発色させて、黒色に近くなった色をいう。

橡とは櫟《くぬぎ》・楢《なら》・柏《かしわ》・樫《かし》など、ブナ科の落葉高木の実、一般に団栗《どんぐり》と呼んで親しんでいるものの、奈良・平安時代の古名である。

実はかつて渋を抜いて食用にされていた。またこれを打ち砕き、煎じて染料ともしていた。その頃は身分の低い人の衣服の色として、あるいは喪服として用いられていた。『万葉集』には「橡の衣《きぬ》は人皆事無しといひし時より着欲《ほ》しく思ほゆ」（巻七。橡染めの衣〈賤しい女〉であれば煩わしいこともないと聞いてから、私はその衣を着たいと思っている）と詠まれている。橡で染めたものは244頁の鈍色《にびいろ》としても知られる。『源氏物語』「夕霧」の巻、落葉の宮に夕霧が近づくのに心を痛めながら亡くなられた、宮の母、一条御息所《みやすどころ》の喪に服する一場面に、「鈍色の几帳を……橡の喪衣一襲」とある。どちらも同系の色をさすが、紫式部は短い節での重複を避けたのだろうか。

このように橡は黒色の染料とみなされる場合が多いようだが、橡を煎じて椿の木灰もしくは明礬《みょうばん》（平安時代には白礬《はくばん》といった）などアルミ分を含む媒染剤で発色させると黄味のある土色に染まる。したがって、橡色にはこのような薄茶をさしたり、あえて白橡と書きあらわす白茶色、さらには、「黄橡」と記される色もある。

ただ、「青白橡」（170頁）はまだ青い実をさしており、紫根《しこん》と刈安《かりやす》で染めたものであることが『延喜式』に記され、また、「赤白橡」（61頁）は、葉も白茶系に枯れるので赤色系の色であり、橡色とはまったく関係のない色である。

矢車《やしゃ》と呼ばれるハンノキ、ヤシャブシなどの実も、これと同系の色を出すので、併用された。

檳榔樹黒

❖びんろうじゅぐろ

檳榔樹《びんろうじゅ》の実を煎じた液で染め、鉄気《かなけ》水で発色させた黒色をさすが、きわめて気品のある色となる。

檳榔樹とは、インドから東南アジアの熱帯・亜熱帯にかけて生育する椰子で、その高さは十〜二十メートルに達する。

その丸形あるいは卵形の果実を檳榔子《びんろうじ》と称し、乾燥させたものを染料とする。日本の気候では生育しないが、古く奈良時代から輸入されていて、正倉院に今も薬物、香木として伝えられる。

しかし、奈良時代から染色に使ったものかどうかは判断できない。だが、『太平記』巻九に「長絹の御衣に檳榔の裏なしを召され……」と記されており、南北朝時代にはすでに染色に用いられていたと思われる。

江戸時代には大量に輸入され、あらかじめ紅や藍で下染めをしてから鉄発色で黒く染められたものは、「紅下《べにした》檳榔樹」「藍下《あいした》檳榔樹」と呼ばれて黒紋付などに用いられ、より深みのある色がもてはやされた。

蓼藍×檳榔樹（鉄）

檳榔樹（鉄）

檳榔樹の実

乾燥させた檳榔子を輪切りにして染料にする

憲法黒

けんぽうぐろ

楊梅（鉄）

吉岡憲法が江戸時代はじめに染めたといわれる黒色をいう。

室町時代の終わり頃、京都の兵法の流派に吉岡流と呼ばれる一派があり、室町幕府十三代将軍足利義昭の兵法師範をつとめて名声を高めていた。彼には三人の息子があり、剣豪宮本武蔵と何度か立ち会ったのはこの三兄弟といわれている。関が原の戦いまで豊臣家に仕えていたが、徳川方が勝利したあと、大坂冬の陣では、家康がゆめゆめ豊臣方に味方することのないよう通告していたにもかかわらず、一門は豊臣方についた。そのため、敗戦側についたことを恥じて兵法を捨て、京都堀川の流れに近い四条西洞院《にしのとういん》において、門人であった李三官《りさんかん》から伝えられた黒染法を専らとする染色業に携わるようになったという。

吉岡家が得意とした黒染とは、憲法黒あるいは憲法茶という、黒茶系の色のようであった。

そのはじめの頃は先の檳榔《びんろう》子《じ》を鉄分の液で発色する方法（247頁）で染めていて、一説によると、文様は型染による鮫《さめ》小紋が得意であったという。型染とは、薄い和紙を柿渋で何枚か貼り合わせた、いわゆ

松に飛鶴文様振袖　江戸時代　国際染織美術館

る渋型紙に小刀で文様を彫って布の上に置き、糯米《もちごめ》でつくった糊を置いて防染して染めるもの。その技法は室町時代からあったが、黒染あるいは茶色に染めて流行させたものであろう。

　吉岡染はなかなかに興隆したようで、吉岡家から分家して染色業を営んだ家は、京都ではかなりの数にのぼり、「吉岡」の名は染屋の代名詞であった。

梅染

❖うめぞめ

梅(鉄)

梅の幹を細かく刻んで煎じ、その液で染めたあと鉄漿《かね》で発色させた色を梅染と考えたい。それには何種類かの色調があげられよう。

　江戸の中頃に伊勢貞丈《いせさだたけ》という有職故実研究家が著わした『貞丈雑記《ていじょうざっき》』に「梅染赤梅黒梅三品あり。梅やしぶにてざつと染たるは梅染色。少数を染たるは赤梅也。度々染染て黒みあるは黒梅也」と記されており、それは茶系統の染料が、発色の仲立ちをする媒染《ばいせん》剤によって、それぞれ色が異なることを如実に物語っている。「梅屋渋《うめやしぶ》」というのは、梅の幹を細かく刻んで煮沸し、さらに樹皮にタンニン酸を多く含んでいる榛《はり》を加えて数時間煮出したものをさしている。梅染色と記しているのは、おそらく明礬発色させたもので、赤梅は石灰または木灰あるいは藁灰で発色させたものと考えられ、黒梅は鉄分で発色させたもので、加賀の梅染はこれにあたると考えられる。

　『蜷川親元日記』の寛正六年（一四六五）七月一日の条には、「武庫え、賀州白山三位公長吏子也帷子五梅染進ㇾ之、御返事候、例年也」、『日用三昧記』（一五四〇）には「自二光重一有ㇾ文、加賀黒梅面壱恵ㇾ之」とあるから、加賀の名高い梅染あるいは黒梅染がかなり古くからあったと考えられる。

紅下黒

❖べにしたぐろ

紅花×矢車（鉄）

黒を染める場合、茶系統の染料で染めたあと鉄塩で発色させる工程を繰り返すことでその黒味を増していくというのが基本である。

ただ、黒味を増すというだけではなく、あらかじめ紅とか藍に染めておき、それに黒を掛けるという染色法がある。その法によると、まさに墨に五彩ありというごとく、その色合はさらに深まり、厚みのある豊かな黒色となるのである。

平安時代に青鈍《あおにび》（144頁）、紫鈍《むらさきにび》（99頁）という色があったことを先に記したが、これらも薄墨色を掛けて、青味や紫味を含む気品あふれる色調を見せるものである。

江戸時代になって、贅沢禁止令が出されたこともあって、黒や茶色の色調のわずかの差異を競い楽しむ風潮が起こり、その染色法がおおいにもてはやされた。

紅下黒《べにしたぐろ》、藍下黒《あいしたぐろ》が流行したのもその頃である。

紅下黒は、紅色をかなり濃く染め、その上に檳榔樹《びんろうじゅ》、五倍子《ごばいし》、矢車《やしゃ》などを重ねたのち、鉄塩で発色させるというもの。

黒のなかに紅花の鮮烈な紅色が感じられて、なんとも重厚な色相となっている。

紅花染のあと、矢車で途中まで染めた黒

藍下黒

あいしたぐろ

蓼藍×檳榔樹(鉄)

藍で下染めし、紅下黒と同じく檳榔樹《びんろうじゅ》や五倍子《ごばいし》などを鉄で発色させて黒色にするのが藍下黒《あいしたぐろ》である。こちらは青味の光が眼に入ってくるようで、深みのある色合いとなる。さらに藍を濃くすると、黒の深い奥行を味わうことができる。

江戸時代までは、このようにして黒色を発色させてきたが、明治以降、黒紋付や女性の黒留袖は、それまでは輸入されていなかったログウッドという染料によって染められるようになった。

ログウッドは西インド諸島で栽培され、中南米から輸入されたが、この色だけは、杉や五倍子、檳榔樹で染めた黒とはまったく異なり、まさに漆黒という言葉がふさわしい真っ黒の染め上がりで、江戸時代、そして、それ以前の人々が眼にしていた黒とは違っていた。

このログウッドは、重クロム酸カリウムという新しい媒染《ばいせん》剤と出会うことによって黒染の主流となり、それまでの、茶系の染料の鉄発色という黒の染法に取って代わるようになった。

ただ、今日では、クロム公害の面で、その染色は専門業者の手にゆだねられている。

蓼藍染のあと、檳榔樹で途中まで染めた黒

空五倍子色

うつぶしいろ

五倍子（鉄）

ヌルデの木にできた虫の瘤

五倍子《ごばいし》といわれるヌルデの木にできる虫の瘤《こぶ》で染めた黒色をいう。ウルシ科のヌルデの木は、漆液を採るところから「塗る手」と称されたようだ。この木の枝にアブラムシ科のヌルデミミフシという虫の雌が吻《くちさき》を差し込んで卵を産み付ける。やがて一万匹近いといわれる幼虫が孵化して樹液を吸うため、そこは瘤になり、次第に大きくなって袋状になる。

五倍にも膨れるというので、五倍子、別名付子《ふし》とも呼ばれるのである。袋は、樹そのものが、虫に傷つけられた部分に細菌が入り込まないよう、タンニン酸を集めて防御するためにできたものである。幼虫はやがて十月頃になると、瘤に穴をあけて飛び出すため、その前に収穫すると瘤にはタンニン酸がたくさん含まれているわけで、それを染料としたのである。「うつぶし」とは、そのなかが空《から》になるところからの命名である。

『古今和歌集』には、「世をいとひ木《こ》の本《もと》ごとに立ちよりて空五倍子《うつぶし》染めの麻の衣《きぬ》なり」と、あてもなく行脚し、木陰に俯臥《うつぶ》す僧とその空五倍子染の衣が詠まれている。

五倍子はこうして染料として使われてきたが、江戸時代に書かれた『安斎《あんさい》随筆』にも「ウツブシ色　是も凶服の色即ニビ色なり。これは五倍子に少し鉄漿（オハグロ）加へて染れば薄黒くなるなり」と記されているように、鉄分で発色されて墨色系の色に染められることが多くあった。

先に記したように檳榔樹《びんろうじゅ》は輸入品であるために高価であり、檳榔樹黒を染める場合には五倍子を加えたり、また五倍子で代用することも多かったという。今も昔も偽物作りはいるものである。

お歯黒

『源氏物語』のなかで主人公光源氏が、京都の北山へ病の治療に行ったおり、とある庵で美しい少女と出会う。その後源氏が自邸の二条院に引き取って育てることとなる、のちの紫の上である。「末摘花《すえつむはな》」の巻では、その少女はまだ十ばかりで、「古代の祖母君の御なごりにて、歯黒めもまだしかりける」というように書かれている。歯黒めとはお歯黒のことである。

その風習は、いつの頃から始まったのか定かではないが、平安朝の公家の世界では、女子の成人のしるしとして、十二から十四歳になると、歯を黒く染めたことが、このような物語からうけとれる。

壺のなかにお粥を入れて発酵させ（酸化）、そこへ鉄を入れておく。すると鉄気《かなけ》が溶け出して鉄漿《かね》といわれる液体ができる。

まず、五倍子（252頁）の粉を楊子につけて歯に塗り、そのあと鉄漿を塗ると、黒染の原理で黒くなるのである。

この風習は女性だけでなく、やがて公卿や武士のあいだにも広まった。江戸時代になると男性は公卿だけの習慣になったが、女性は身分の上下にかかわらず、既婚者はすべて行なうようになった。

明治になってからは廃止されたが、たとえば京都の、大原の里から町中へ物売りにきた大原女、あるいは花街などにはそのような風習が残されていた。

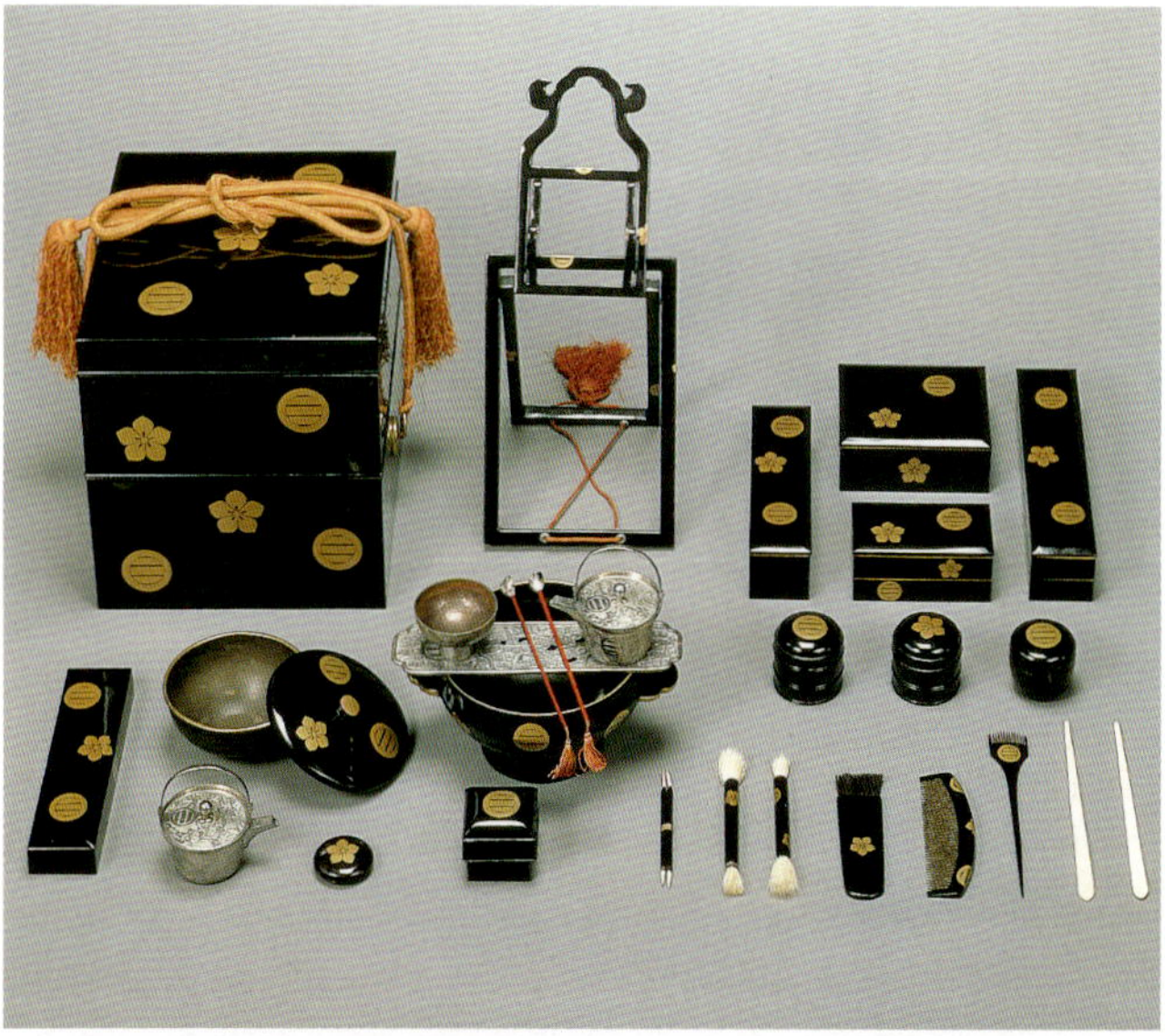

丸に三引両と桔梗紋散し蒔絵鉄漿箱及び内用品　江戸時代　京都国立博物館

墨 ❖すみ

墨

顔料において、墨であらわす色のすべてが墨色といえる。
墨という字は黒と土から成っている。黒は火を焚いて袋のなかに煤《すす》を貯める形。
墨の発見は古い。火を用いて暖を取ったり、室内を明るくしたり、獲物を焼いたり、鍋で煮炊き物をしたりする。その結果、洞窟の穴、あるいは天幕を張って生活するという、きわめて原始的な生活のなかで、火を使うことによって天井などにたまった煤を掻き集め、色材とするようになったのが始まりである。

やがて煤を集めるための袋のようなものを作るようになり、さらに、松や桐の木を燃やすと、その脂分の関係でより効果的な色が得られることを発見する。その煤を集めて膠水《にかわ》（膠の水溶液）で固める。漢代にはすでにこのような方法が行なわれていたという。墨は中国の偉大な発明の一つである。

はじめは麻布や絹布、木簡《もっかん》、竹簡《ちっかん》にこの墨で書いていたが、紀元前後に同じく中国で発明された紙は、墨の美しさをみごとに表現するものとなった。

日本へは七世紀、推古大皇の頃、高麗僧曇徴《どんちょう》が紙と墨をもたらしたと伝えられているが、実際にはそれ以前、すでにその製法が伝来していたといわれる。

墨は書や絵画の書写材料として重要なものとなっていたが、加えて仏教が中国に伝わってからは、写経というおびただしい教えを記す仏典には欠くことのできないものとなってくる。唐の時代より始められたという墨の濃淡や暈《ぼか》しを効果的に用いて描かれた水墨画は、まさに「墨に五彩あり」といわれるごとく、無限の色が鏤《ちりば》められた世界であった。

墨は、植物に含まれる油を燃焼させて、そのときに出る煤を集めてつくられる。その植物の代表的なものは松である。

松を燃やしてできた煤を集めたもの（松煙墨《しょうえんぼく》）は、まさに墨を代表するもので、なかに青味を強くおびるものもあって、これをとくに「青墨《あおずみ》」と呼んで珍重している。

このほか、桐・菜種・胡麻などの植物油からも墨をつくっていて（油煙墨《ゆえんぼく》）、日本では奈良地方がその生産地として名高い。

墨色とはまさしく墨で描いたものであるが、墨染めの衣という表現があるように、僧侶の衣や喪に服す色で墨色と記されるものには、橡《つるばみ》や五倍子《ごばいし》、檳榔樹《びんろうじゅ》など茶系統の染料を鉄分で発色したものと考えてよいようである。

【墨のできるまで】

煤と練り合わせる膠水は腐りやすいので、墨つくりは、寒い初冬から春にかけて行なわれる

純正植物油に灯心を浸して火をつけ、陶製の覆いを置いてそこにつく煤を採る。灯心の太さ、覆いとの距離で煤の粒子の細かさは変わる

煤と膠水を練り合わせる。このとき香料を入れる

木型に入れて形をつくったものを木灰のなかで徐々に固め、藁でくくって自然乾燥させる。半月から三カ月、上質のものは数年間乾燥ののち、蛤の貝殻で磨く

呂色　蠟色

❖ろいろ　❖ろういろ

墨×漆

「蠟色艶消しの大小を落し差しにして……」と、浪人でも出自のいいものの風体および遊蕩侍の刀鞘《とうしょう》を、歌舞伎とか時代小説ではよくこのように表現する。

この蠟《ろう》色（蠟色塗）とは漆工芸の塗技法の一つで、生漆に油類を加えないで精製したものを塗ることで、色は黒色に近い。普通は上塗りをしたあとに菜種油と角粉《つのこ》で磨いて光沢を出すのだが、浪人なり江戸侍は粋に鞘《さや》の艶を消していたのであろう。

「呂」は音楽の調子では「律」の陽に対して陰の音律をあらわす語で、すなわち暗い色に通じるのである。

鼠色

❖ねずみいろ

栗皮（鉄）

黒と白との中間の色。灰色と同様に考えてもよいのだが、微細な違いをいう場合もあるようだ。それは鼠色は青味がかった色、灰色は黄味がかった色というもので、灰になる前の木などが燃える様子から、赤味や黄味の残映が微かに灰色に残っているからだと考えられる。

鼠色は鼠の毛のような色とされているが、江戸時代から流行り色になり、「四十八茶百鼠」（238頁）といわれるほどの鼠色が登場したため、たんなる鼠色は「素鼠《すねずみ》」といわれることもある。三年に一度は家が焼けるという江戸では「灰」の字は忌み嫌われて、「鼠」が採用されたのだろう。

灰色

❖はいいろ

栗皮(鉄)

木や藁などが完全に燃焼したあとに残った状態の色をさす。

焼けたあとの木や草は灰となるが、人間はこれも生活に役立ててきた。もっとも原始的な農業である焼畑農業は、作物を収穫したあと、枯れた草や雑木を焼いて土に還して肥料とするものである。中国の五行思想では「木」は「火」をつくり、灰になって「土」に還ることを繰り返す。また、それを溶かした灰汁《あく》は、アルカリ成分をもち、洗浄作用があって洗剤や漂白に使われていた。

そのなかで色に関してもっとも大切なことは、灰汁のアルカリ成分が、植物のなかにある不純物を溶かして外に出す性質をもっていることである。

日本や中国では、絹がまだ発明されず、もちろん木綿も南方からもたらされていない、きわめて原始的な時代には、藤、楮《こうぞ》、麻などの靭皮《じんぴ》繊維を使って糸としていた。とりわけ藤や楮は、黒い鬼皮《おにがわ》を取りのぞいたあと、灰汁と一緒に煮ることによって、繊維を柔らかくすることが必要で、また織りあげたあとも灰汁で何度も洗い、太陽の紫外線にあてて布の色を漂白していた。美しい色を出すには、糸でも布でもまずはじめは白い状態をもとめられる。したがって、灰で純白を得ることは大切なことだったのである。

江戸時代のはじめ、京都の豪商の一人に灰屋《はいや》紹由《じょうゆう》・紹益《じょうえき》という親子があった。その名のとおり灰を扱う商売で、主に藍染業すなわち紺屋《こうや》に納めて富を得たという。とくに息子の紹益は、和歌を烏丸光広・飛鳥井雅章に、俳諧を松永貞徳に学び、茶の湯にも通じた教養ある粋人として知られている。京都の遊廓、島原で名を馳せ、吉野太夫を身請けしたことでも知られる。

涅色 皂色

❖すみいろ ❖くりいろ

栗の毬(鉄)

沖縄、久米島の泥染

涅色《すみ》は、水のなかで土が泥状になり、そこには鉄分が含まれていて黒くなっているような色をいう。『説文解字《せつもんかいじ》』に「黒土の水中に在るものなり」と記されている。

土そのものも黒い色であるが、鉄分が樹草に含まれているタンニン酸と結合すると黒く発色する。この現象を、枯れた木の葉が泥のなかに落ちたとき、薄茶色が黒く変わったのを見て発見したのではないかと考えられる。

『日本書紀』持統天皇七年（六九三）には、「詔《みことのり》して天下《あめのした》の百姓《おほみたから》をして、黄色《きそめ》の衣《きぬ》を服《き》しむ。奴《やっこ》は皂衣《くろきぬ》をきしむ」と定められており、灰色から黒になるような色は、身分の低い人たちの衣裳であったようである。

ただ、貴族たちのなかでも、近親者が亡くなって喪に服するときは、橡《つるばみ》、矢車《やしゃ》などの実で染めて鉄塩で発色させるいわゆる鈍色《にびいろ》（244頁）を着用しているのである。

このとき、鉄分を含む土を用いたのか、鉄屑を粥のなかに入れて錆びさせ、鉄が溶解した液、すなわち鉄漿《かね》あるいはお歯黒鉄《はぐろてつ》（253頁）で発色させたものかは、わからない。江戸時代の京都の染屋が行なっていた方法は、『染物秘伝』によれば後者である。

泥のなかの鉄分を用いて黒く発色させる技法が今日まで残っているのは、沖縄県久米島（久米島紬）、鹿児島県奄美大島（大島紬）、そして東京都八丈島（黒八丈）である。久米島や奄美大島では車輪梅《しゃりんばい》で茶色に染めたものを黒茶色にし、八丈島では椎の樹皮で染めてから泥染をする。

この方法は日本だけではなく、世界中で行なわれていたようで、中国広州の涼綢《りょうしょう》という茶と黒のリバーシブルの染色や、アフリカのマリ共和国の型染布などにみられる。

銀鼠

❖ぎんねず

英名でいえばシルバー・グレーである。銀色は「しろがね」色ともいい、輝きのある白色であるから、この銀鼠も鼠色の明るい色を示す。墨五彩で「淡」にあたる色とされ、さらに『手鑑模様節用』では「錫色、又当世ぎん鼠といふ」とあるから、錫《すず》色ともいったのだろう。また、薄雲鼠、絹鼠、銀灰色といった色名とも同様の色と考えていい。

里見弴の『潮風』に、「寝ぼけたような、けうとい月光が、見渡すかぎりの砂浜を、銀灰色にけぶらせてゐた。」と、なかなか適切な銀灰色の描写がある。

墨

丼鼠

❖どぶねずみ

素鼠《すねずみ》（鼠色）よりやや濃い鼠色。墨五彩では「濃」になる。「溝《どぶ》鼠」ではなく、「丼」の字をあてることが多のは、「丼」は井戸のなか、さらには井戸にものを投げ込んだときの音をあらわして、イメージがよいからであろう。

「ドブネズミ色」と書けば、一昔前のサラリーマンの背広色の蔑称であった。たとえ濃淡があっても、細かい柄があっても、総称してそう呼ばれた。溝鼠のようにちょこちょこ動き回っているエコノミック戦士を揶揄したものだろうが、江戸時代の「百鼠」の表現と比べると、洋服の色表現の低級さを露呈しているとはいえないだろうか。

げんのしょうこ（鉄）

利休鼠

❖りきゅうねずみ

刈安（鉄）×蓼藍

「城ケ島の雨」（大正二年）で、「雨はふるふる城ケ島の磯に利休鼠の雨がふる」と歌われた。その色味はというと、やや緑味をおびた鼠色である。そもそも色名に「利休」が冠される場合は、茶道からの連想で葉茶か抹茶の緑色に思いがおよび、「緑がかった」という形容になる。

千利休は華美を嫌い、「侘び」の精神を広めた。「えりかえてすみぞめ（墨染）ぬの子色の綿帯たびあふぎあたらしくせよ」という狂歌を詠んだという。それ以来、「すみぞめ」が利休鼠になったという説もある。そうするとたんなる薄墨色となる。

深川鼠

❖ふかがわねずみ

楊梅（鉄）×蓼藍

薄い浅葱《あさぎ》色（湊《みなと》色＝水色）に鼠色がかかった明るい色。別称湊鼠《みなとねず》ともいう。和泉国堺湊村原産の湊紙という壁や襖の腰貼りに使用する鳥の子紙があり、これが墨文字の反故紙の漉《す》き返しで薄墨色であったため、この色名がついたともいう。『手鑑模様節用』に「みなと鼠。此ころ流行して深川ねずみといふ」とあり、なぜ「深川」と修飾されたかといえば、江戸期の通人たちが、豪華絢爛たる幕府公認の遊郭吉原より、衣裳も化粧も淡泊で、色より芸と意気地を張った、深川の「羽織芸者」の粋に通じる感性を、この色から受けたからであろうことは想像に難くない。

藤鼠

❖ふじねずみ

薄い紫色である藤色に鼠をかけた色であるから、落ち着いた柔らかみのある青味の紫になる。

嘉永六年（一八五三）に成った染色技術書『染物早指南』には、この藤鼠の染め方として、「蘇芳水等分、唐藍少々、鉄漿ポッチリ、も丶皮少々、石灰水へ入る」とある。「も丶」とは楊梅《やまもも》の樹皮である。

江戸時代から着物の色としてたいへんに愛好された色で、近代の着物百科ともいえる幸田文の小説『きもの』にも、しばしば登場する色名である。明治二十七年頃には「新駒色《しんこまいろ》」と称され流行したという。

紫根（椿灰）×檳榔樹（鉄）

鳩羽鼠

❖はとばねずみ

色彩度の低いほんのり紫がかった鼠色。

山鳩は文字どおり山に棲む鳩で雉鳩《きじばと》、緑鳩《あおばと》のこと。この山鳩の背の羽色を鳩羽鼠というとされているが、緑系の山鳩色（170頁）も山鳩の羽色としており、色相はまるで違う。この色も江戸時代の鼠色のバリエーションとして冠された色であるから、家鳩、すなわち社寺の屋根などに群れる河原鳩《かわらばと》の変種の羽の色をあてたのではなかろうかと思う。しかし、麹塵《きくじん》（山鳩色）は、光変性の条件等色（メタメリズム）によって、緑にも紫にも鼠色にも見えることがあるので、それによる感色かもしれない。

紫根（椿灰）×檳榔樹（鉄）

山鳩

白土

❖はくど

顔料　白土

白土

白色の土。火成岩、火砕岩が熱水で変質した鉱物で、堆積岩や土壌のなかに産する。耐火性が強く、陶磁器に利用されてきた。

また、古くは顔料として用いられ、法隆寺の金堂壁画など、上代の絵画の下地、および絵具とされた。粒子が大きく、細やかな表現には適さないが、古代絵画の修復や模写作業には欠くことのできない顔料である。

鉛白《えんぱく》も同じく白の顔料として用いられてきたが、湿度が高いと黒変しやすく、鎌倉時代からは牡蠣《かき》の貝殻を砕いた胡粉に取って代わられるようになった。

胡粉

❖ごふん

顔料　胡粉

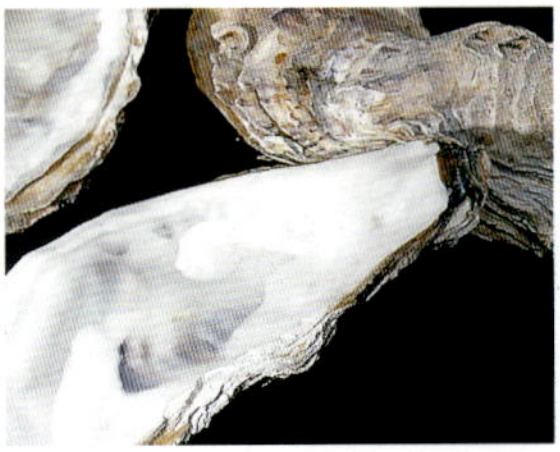

牡蠣の貝殻

白色顔料の一つで、イタボガキなどの貝殻を焼いて粉末状にしたもの。白い絵具としてだけでなく、ほかの絵具の発色をよくするための下塗りや、他の絵具と混ぜ合わせて自在に色調を出すことに、また建物の彩色にも用いられた。

中国では胡《こ》の国（西域）からもたらされた粉ということで「胡粉《ごふん》」と呼ばれ、それが奈良時代に日本へ渡ってきたが、当時の「胡粉」は鉛の化合物の鉛白《えんぱく》であった。湿度が高いと黒ずみ、また人体に有害であることから、鎌倉時代の頃より、現在のような貝殻の胡粉が用いられようになった。ただし、材質上剥落しやすい点が難であった。

卯の花色

❖うのはないろ

卯の花

卯の花の襲：表-白（白生絹） 裏-青（蓼藍×刈安）

卯《う》の花は正式にはウツギ（空木、卯木）といって、五月頃、卵形の対生した葉の間に五弁の白い花を咲かせる。

古く万葉の頃から親しまれた花で、季を同じくする時鳥《ほととぎす》と取り合わせて詠まれることも多く、『万葉集』には大伴家持の「卯の花の咲く月立ちぬ霍公鳥《ほととぎす》来鳴き響《とよ》めよ含《ふふ》みたりとも」（巻十八。時鳥よ、卯の花はまだ蕾だけれど、来て鳴いておくれ）をはじめ二十首あまりがみられる。

『枕草子』には、「五月の御精進《みそうじ》のほど」つまり梅雨に近い頃、退屈だから時鳥の声を聴きにいきましょうよ、という清少納言の提案で、松が崎のほうへでかけたときの経緯を記す段（九十四段）がある。そこには高階明順《たかしなあきのぶ》の屋敷があって、その接待を受けた帰り、卯の花がいっぱい咲いた枝を手折って牛車を飾り付け、まるで卯の花の垣根を牛が曳いているかのような趣きで内裏近くまで帰ってくる。

内裏に帰りつき、中宮に歌を問われて報告するなかで「藤侍従、ありつる花につけて、卯の花の薄様に書きたり」とあって、表に白い薄様、その下に青緑の和紙を重ねて歌を記し、その上に卯の花を置いている様子が描かれている。

王朝の人々は、衣裳だけでなく、その季節の花を詠んだ歌を書きつける和紙も、花にちなんだ襲にしていることがうかがわれる。

卯の花の咲く頃は、あるときは月が美しく、「卯の花月夜《づくよ》」という言葉があるかと思えば、「卯の花腐《くた》し」といって、長雨が卯の花を腐らす意から、五月雨のことをいったりする。また豆腐の搾りかすのおからを卯の花と呼ぶのはこの花の白さをあらわしているのである。

雲母

❖きら

顔料　雲母

雲母《うんも》は古くは「きら」「きらら」と称していた。アルカリ金属を含んだアルミノ珪酸塩で、その細かい結晶に光があたると乱反射して銀白色に輝く。

黒雲母、白雲母などがあり、なかでももっとも多量に産出される白雲母を砕いて白色顔料をつくる。胡粉《ごふん》のように真っ白ではなく半透明なので、白の絵具として使用されるより、ほかの顔料に混ぜ合わされて真珠のような光沢を出すことが多い。また、雲母引《きらび》き紙、雲母紙のように、雲母を全体に塗って、墨や他の色の発色をよくしたり、虫害を防いだものもあり、経巻や典籍の紙として使われた。

氷色

❖こおりいろ

氷の襲：表-白（白生絹） 裏-白（練絹）

氷を色として表現するのはきわめて困難である。流氷は空と海を映して白青に輝き、太陽の光を受けて虹色に輝く場合もある。

『源氏物語』で、明石の上が光源氏に誘われて上洛するおり、明石から直接都へ入らないで、嵯峨の大堰《おおい》川のほとりに一時庵を結ぶ。その「薄雲」の巻では、新春の雪のちらつく頃に光源氏がそこを訪れ、明石の上は「汀の氷など見やりて、白き衣どものなよよかなるあまた着て」とあり、真っ白な絹を、砧などで打って磨かれたものを幾重にも重ねた、氷の襲《かさね》のように見受けられる。

アイボリー

象牙色（224頁）のこと。

灰汁色　あくいろ

繊維の漂白や、染色の媒染剤《ばいせんざい》に使う灰《あ》汁《く》は、灰に湯を注いだものの上澄み液。灰汁の少し黄味がかった灰色をいう。

薄墨色　うすずみいろ

墨色のごく薄いものをさす。薄墨衣は薄墨色に染められた喪服。薄墨紙は宮中で使われた紙を京都紙屋院《かみやいん》で漉《す》き返した紙で、淡い墨色をしていた。

梅鼠　うめねず

赤味をおびた鼠色。「梅」は紅梅の花の赤をあらわす。

葡萄鼠　えびねず

葡萄《えび》色（106頁）がかった鼠色で、梅鼠より赤味が強い。

グレー

灰色、鼠色。グレーはほんらい、夜明けのほの明るさをいったといわれる。

消炭色　けしずみいろ

消炭のような色で、墨色ほど深い黒色ではない。英名のチャコール・グレー。

シルバー・グレー

銀灰色。輝くような美しい灰色

白鼠　しろねずみ

ごく明るい鼠色で、銀色に似た色調。

真珠色　しんじゅいろ

真珠のようにわずかに灰色味をおびた乳白色。英名でパール・ホワイト。

スノー・ホワイト

雪のような白色。純白をあらわす。

鉛色　なまりいろ

鉛のような青味がかった鼠色。「鉛色の空」「鉛色の海」など、雲のたれこめた空、暗い海の表現に用いられる。

納戸鼠　なんどねず

鼠色がちにくすんだ納戸《なんど》色（143頁）。

乳白色　にゅうはくしょく

牛乳など、乳汁のような不透明な白色。ミルク色。英名のミルキー・ホワイト。

紅消鼠　べにけしねずみ

紅のうえに墨色を重ねたような、灰色味のあるごく暗い赤紫色。

瑩色　みがきいろ

襲《かさね》の色によく見られる色名で、貝殻で磨いたり、砧で打って艶を出した光沢のある白生地。

柳鼠　やなぎねずみ

緑味の鼠色の一つで、深川鼠（260頁）に近い色。松葉鼠も同系統の色。

金・銀系の色

土のなかに含まれている金属を人間は掘り起こして精錬し、さまざまに利用してきたが、そのうち次の五種類の金属をとくに五金と呼んでいる。

黄金＝金、白金＝銀、赤金＝銅、黒金＝鉄、青金＝鉛

なかでももっともよく利用されたのが銅である。そのはじめは、紀元前六千年頃、現在のトルコ共和国のアナトリアあたりとも、イランあたりともいわれている。

金はやや銅よりも遅れて精錬されたといわれるが、メソポタミアでは紀元前の金製の装身具が発見されているし、エジプトでも同じように尊ばれ、紀元前十四世紀頃、第十八王朝のツタンカーメン王墓から出土した金棺とそのなかに納められた金の装飾品の数々によって、その歴史の深さを知ることができる。

銀の発見は金と大差ない頃と考えられているが、利用に関してはかなり遅かったとされている。それは、銀の埋蔵の形が金のようではなく、精錬にかなりの時間を要したためといわれる。

東洋においては、中国の殷・周の時代に青銅器がつくられるようになり、とくに器の形や意匠表現の巧みさとそれを成型する技術の高さは比類なきものとされている。西洋においては錬金《れんきん》術、中国においては練丹《れんたん》術が発展する。日本へは弥生時代に朝鮮半島を通じてもたらされ、その中期以降は国内でも生産されるようになってきた。鉄器もほぼ同じ頃にその技術がもたらされ、弥生時代後期には鉄製の農工具が普及して、水田耕作をはじめ、農業技術の発展におおいに寄与したのである。

紀元前後になると九州を中心に倭人が百あまりの国に分かれて住み、そのなかの「倭奴国王」が後漢の武帝から金印を授かったことが、『後漢書東夷伝』に記され、そ

平家納経（安楽行品）　長寛二年（1164）　国宝　厳島神社
平清盛によって奉納された三十二巻の経巻は、清盛、その子息や縁者が一巻ずつ制作したといわれ、美しい料紙を用いて金銀箔で飾った華麗な装飾経である

れを裏づけるように、九州を中心とする墳墓からは銅矛《どうほこ》・銅戈《どうか》が、畿内からは主に銅《どう》鐸《たく》が出土して、金属器の発展がうかがわれるのである。ただそれらが国内で産した銅なのかは不明である。日本ではじめて銅鉱が発見されたのは七〇八年、秩父でである。それを機に「和銅」と改元されたことはよく知られている。

いっぽう、日本の金については、七〇一年には対馬で金が産出され、ようやく国内

段片身替り枝垂桜文様摺箔（部分）　桃山時代　重文　林原美術館
手描きで接着剤を置き、金箔が押されている。赤は紅花染

での生産が始まったが、なによりも聖武天皇が東大寺に大仏殿を建立するにあたって、陸奥の国から砂金が献上されたことが、日本の金属の歴史にひときわ大きな光彩を放っているのである。

中世から近世にかけては、佐渡の金山に見られるように金鉱の発見が相次ぎ、日本は、イタリアの旅行家マルコ・ポーロをして、「黄金の国、ジパング」と言わしめるほど豊かな生産量を誇るようになっていった。漆に金銀の装飾を施した蒔絵がその頃より盛んに行なわれるようになって、はるかヨーロッパからやってきた南蛮《なんばん》人の眼をとらえたのである。

また、権力の中枢に就こうと激しい争いを繰り返したいわゆる戦国武将は、自らの威厳を示すかのように鎧兜や武具を金で飾り立てた。その居城の内部には金碧の障壁画をめぐらし、金箔や砂子が鏤《ちりば》められて、まばゆいばかりであった。

衣裳にも金銀を用いるようになったが、これらは中国の宋・元・明国よりもたらされた金襴《きんらん》や印《いん》金《きん》の影響によるものである。武将やその夫人たちの小袖、そして武家の式楽となって重んじられた能楽の装束は、金糸の刺繍や金銀の摺箔《すりはく》によって惜しみなく加飾されている。

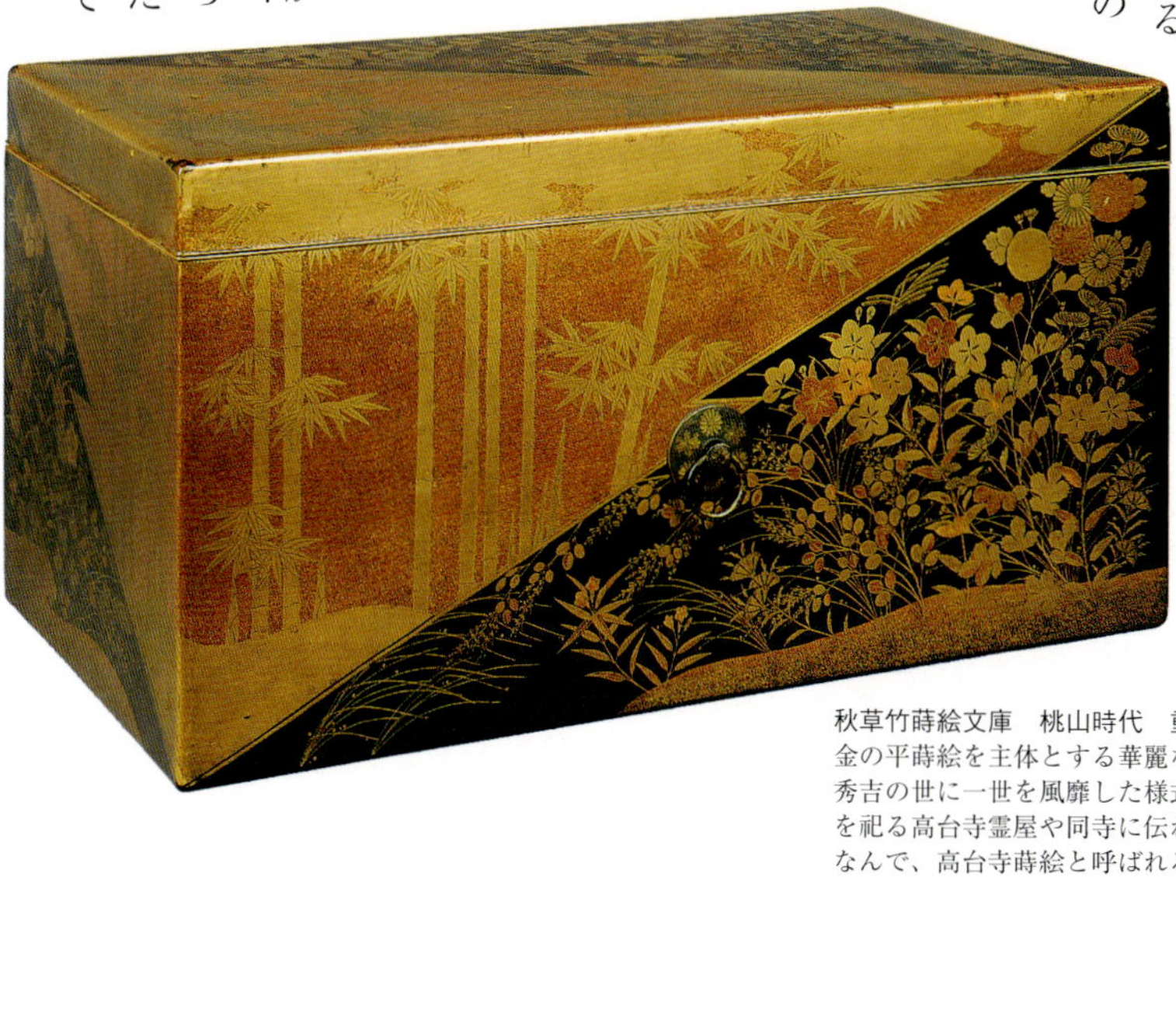

秋草竹蒔絵文庫　桃山時代　重文　高台寺
金の平蒔絵を主体とする華麗な蒔絵は、豊臣秀吉の世に一世を風靡した様式で、秀吉夫妻を祀る高台寺霊屋や同寺に伝わる調度品にちなんで、高台寺蒔絵と呼ばれる

金色

きんいろ

金泥

本金箔

金はわずかな光がそこに当たるだけで反射し、人の眼に差し込むように入ってくる。人間はそのとき、太陽、月、星など、いつも見上げている天体のなかの光を与えてくれるものと同じように感じたのではないだろうか。

それが土のなかにあり、掘り出されて形となったときの美しさ、柔らかさ。軽くて、長い時を経てもいつまでも輝きを放っている。金はまさに魔力を秘めたものである。洋の東西を問わず、権力の座に就いたものの誰もが、身近に置きたいと願った。

メソポタミアのシュメール人は、すでに紀元前三千年に金の頭冠をつくっていたといわれている。エジプトの古代王朝のピラミッドから発掘されたミイラの周辺は、豪華な金の装飾品で飾られている。

中国では殷の時代から尊ばれ、金はすべての金属を意味して、とくに黄色に輝くという意味から、黄金と称されるようになった。

遠く南アメリカ大陸のアンデス文明でも、王の墳墓から出土する金製品は、おびただしい数にのぼっている。

日本では、このような文明の地からはかなりおくれて金と出会っている。一世紀、中国の後漢の時代、光武帝が倭国に金印を賜わったことが、『後漢書東夷伝』に記されており、それが金とのもっとも古い出会いである。その金印は江戸時代に、福岡県の志賀島から発見されている。

五、六世紀になると、中国だけでなく、すぐれた金の細工技術をもっていた新羅などからも舶載されたものがある。そして、おそらく渡来人の指導によって、日本でも製作されるようになっていった。

熊本県江田船山古墳からは金製垂鐶耳飾、冠帽、沓などが出土しているが、それらは五～六世紀の遺品といわれる。また、近年になって、奈良県の藤の木古墳から、六世紀のものといわれる金銅馬具が出土した。それらには、象、鳳凰、パルメットなどの文様が細かな線彫りであらわされている。いずれも国産ではなく、朝鮮半島か、中国からの輸入品との説が強い。

日本において、金が発見されるようになったのは八世紀のはじめである。もっとも大規模に用いられたのが、聖武天皇の発願による、東大寺の巨大な大仏の鍍金であろう。これには東北、陸奥の砂金が使われたという記述がある。

平安時代になると、金の産出量もだんだんと多くなってきた。

天皇と藤原一族を核とする朝廷は、いちおうの政権の安定をみていたが、現世の不安に怯えていた。来世における極楽浄土での往生成仏を願って、権力者たちは次々と寺院を建立し、そこに浄土の世界を見ようとした。

京都の宇治に建つ平等院は、まさにその遺構である。鳳凰堂阿弥陀如来像は木造で漆により金箔が張られており、天蓋、台座などにはそのうえにさらに華麗な宝相華文が彫られ、阿弥陀像を輝くように照らしだしている。

奥州藤原氏の初代清衡が建立した中

合貝（本多家伝来）　江戸時代　印籠美術館
貝合せ、貝覆いといわれる遊びに用いられる貝。蛤貝の内側には金箔が貼られ、彩り豊かな文様が描かれている

草花獅子蛇文様金更紗
十七世紀
江戸時代にインドから舶載された古渡り更紗

尊寺金色堂も、同じく平安期の荘厳を伝えている。

仏典を写経することも、功徳を積んで浄土へ生まれようとする願いのあらわれであったが、ただ筆写するだけでなく、紫や紺に染められた和紙に金銀泥で書くことによって、仏を讃え、荘厳する気持ちをあらわすようになった。奈良時代にはすでに紫紙金字金光明最勝王経（89頁）、紺紙銀字華厳経などが見られる。平安時代に入ると、さきの末法浄土思想が広まるにつれて、おびただしい法華経の写経事業が行なわれ、神護寺経（139頁）、中尊寺経、平家納経（267頁）など、金銀をふんだんに使った装飾経が生み出された。

十三世紀に、イタリアの商人マルコ・ポーロは東方のアジアの国々をめぐる旅に出た。中国では元の初代皇帝フビライに謁見し、各地を歴訪したことで知られる。そのときの記録は『東方見聞録』として知られ、彼は、日本に来ることはなかったが、中国の東にある小さな島国を、「黄金の国、ジパング」と記している。その頃から、日本は佐渡の金山で知られるように、金の産出量が増えていった。

その後の動乱期を経て天下統一を果たした織田信長、豊臣秀吉は、自らの権力を誇示するかのように豪華な城郭を築き、内部をまばゆいばかりの金碧障壁画で飾った。

時あたかもスペイン・ポルトガルからのいわゆる南蛮人が日本へ到達した頃でもあり、彼らは黄金の輝きに目を見張り、金銀で装飾された蒔絵の類を多量に本国へ持ち帰ったのである。

金は蒔絵だけでなく、染織にも応用された。生地に箔を押し、また金を巻いた糸で刺繍がほどこされるようになり、能装束や小袖をよりきらびやかで華麗なものにしていった。

江戸時代のはじめまで、こうした日本の黄金文化は継承されたが、中頃になると佐渡の金山も底をつき、徳川幕府の金を背景にした支配は揺らぐようになっていった。

白金

はっきん

白金泥

銀より硬い金属で、十八世紀に発見されたプラチナの語源は、スペイン語 platina del Pinto、すなわちピント川で採れた小さな銀、に由来するといわれている。銀に似た金属というところから、白金と記された。

主な産地はロシアのウラル地方、南アフリカ、カナダ、コロンビアなど。砂のなかに含まれており、水と混ぜて比重によって選別する水簸《すいひ》法で集めて精錬する。

銀に比べると光は鈍いが、時間が経っても変色することはなく、重厚な輝きが尊ばれている。希少価値もあって、現在、価格は金のおよそ一・五倍という。

銀色

❖ぎんいろ

銀泥

本銀箔

金と銀はそれぞれ太陽と月にたとえられて、古来並び称されてきた金属である。銀はその光沢が金に比べると劣ることと、空気中へ長く置いておくと酸化して徐々に黒ずんでしまうため、利用されるようになったのは遅く、人々の暮らしのなかにもゆっくりと広まっていった。また、土中では鉛鉱のなかで発見されることが多く、鉛と分離するのに手間がかかったことも、理由のひとつである。

古代バビロニア帝国の頃には銀製の壺が尊ばれて、金よりも高価なものとして扱われたという。また、白金《しろがね》とも称されたように、純粋無垢の意味もあり、カトリック教会の儀式具には銀が用いられている。

古代中国においては金とともに、銀も不老長寿の神仙の薬として取り扱われていた。唐代になってから銀を珍重するようになり、銀の器や銀そのものを扱う店ができて、金行と並んで銀行と称するようになり、貨幣は銀が主体となっていった。

日本での銀の使用は、朝鮮半島から輸入されたものに始まるが、七世紀、天武天皇の頃に対馬から銀が産出されるようになった。山上憶良は「銀《しろかね》も金《くがね》も玉も何せむに勝《まさ》れる宝子に及《し》かめやも」（『万葉集』巻五。金銀も玉も、どうして子供という尊い宝に及ぼうか）と詠んでいる。

日本では中世以降、銀の発掘が盛んになり、近世には石見《いわみ》、生野《いくの》などの銀山が発見されて、慶長六年（一六〇一）、京都伏見に銀座が置かれて貨幣への応用がなされたのである。

日本の色を深く知るために

❖ **色をあらわす材料**　顔料と天然染料について

❖ **五行思想**　古代中国の世界観

❖ **位と色について**　冠位十二階にはじまる服色と位階

❖ **『延喜式』**　日本の色の原点

❖ **襲の色目**　季節を映す王朝の美

■色をあらわす材料

色をあらわす材料には、顔料と染料がある。

【顔料】

顔料は、土のなかに含まれる金属の酸化したものか硫化物で、粉状のもので水に溶けないものを無機顔料という。

また、顔料には染料の色素を沈殿させて、水に不溶性にしたものもあり、これを有機顔料という。

■顔料を塗る方法

顔料は、絵具のように水で溶いて彩色したのでは、乾燥とともに剥落してしまう。そのため、古代から世界の絵画は、動物の生皮や軟骨に含まれるコラーゲンを煮てつくった膠《にかわ》を使ってきた。

乾燥させてある膠を一晩水に浸けて柔らかくし、湯せんでゆっくり溶かし、最後に布で漉《こ》しておく。

絵皿に顔料を入れ、溶かした膠（膠水）をほんの少し入れて指で練る。さらに少しずつ膠水を入れて、ごく弱い火で温めながら練る。そして水を適量加えて塗りやすい濃度にする。

顔料

無機顔料

赤…朱（しゅ）　弁柄（べんがら）　鉛丹（えんたん）
青…群青（ぐんじょう）　紺青（こんじょう）
緑…緑青（ろくしょう）
黄…黄土（おうど）　雌黄（しおう）
黒…墨（すみ／油煙墨：ゆえんぼく　松煙墨：しょうえんぼく）　かちん墨　ゆうな墨
白…胡粉（ごふん）　鉛白（えんぱく）　雲母（うんも）

有機顔料

赤…臙脂綿（えんじわた）　コチニール・レーキ　艶紅（つやべに）
青…藍蠟（あいろう／藍棒：あいぼう）
黄…藤黄（とうおう）
金（きん）　銀（ぎん）　白金（はっきん）

天然染料

単色性染料

赤…紅花（べにばな）
黄…黄蘗（きはだ）　支子（くちなし）　鬱金（うこん）　サフラン
紫…貝紫（かいむらさき）
青…蓼藍（たであい）　琉球藍（りゅうきゅうあい）　印度藍（いんどあい）

多色性染料

赤…日本茜（にほんあかね）　印度茜（いんどあかね）　六葉茜（むつばあかね）　蘇芳（すおう）
　コチニール
紫…紫根（しこん）
黄…刈安（かりやす）　こぶな草　槐（えんじゅ）　櫨（はぜ）　楊梅（やまもも）　安石榴（ざくろ）
　福木（ふくぎ）
茶・黒…胡桃（くるみ）　丁子（ちょうじ）　五倍子（ごばいし）　矢車（やしゃ）　梅（うめ）　阿仙（あせん）
　栗（くり）　柿（かき）　餅躑躅（もちつつじ）　橡（つるばみ／団栗：どんぐり）　一位（いちい）
　蓬（よもぎ）　杉（すぎ）　椎（しい）　檳榔樹（びんろうじゅ）　ミロバラン（訶梨勒：かりろく）
　げんのしょうこ　丹殻（たんがら）

【染料】

染料とは、水に溶けて、繊維のなかに入りこんでいくものをいう。十九世紀にヨーロッパで化学染料が発明されるまで、世界中の染色が天然染料であった。天然の染料は、単色性染料と多色性染料に大別される。

単色性染料は直接染料ともいい、染料から取り出した（抽出した）色素でつくった染液に布や糸を浸すと、ほぼ液の色と同色に染まるもの。一つの染料から一つの色相しか得られない。

多色性染料は媒染《ばいせん》染料とも呼ばれ、繊維に染まりつくには仲介者（媒染剤＝金属塩）を必要とする。そして、その媒染剤の種類によって、一つの染料から複数の色相を得ることができる。

■植物染料で染める

天然の染料を用いる場合、主に右の表のように、草樹の花、実、樹皮、芯、根など、色素を含むさまざまな部分を採集して、それらを十分に乾燥させて用いるのが一般的である。

染色をはじめようとするとき、その乾燥させた染料を、土鍋か金属が溶けださないステンレスなどの容器に入れ、水を加えて三十分から一時間ほど煮て、色素を抽出する。その色素が溶出した液を漉して使う。

単色性染料の場合は、その抽出液のなかで好みの色になるま

植物染料で染める

■多色性染料■

抽出液（染液）のなかで繊維を繰る工程と、媒染液のなかで繰る工程を繰り返して色を出す。

染料：刈安

抽出液のなかでで繰る(1回目)

媒染剤：鉄漿

媒染液のなかで繰る（1回目）

抽出液のなかで繰る

媒染剤：明礬

媒染液のなかで繰る（1回目）

媒染液のなかで繰る（最後）

■単色性染料■

抽出液（染液）のなかで好みの色になるまで繊維を繰る。

染料：支子

抽出液のなかで繰る

約一時間後

で繊維を繰る。布や糸を染めるとき、むらなく染まるように液中で繊維を動かすことを「繰《く》る」という。

多色性染料の場合は、抽出液のなかで繊維を繰る工程と、媒染剤を溶かした液のなかで繰って発色させる工程を繰り返す。はじめに媒染剤のなかで繰る場合もある。

紅花染と藍染は、このような技法とはまったく別の工程で行なわなければならない。

■媒染剤

多色性染料の場合、染料と繊維との仲立ちをする金属塩が必要で、それらを媒染剤と呼び習わしている。古代から使われてきたものは、主にアルミニウム塩、鉄塩を含むものである。

[アルミニウム塩]

木灰…椿、柃《ひさかき》、錦織木《にしごり》などの生木を燃やしてつくった白灰。

明礬《みょうばん》…古代は白礬《はくばん》とも記された。土中に含まれる天然のアルミ分。

[鉄塩]

鉄漿《かね》（お歯黒鉄）…鉄をお粥と米酢あるいは木酢で腐らせたもの。253頁参照。

泥…鉄分を含んだ土で、沖縄の久米島紬、

東京の八丈島の黒八丈（258頁）などに用いられる糸を染める。

【灰と染色】

藁灰…紅花染のとき、紅の色素を抽出するのに用いる。藁《わら》を燃やし、黒灰の状態で軽く水を打って火を止めたもの。この灰を一メートルくらいの高さの樽に半分近く詰め、熱湯を注いで二日ほど放置しておく。そして、灰の成分が十分に溶けだした灰《あ》汁《く》を、樽の下部の栓を抜いて出す。この灰汁をすでに黄色い色素を取りのぞいた紅花にかけると、赤色の色素が得られる。紅花に含まれる黄色い色素は中性の水に溶け、赤はアルカリ性の液で溶解するという理論である。なお、家庭などで灰汁をつくる場合は、容器に灰を入れ、熱湯を注いで放置し、その上澄液を使う。

木灰は完全な白灰にする

藁灰は黒灰の状態で止める

木灰…藍を建てるには、アルカリ性の水が必要となる。楢《なら》、櫟《くぬぎ》など堅木を燃やしてつくった灰で、先の藁灰の灰汁と同じ要領でつくる。

【烏梅】

烏梅《うばい》は紅花染のとき、紅色を美しく発色させるために用いる。紅花染の場合、抽出した液のなかで布や糸を何度も繰り、液が薄くなればまた新しい紅花の液を加える。ある程度の色相が得られると、より澄んだ色合いにするために、クエン酸のなかで繰る。クエン酸は柑橘類の果実に含まれるが、昔から京紅には烏梅を用いている。

京都府と奈良県の間を流れる木津川の上流にある月ヶ瀬村は、昔から梅の名所として知られる。ここで烏梅がつくられる。

熟して枝から落ちた梅の実を集めてまんべんなく煤をまぶし、簀子《すのこ》に並べて濡れむしろを掛け、一晩燻蒸したのち、天日で乾燥させて出来上がりとなる。梅の実が真っ黒になるため、烏（からす）の梅と記される（42頁参照）。

こうした伝統的な烏梅づくりをする人は、月ヶ瀬村では中西喜祥さん（国選定文化財保存技術保持者）一人になってしまった。私の工房には、毎年、中西さんが丹精された烏梅が届く。

＊天然染料を用いた染め方などは、『自然の色を染める』（吉岡幸雄　福田伝十監修　紫紅社刊）に詳しい。

五行思想《ごぎょうしそう》

これは中国における古代の人々の世界観であり、人間が生きていくなかでの、天地に対する畏敬、尊敬がこめられた、自然崇拝から生まれた説である。紀元前六世紀頃の春秋時代から、紀元前三世紀頃の戦国時代にかけて形成された古代思想である。

五行思想とは、木、火、土、金、水を地球上の基本的な構成の五元素とし、人間が自然界で生活をしていくうえで、つねにもっとも大切にしていかなければならないものとする。木は火を生み、火は燃えて土に還る。土のなかにはさまざまな金属が含まれ、そのなかをくぐって水が生まれ、その水が木を育てるという五行循環の思想である。それを基本として、方向、色彩、四季感、あるいは人体の大切な臓器などが、それぞれになぞらえて考えられてきたのである。古代ギリシャの自然哲学では、これが土、水、空気、火の四大元素説となる。

色彩を見れば、木は青であり、火は赤であり、土は黄色であるが、これは色の三原色であり、この三色を適当な割合で組み合わせていけば、どのような色相も表現できる。この三色に加えて必要なのは白と黒である。この時代にこうした色相に対する観念があったことは、とりもなおさず多彩な色をあらわす技術が完成していたことを物語っている。

日本でも、中国の文明の影響が色濃くなってきた五世紀頃からこのような思想が広まり、たとえば聖徳太子が制定した冠位十二階には、位をあらわす色彩などの基本とされている。

■東洋五行配当表

五行	五色	五方	五時	五事	五臓	五常	十干	十二支
木	青	東	春	貌	肝	仁	甲《コウ》《きのえ》乙《オツ》《きのと》	寅《イン》《とら》卯《ボウ》《う》
火	赤	南	夏	視	心	礼	丙《ヘイ》《ひのえ》丁《テイ》《ひのと》	巳《シ》《み》午《ゴ》《うま》
土	黄	中央	土用	思	脾	信	戊《ボ》《つちのえ》己《キ》《つちのと》	辰《シン》《たつ》戌《ジュツ》《いぬ》丑《チュウ》《うし》未《ビ》《ひつじ》
金	白	西	秋	言	肺	義	庚《コウ》《かのえ》辛《シン》《かのと》	申《シン》《さる》酉《ユウ》《とり》
水	黒	北	冬	聴	腎	智	壬《ジン》《みずのえ》癸《キ》《みずのと》	亥《ガイ》《い》子《シ》《ね》

■古代ギリシャ四大元素

土	水	空気	火

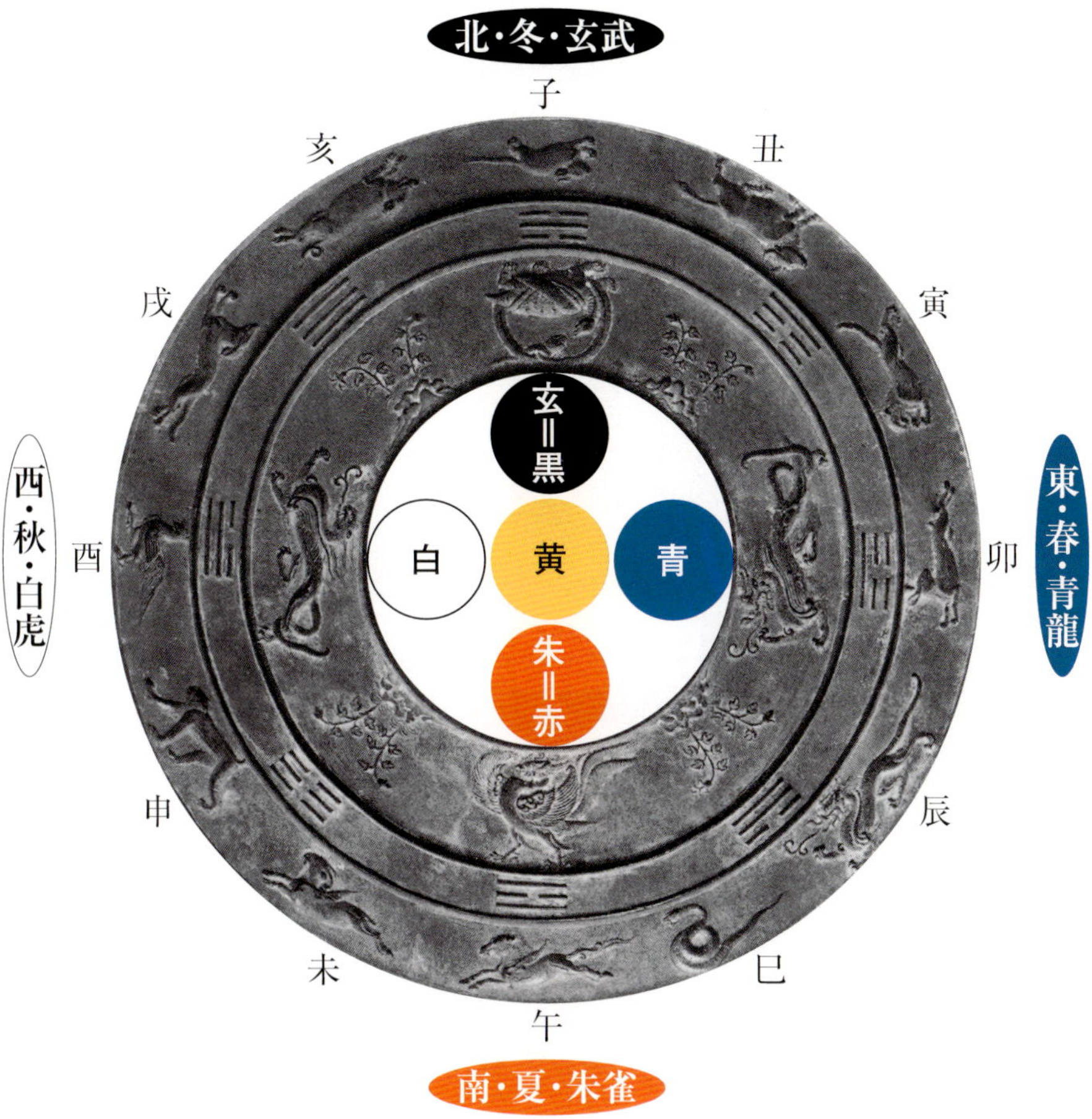

五行は、東西南北、それぞれの方位にもあてられたが、それぞれの地には神獣が棲むとされていた。

東には、青、青陽ともいわれる春に相応する青龍《せいりゅう》、南には火や赤、朱夏ともいわれる夏に相応する朱雀《すざく》、西には、白、素《そ》秋（素は白色の意）ともいわれる秋に相応する白虎《びゃっこ》、北には、黒、玄冬（玄《げん》は黒色の意）ともいわれる冬に相応する玄武《ぶ》（蛇亀）が配されて、四神《しじん》と呼ばれた。これは高松塚古墳の壁画にも見られる。

ちなみに、現代でもなじみの深い十干《じっかん》は、もともと日を数えるときに用いられたというが、これも五行にあてられている。たとえば、甲乙は「木《き》」の、丙丁は「火《ひ》」の性格をもつとされ、わが国では、それぞれ兄《え》（陽）と弟《と》（陰）をつけて、甲《きのえ》・乙《きのと》、丙《ひのえ》・丁《ひのと》というように、訓で呼ばれてそのいわれを教えられる。

この十干と、もともと月を数えるときに用いられていた十二支が組み合わされたのが、十と十二の最小公倍数の六十で一巡し、無限に循環する東アジア独特の紀年法の六十干支、いわゆる干支《えと》と呼ばれるものである。

位と色について

「冠位十二階」は、推古天皇十一年（六〇三）、聖徳太子や蘇我馬子によって制定された、わが国初の冠位である。もとは五行思想（280頁参照）にあり、五行の色の上に紫を置き、六としたもので、中国の隋の制度を参考にしたものという。「徳、仁、礼、信、義、智」という儒教的な六つの徳目（これも五行にあてはめて五常の上に「徳」を付したもの）を、それぞれ大小に分けて十二階とし、冠の色でその位をあらわす。天皇の即位ごとにより細分化されながら、七世紀終わり頃まで行なわれた位階の基準となるもの。冠の色（衣服の色も同じ）は、六つの位階に「紫、青、赤、黄、白、黒」をあて、大小はその濃淡であらわすと伝えられるが、具体的な内容は不明である。

	推古天皇11年（603）十二階	孝徳天皇 大化3年（647）十三階	孝徳天皇 大化5年（649）十九階
親王			
諸王			
諸臣	大徳 小徳 徳 紫	大織 小織 織 深紫	大織 小織 織 深紫
	大仁 小仁 仁 青	大繡 小繡 繡 深紫	大繡 小繡 繡 深紫
	大礼 小礼 礼 赤	大紫 小紫 紫 浅紫	大紫 小紫 紫 浅紫
	大信 小信 信 黄	大錦 小錦 錦 真緋	大花 小花 花 緋
	大義 小義 義 白	大青 小青 青 紺	大山 小山 山 紺
	大智 小智 智 黒	大黒 小黒 黒 緑	大乙 小乙 乙 緑
		建武 黒	立身 黒

推古天皇十一年

十二月の戊辰の朔壬申に、始めて冠位を行ふ。大徳・小徳・大仁・小仁・大礼・小礼・大信・小信・大義・小義・大智・小智、并て十二階。並に当れる色の絁を以て縫へり。頂は撮り総べて嚢の如くにして、縁を着く。唯元日には髻花著す。

大化三年

是歳、七色の一十三階の冠を制る。一に曰はく、織冠。大小二階有り。織を以て為れり。繡を以て冠の縁に裁れたり。服の色は並に深紫を用ゐる。二に曰はく、繡冠。大小二階有り。繡を以て為れり。其の冠の縁・服の色は、並に織冠に同じ。三に曰はく、紫冠。大小二階有り。紫を以て為れり。織を以て冠の縁に裁れたり。服の色は浅紫を用ゐる。四に曰はく、錦冠。大小二階有り。其の大錦冠は、……。

大化五年

二月に、冠十九階を制る。一に曰はく、大織。二に曰はく、小織。三に曰はく、大繡。四に曰はく、小繡。五に曰はく、大紫。六に曰はく、小紫。七に曰はく、大花上。八に曰はく、大花下。九に曰はく、小花上。十に曰はく、小花下。十一に曰はく、大山上。十二に曰はく、大山下。十三に曰はく、小山上。十四に曰はく、小山下。十五に曰はく、大乙上。十六に曰はく、大乙下。十七に曰はく、……。

元正天皇　養老令 養老年間(717～724) 諸臣三十階	文武天皇 大宝元年(701) 諸臣三十階	持統天皇4年 (690) 諸臣四十八階	天武天皇14年 (685) 諸臣四十八階	天智天皇3年 (664) 二十六階
黒紫　四品以上	黒紫　明	朱華　明	朱華　明	
黒紫　一位	黒紫　浄	黒紫　浄	朱華　浄	
赤紫　二位～五位	赤紫	赤紫		
黒紫　一位	黒紫　正	赤紫　正	深紫　正	深紫　織　大織 小織
赤紫　二位	赤紫			
赤紫　三位				深紫　縫　大縫 小縫
深緋　四位	深緋　直	緋　直	浅紫　直	浅紫　紫　大紫 小紫
浅緋　五位	浅緋			
深緑　六位	深緑　勤	深緑　勤	深緑　勤	深緋　錦　大錦 小錦
浅緑　七位	浅緑　務	浅緑　務	浅緑　務	紺　山　大山 小山
深縹　八位	深縹　追	深縹　追	深葡萄　追	緑　乙　大乙 小乙
浅縹　大初位 少初位	浅縹　進	浅縹　進	浅葡萄　進	黒　建武　大建武 小建武

天智天皇三年

三年の春二月の己卯の朔丁亥に、天皇、大皇弟に命して、冠位の階名を増し換ふること、及び氏上・民部・家部等の事を宣ふ。其の冠は二十六階有り。大織・小織・大縫・小縫・大紫・小紫・大錦上・大錦中・大錦下・小錦上・小錦中・小錦下・大山上・大山中・大山下・小山上・小山中・小山下・大乙上・大乙中・大乙下・小乙上・小乙中・小乙下・大建・小建、是を二十六階とす。前の花を改めて……。

天武天皇十四年

十四年の春正月の丁未の朔戊申に、百寮、拝顔庭す。丁卯に、更に爵位の号を改む。仍、階級を増し加ふ。明位二階、浄位四階、階毎に大広有り。并て十二階。以前は諸王より已上の位なり。正位四階、直位四階、勤位四階、務位四階、追位四階、進位四階、階毎に大広有り。并て四十八階。……。

持統天皇四年

庚申に、詔して曰はく、「……量りて冠位授けむ。其の朝服は、浄大壱より已下、広弐より已上には黒紫。浄大参より已下、広肆より已上には赤紫。正の八級には赤紫。直の八級には緋。勤の八級には深緑。務の八級には浅緑。追の八級には深縹。進の八級には浅縹。別に浄広弐より已上には、一畐一部の綾羅等、種種に用ゐることを聴す。……」とのたまふ。

大宝元年

始めて冠を賜ふことを停めて、易ふるに位記を以てす。語は年代暦に在り。また服制は、親王の四品已上、諸王・諸臣の一位の者は、皆、黒紫。諸王の二位以下、諸臣の三位以上の者は、皆、赤紫。直冠の上の四階は深緋、下の四階は浅緋。勤冠四階は深緑。務冠四階は浅緑。追冠四階は深縹。進冠四階は浅縹。皆漆冠・綺帯・白襪……。

養老律令の衣服令

皇太子の礼服　礼服の冠。黄丹の衣。……。親王の礼服　一品の礼服の冠。四品以上は……深き紫の衣。……。諸王の礼服　一位の礼服の冠。五位以上は……深き紫の衣。……。諸臣の礼服　一位の礼服の冠。深き紫の衣。……三位以上は浅き紫の衣。四位は深き緋の衣。五位は浅き緋の衣。……。

『延喜式』

えんぎしき

律令法の施行細目を集成したもので、醍醐天皇（在位八九七～九三〇）の命により、延喜五年（九〇五）から編纂が始められた。延長五年（九二七）撰進、康保四年（九六七）より施行。とくに宮中の儀式や行事、制度などはのちの典拠とされた。

全五十巻のうち、巻十四「縫殿寮」は、当時の衣服裁縫を司る役所に関する記載であり、そのなかの「雑染用度」の項には、三十数種の色名と、それを染め出すための植物染料、その他の材料が列記されている。

［註］頁数は本文の関連箇所を示す

黄櫨　66頁

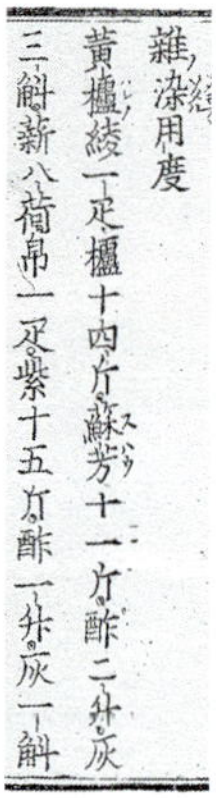
雑染用度
黄櫨綾一疋櫨十四斤蘇芳十一斤酢二升灰
三斛薪八荷帛一疋紫十五斤酢一升灰一斛

黄丹　68頁

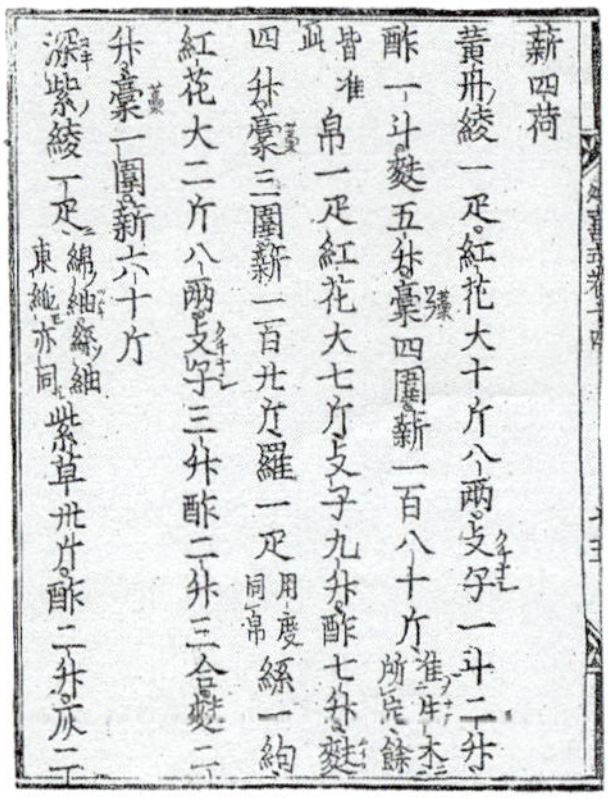
薪四荷
黄丹綾一疋紅花大十斤八両支子一斗二升
酢一斗麩五升藁四圍薪一百八十斤
帛一疋紅花大七斤支子九升酢七升麩
四升藁三圍薪一百廿斤羅一疋同帛用度絲一絇
紅花大二斤八両支子三升酢二升三合麩二
升藁一圍薪六十斤
深紫綾一疋綿紬絲紬東絁亦同紫草卅斤酢二升灰二

深紫　88頁

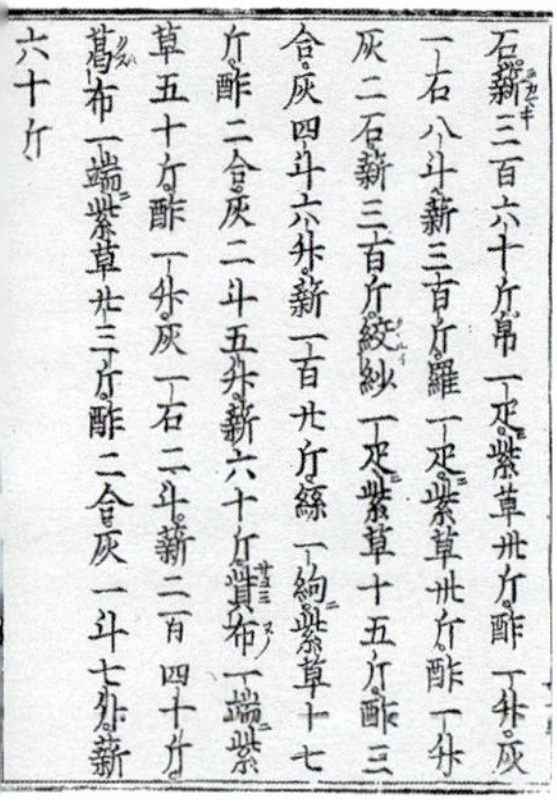
石薪三百六十斤帛一疋紫草卅斤酢一升灰
一石八斗薪三百斤羅一疋紫草卅斤酢一升
灰二石薪三百斤綾紗一疋紫草十五斤酢三
合灰四斗六升薪一百廿斤絲一絇紫草十七
斤酢二合灰二斗五升薪六十斤貲布一端紫
草五十斤酢一升灰一石二斗薪二百四十斤
葛布一端紫草廿三斤酢二合灰一斗七升薪
六十斤

浅紫　98頁

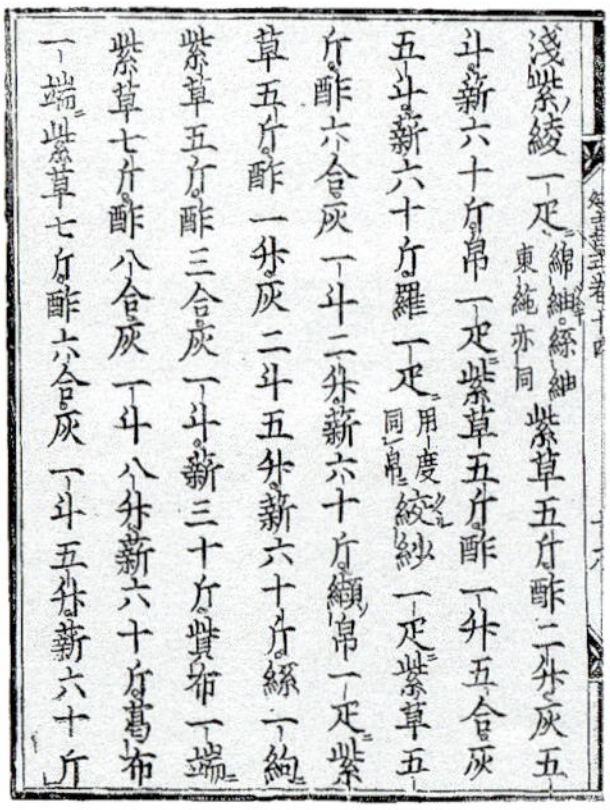
浅紫綾一疋綿紬絲紬東絁亦同紫草五斤酢二升灰五
斗薪六十斤帛一疋紫草五斤酢一升五合灰
五斗薪六十斤羅一疋同帛用度綾紗一疋紫草五
斤酢六合灰一斗二升薪六十斤纈帛一疋紫
草五斤酢一升灰二斗五升薪六十斤絲一絇
紫草五斤酢三合灰一斗薪三十斤貲布一端
紫草七斤酢八合灰一斗八升薪六十斤葛布
一端紫草七斤酢六合灰一斗五升薪六十斤

深滅紫　99頁

浅滅紫　99頁
深緋　33頁

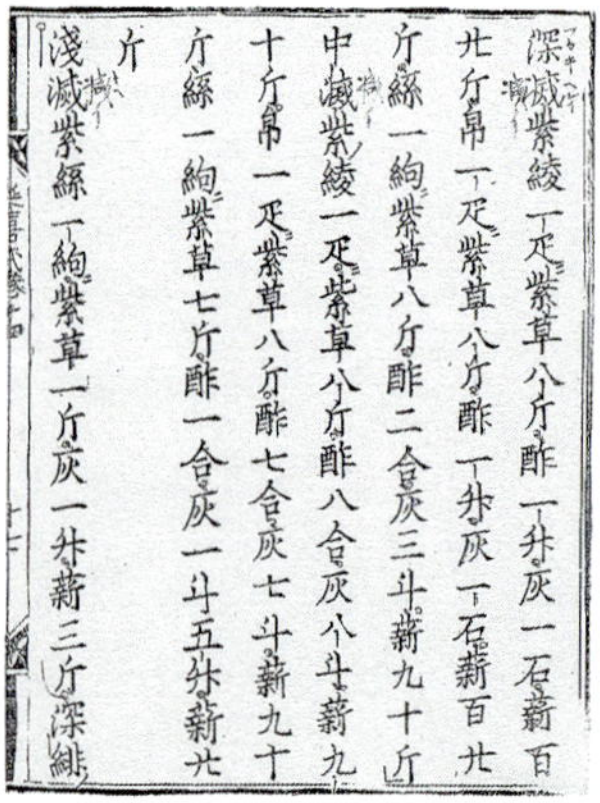
深滅紫綾一疋紫草八斤酢一升灰一石薪百
廿斤帛一疋紫草八斤酢一升灰一石薪百廿
斤絲一絇紫草八斤酢二合灰三斗薪九十斤
中滅紫綾一疋紫草八斤酢八合灰八斗薪九
十斤帛一疋紫草八斤酢七合灰七斗薪九十
斤絲一絇紫草七斤酢一合灰一斗五升薪廿
斤
浅滅紫絲一絇紫草一斤灰一升薪三斤深緋

浅緋　33頁

綾一疋綿紬絲紬東絁亦同茜大四十斤紫草卅斤米五
升灰三石薪八百四十斤帛一疋茜大廿五斤
紫草廿三斤米四升灰二石薪六百斤貲布一
端四丈茜大十六斤紫草十四斤米三升灰一石
五斗薪三百六十斤葛布一端茜大七斤米八
合灰四斗薪九十斤紫草七斤
浅緋綾一疋綿紬東絁貲布亦同茜大卅斤米五升灰二
石薪三百六十斤帛一疋茜大廿五斤米四升

深蘇芳　62頁

中蘇芳　62頁

灰二石薪三百六十斤葛布一端茜大十斤米
一升灰四斗薪九十斤
深蘇芳綾一疋蘇芳大一斤酢八合灰三斗薪
一百廿斤帛一疋蘇芳大十兩酢七合灰二斗
薪六十斤纐帛一疋蘇芳大十兩酢七合灰二
斗薪六十斤絲一絇蘇芳小十三兩酢二合灰
六斗薪廿斤
中蘇芳綾一疋蘇芳大八兩酢六合灰二斗薪

浅蘇芳　62頁

葡萄　106頁

九十斤帛一疋蘇芳大六兩酢三合灰一斗五
升薪四十斤絲一絇蘇芳大二兩酢一合灰五
升薪廿斤
浅蘇芳綾一疋蘇芳小五兩酢一合灰八升薪
六十斤帛一疋蘇芳小三兩酢五勺灰五升薪
四十斤絲一絇蘇芳小一兩酢三勺灰二升薪廿
斤蒲萄綾一疋紫草三斤酢一合灰四升薪四
十斤帛一疋紫草一斤酢一合灰二升薪廿斤

韓紅花　45頁

韓紅花綾一疋紅花大十斤酢一斗麩一斗稾
三圍薪一百八十斤帛一疋紅花大六斤酢六
升麩六升稾二圍薪一百廿斤羅一疋紅花大
七斤酢七升麩五升稾二圍半薪一百五十斤
紗一疋紅花大二斤酢二升麩二升稾太半圍
薪四十斤絲一絇紅花大一斤酢七合麩二升稾
半圍薪卅斤貲布一端紅花大四斤酢一升二
合稾一圍薪六十斤細布一端紅花大五斤酢

退紅　53頁

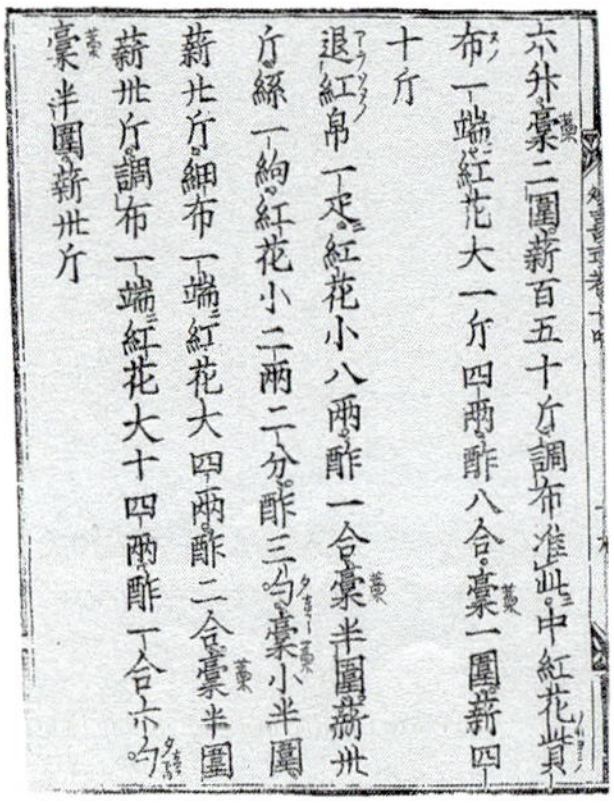

六升藁二圍薪百五十斤調布准此中紅花貲
布一端紅花大一斤四兩酢八合藁一圍薪四
十斤
退紅帛一疋紅花小八兩酢一合藁半圍薪卅
斤絲一絇紅花小二兩二分酢三勺藁小半圍
薪廿斤細布一端紅花大四兩酢二合藁半圍
薪卅斤調布一端紅花大十四兩酢一合六勺
藁半圍薪卅斤

深支子　56頁

浅支子　56頁

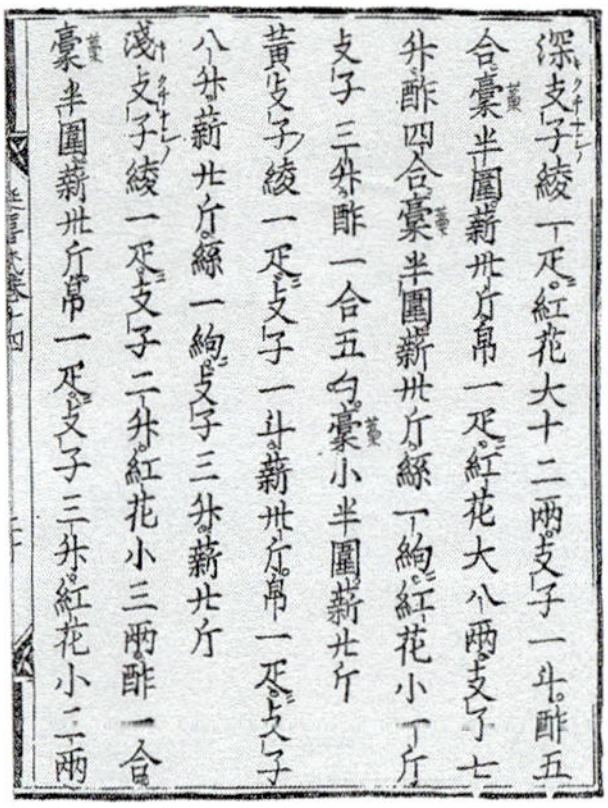

深支子綾一疋紅花大十二兩支子一斗酢五
合藁半圍薪卅斤帛一疋紅花大八兩支子七
升酢四合藁半圍薪卅斤絲一絇紅花小一斤
支子三升酢一合五勺藁小半圍薪廿斤
黄支子綾一疋支子一斗薪卅斤帛一疋支子
八升薪廿斤絲一絇支子三升薪廿斤
浅支子綾一疋支子二升紅花小三兩酢一合
藁半圍薪卅斤帛一疋支子三升紅花小二兩

赤白橡　61頁

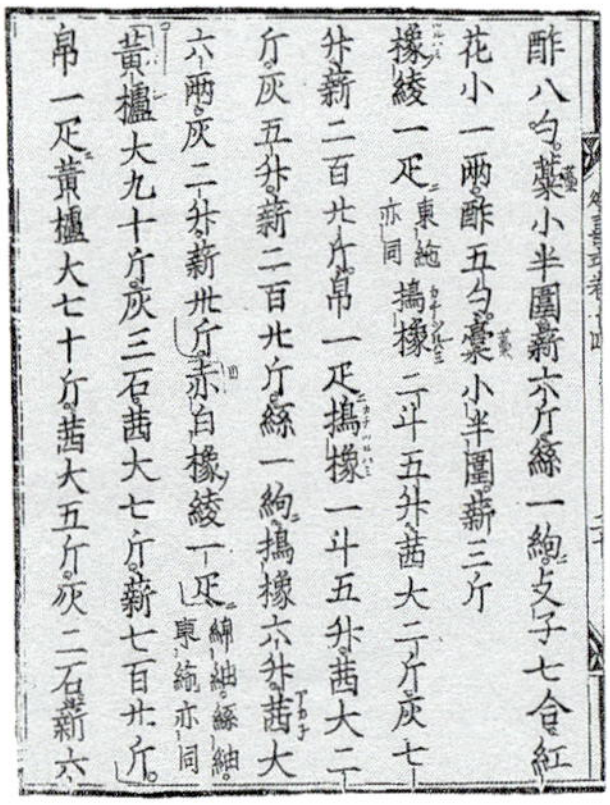

酢八勺藁小半圍薪六斤絲一絇支子七合紅
花小一兩酢五勺藁小半圍薪三斤
橡綾一疋東絁亦同搗橡二斗五升茜大二斤灰七
升薪二百廿斤帛一疋搗橡一斗五升茜大二
斤灰五升薪二百卌斤絲一絇搗橡六升茜大
六兩灰二升薪卅斤赤白橡綾一疋綿紬絲紬東絁亦同
黄櫨大九十斤灰三石茜大七斤薪七百廿斤
帛一疋黄櫨大七十斤茜大五斤灰二石薪六

青白橡　170頁

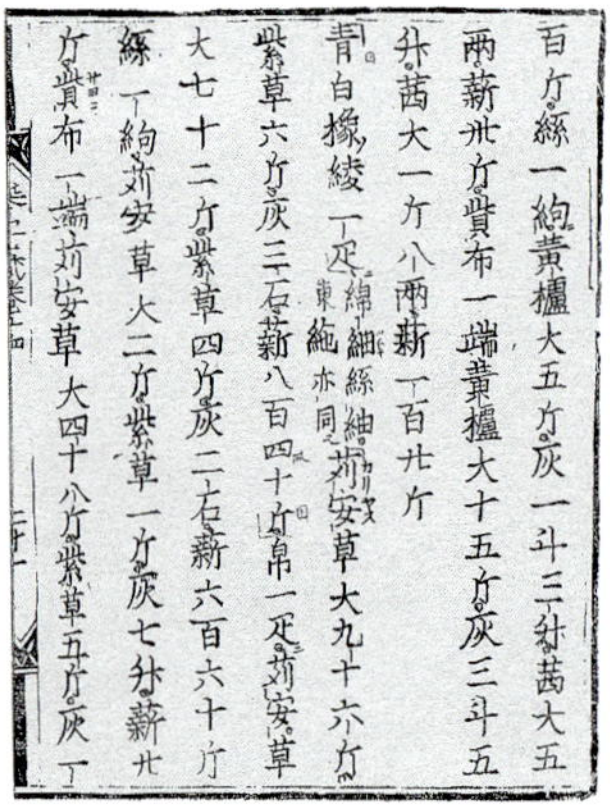

百斤絲一絇黄櫨大五斤灰一斗三升茜大五
兩薪卅斤貲布一端黄櫨大十五斤灰三斗五
升茜大一斤八兩薪一百廿斤
青白橡綾一疋綿紬絲紬東絁亦同苅安草大九十六斤
紫草六斤灰三石薪八百四十斤帛一疋苅安草
大七十二斤紫草四斤灰二石薪六百六十斤
絲一絇苅安草大二斤紫草一斤灰七升薪廿
斤貲布一端苅安草大四十八斤紫草五斤灰一

深緑　162頁

中緑　162頁

浅緑　162頁

青緑　162頁

青浅緑　162頁

深縹　138頁

中縹　138頁

石一斗薪六十斤
深緑綾一疋　綿紬、絲紬、東絁亦同　藍十圍苅安草大三斤灰二斗薪二百四十斤帛一疋　貲布亦同　藍十圍苅安草大二斤灰一斗薪一百廿斤絲一絇藍三圍苅安草大九兩薪六十斤
中緑綾一疋　綿紬、絲紬、東絁亦同　藍六圍黄蘗《キワダ》大二斤薪九十斤帛一疋藍五圍黄蘗大一斤八兩薪卅斤絲一絇藍一圍黄蘗大九兩薪卅斤
浅緑綾一疋藍半圍黄蘗二斤八兩帛一疋藍半圍黄蘗大二斤纈帛一疋藍半圍黄蘗大二斤絲三絇藍小半圍黄蘗大二斤
青緑帛一疋藍四圍黄蘗二斤薪四十斤
青浅緑絲一絇　黄浅緑絲亦同　藍小半圍黄蘗八兩
深縹綾一疋藍十圍薪六十斤帛一疋藍十圍薪一百廿斤絲一絇藍四圍薪四十斤貲布一端乾藍二斗灰一斗薪卅斤
中縹綾一疋藍七圍薪九十斤帛一疋藍五圍薪六十斤絲一絇藍二圍薪卅斤

次縹　138頁

浅縹　138頁

深藍　128頁

中藍　128頁

浅藍　128頁

白藍　128頁

深黄　182頁

浅黄　182頁

次縹帛一疋藍四圍薪六十斤絲一絇藍一圍太半薪廿斤
浅縹綾一疋藍一圍薪卅斤帛一疋藍半圍薪卅斤絲一絇藍大半圍薪廿斤
深藍色絲一絇藍一圍小半黄蘗《キワダ》十四兩薪廿斤
中藍色絲一絇藍一圍黄蘗十四兩薪廿斤
浅藍色綾一疋藍半圍黄蘗八兩帛一疋藍半圍黄蘗八兩絲一絇藍小半圍黄蘗八兩
白藍色絲一絇藍小半圍黄蘗七兩
深黄綾一疋　綿紬、絲紬、東絁亦同　苅安《カリヤス》草大五斤灰一斗五升薪六十斤帛一疋苅安草大三斤灰八升薪卅斤絲一絇苅安草大一斤灰三斗薪廿斤
浅黄綾一疋　綿紬、絲紬、東絁亦同　苅安草大三斤八兩灰一斗二升薪卅斤帛一疋苅安草大二斤絲一絇苅安草大十一兩灰二升薪廿斤

襲の色目　かさねのいろめ

［襲の色目］

平安朝の人々は、俗に十二単《じゅうにひとえ》といわれる女房装束のように、何枚もの衣裳を重ねた。そこに、四季おりおりの自然を映そうとしたのである。

数領着重ねた装束の、襟元や袖口、裾などにあらわれる流れるような色の調和、一領の衣の衽《ふき》にわずかにのぞく表と裏の色の対比、上に薄く透き通るような羅《ら》・紗《しゃ》・絽《ろ》、練っていない生の絹である生絹《すずし》などの薄絹を重ね、光の透過であらわれる微妙な色調……それらを、季節ごとに咲き競う花の彩りや木の葉の色合いなどになぞらえて楽しんだのである。このような配色の妙が、いわゆる襲の色目といわれるもので、装束はいうまでもなく、染め紙を用いる懐紙や料紙、几帳などの調度品にも使われた。

平安時代、もっとも正装とされる女房装束の場合、一番上には唐衣《からぎぬ》と裳《も》をつけ、その下に表着《うわぎ》、打衣《うちぎ》、そして袿《うちき》（五衣《いつつぎぬ》）、いちばん下に裏をつけない単《ひとえ》と袴《はかま》となる。

平常は、宮中でも私邸でも、下には袴に単をつけ、袿を重ねるのが基本となっていて、ややあらたまった場合には、その上に小袿《こうちき》という裄も丈も袿より短い袷仕立ての衣を着用する。ときには、この上に表着や細長《ほそなが》を着る場合もあったようだ。

上から下までの衣裳の色の組み合わせをいうときは、上に着る衣裳を少しずつ小さく仕立てることによって、袖口、襟元、裾や褄《つま》がわずかずつずれて、それぞれの色がゆるやかに重なるようにしたわけである。

女性の唐衣、小袿、男性の袍《ほう》、下襲《したがさね》など袷仕立てのものは、それぞれの表と裏で襲の色目を表現し、それらの下に何枚か重ねる袿などは、袿全体を暈繝《うんげん》のように濃淡としたり、さらに細かく見れば、袿一枚一枚の表裏をそれぞれ異なった色で仕立て、それぞれが襲の色目で表現されるものもあったようである。

＊襲の色目の一覧は292～295頁を参照

裳　も

唐衣（からぎぬ）の下に、表着（うわぎ）の上から腰につけて後ろに長く引く。女房装束の正装を「裳唐衣（もからぎぬ）」というように、女房は身分の高い人、主人の前に出るときは必ず着用した。小袿（こうちき）に裳をつけるなど、唐衣を省くことはあっても裳を省くことはなかった。

小袿　こうちき

袿（うちき）の上に重ねるもので、下の袿より小振りに仕立てられたので、小袿と呼ばれる。裳（も）や唐衣（からぎぬ）をつけるほど正装ではなく、ややあらたまったおりに一番上に着用する。表着と大差ないが、表着はあくまで唐衣の下着であり、小袿は平常着とはいえもっとも上につける衣裳である。

女房の正装

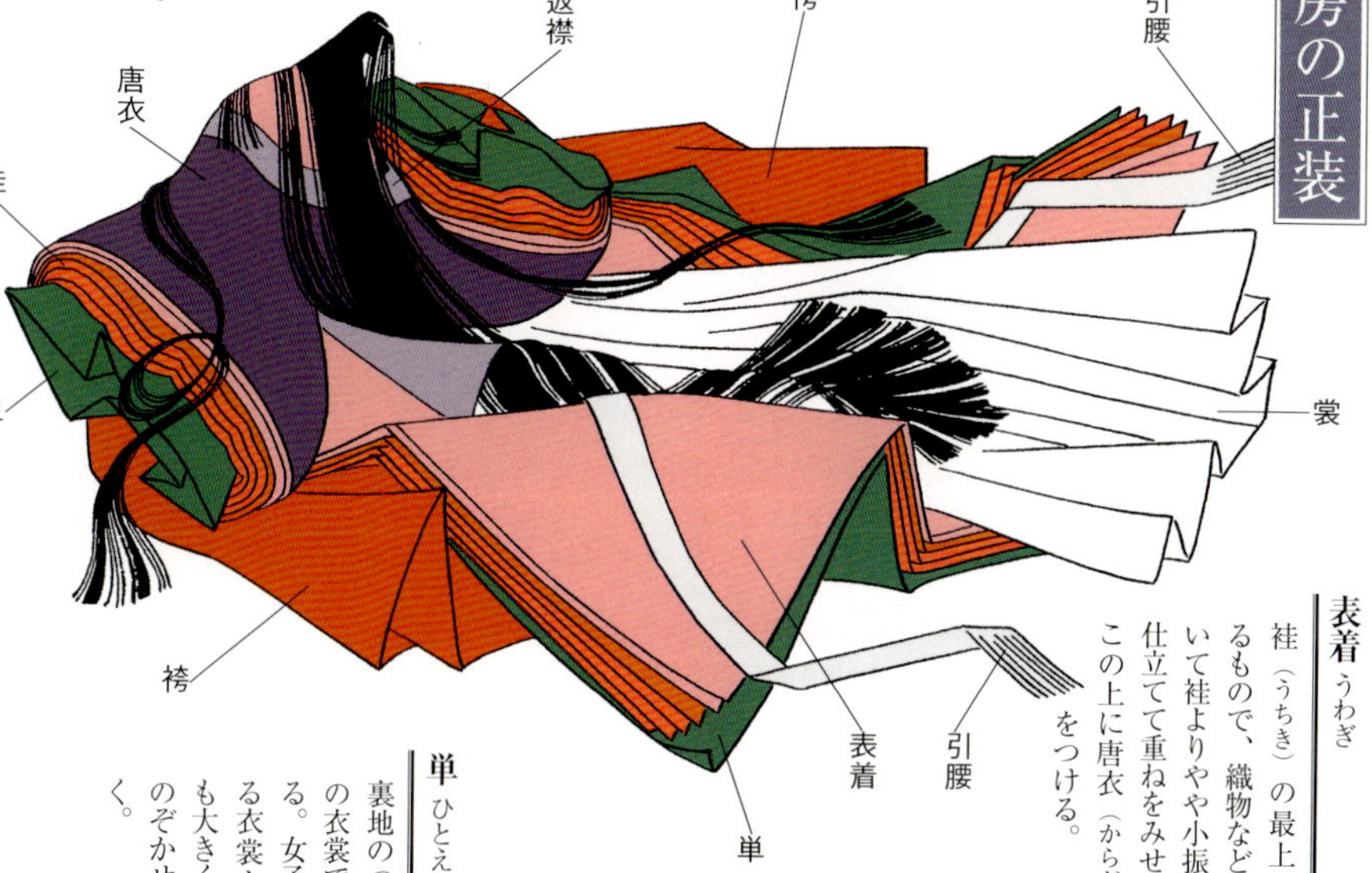

表着 うわぎ

袿（うちき）の最上に着るもので、織物などを用いて袿よりやや小振りに仕立てて重ねをみせる。この上に唐衣（からぎぬ）をつける。

単 ひとえ

裏地のつかない一重仕立ての衣裳で、肌着として用いる。女子の場合、上に重ねる衣裳より裄（ゆき）も丈も大きく仕立てて、袖口にのぞかせ、また袴の上に引く。

唐衣 からぎぬ

正装の女房装束の一番上に着用する、上半身に羽織るくらいの丈の短い上着。

小袿姿

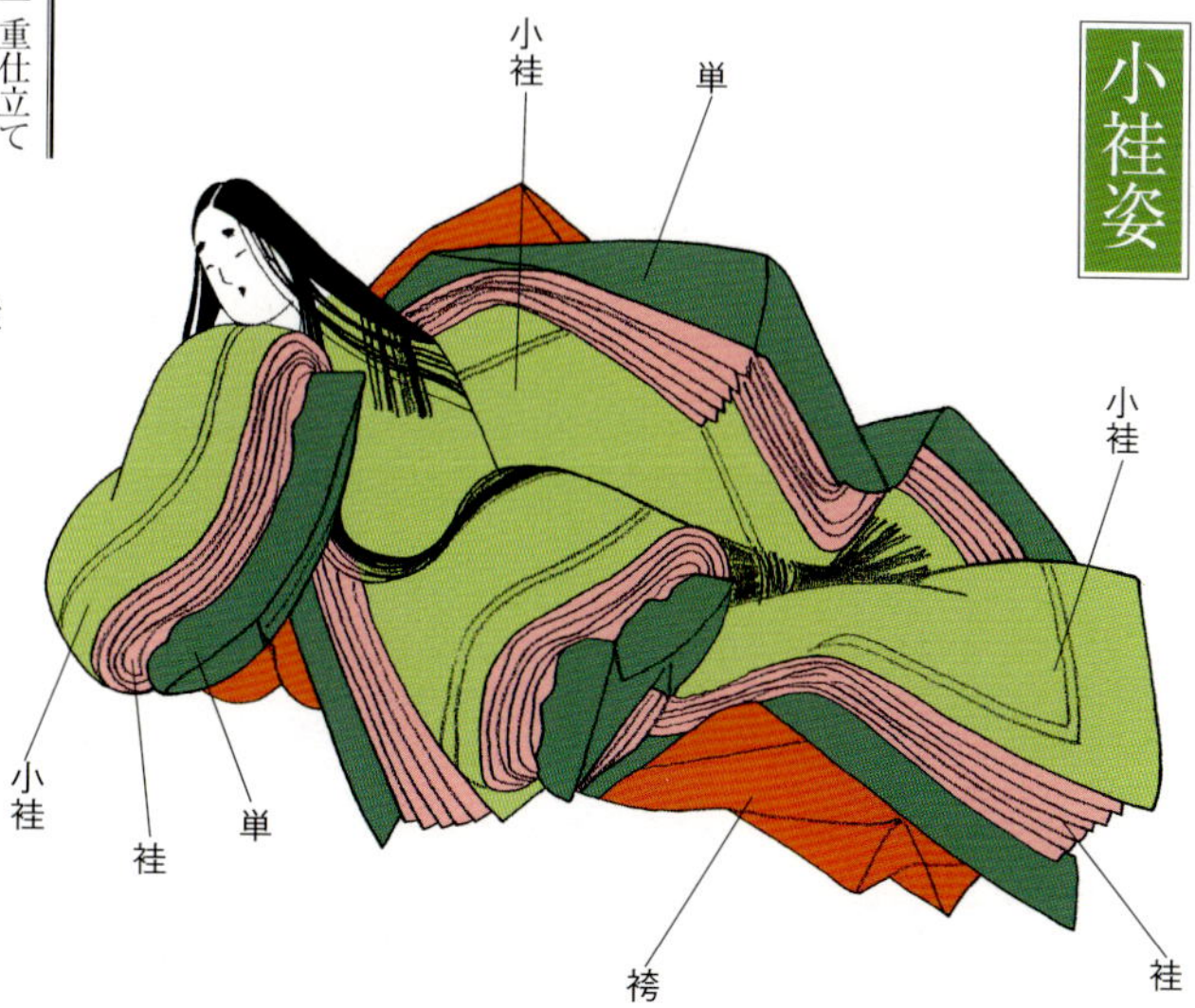

袿 うちき

単（ひとえ）と表着（うわぎ）の間につけた、内衣（うちぎ）の意をもつもので、数枚重ねて襟（えり）や袖口、裾（すそ）の配色の妙を競った。次第に五領重ねるのが定着して五衣（いつつぎぬ）といわれるようになる。袴の上に単をつけ、袿を重ねるのが女子の平常着である。時代が下ると、襟や袖口、裾など見えるところだけを五枚重ねる仕立て方に。

〔襲の色目の構成〕

襲の色目の色調の構成法には、匂《にお》い、薄様《うすよう》、裾濃《すそご》、村濃《むらご》、おめり、などがある。

〈匂い〉は、ほんらい、色が映え、美しく好ましくすぐれていることを意味し、華やかさ、香り、光までを含んで気高いことを表現している。

襲における「匂い」にはふたとおりあり、濃い色と淡い色を対比させる場合と、同色の濃淡で暈繝のようにあらわす場合がある。

〈薄様〉は、匂いに近い言葉で、上から順に薄くしていくことをいう。また、透けるような白を上に重ねて、下の濃い色を淡く見せることにも用いる。これは、薄様のほんらいの意味が、雁皮紙《がんぴし》のように薄く漉《す》いた和紙をいうところにある。あるいは、絽、紗、羅のような薄い織物を薄物と呼ぶせいかとも思われる。

〈裾濃〉は、同系色で襲を構成し、上は薄く、下に近づくほど濃くするもの。甲冑の威《おどし》にも行なわれた。

〈村濃〉は、斑濃、叢濃とも書き、同色にところどころ濃い色や薄い色を混ぜるもの。

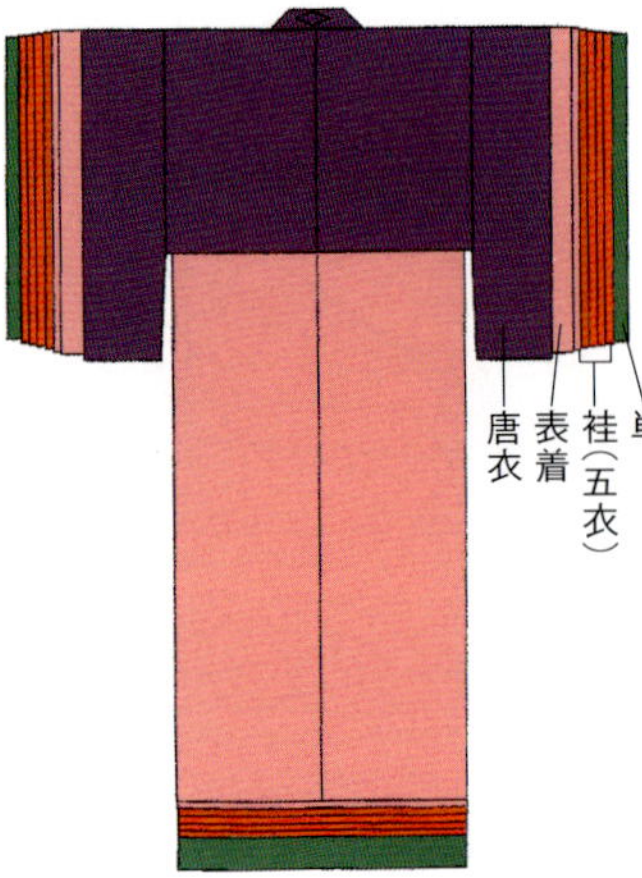

紅梅の匂い

室町時代の終わりに著わされたといわれる『曇華院殿装束抄』の襲の色目に見られる「紅梅の匂い」を表現してみた。単が緑青色、五衣は朱色が三枚に丹色と紅梅色で、表着も紅梅という、赤系の濃淡による「匂い」といわれる構成法である。紫色の唐衣を重ねた。

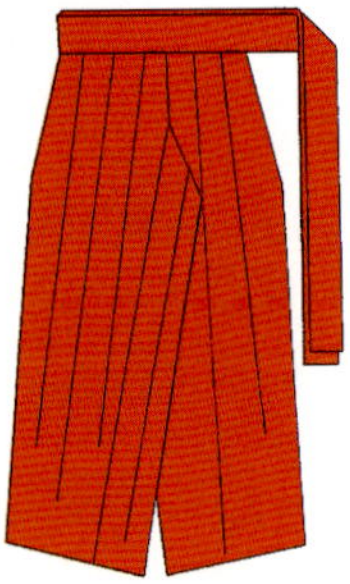

袴 はかま

一番下につける料。紅色が本来とされて紅袴ともいわれるが、若年は濃（こき）色、転宅のときは白、忌み事のおりは萱草（かんぞう）色などを用いることもある。袴の上に単（ひとえ）をつける。

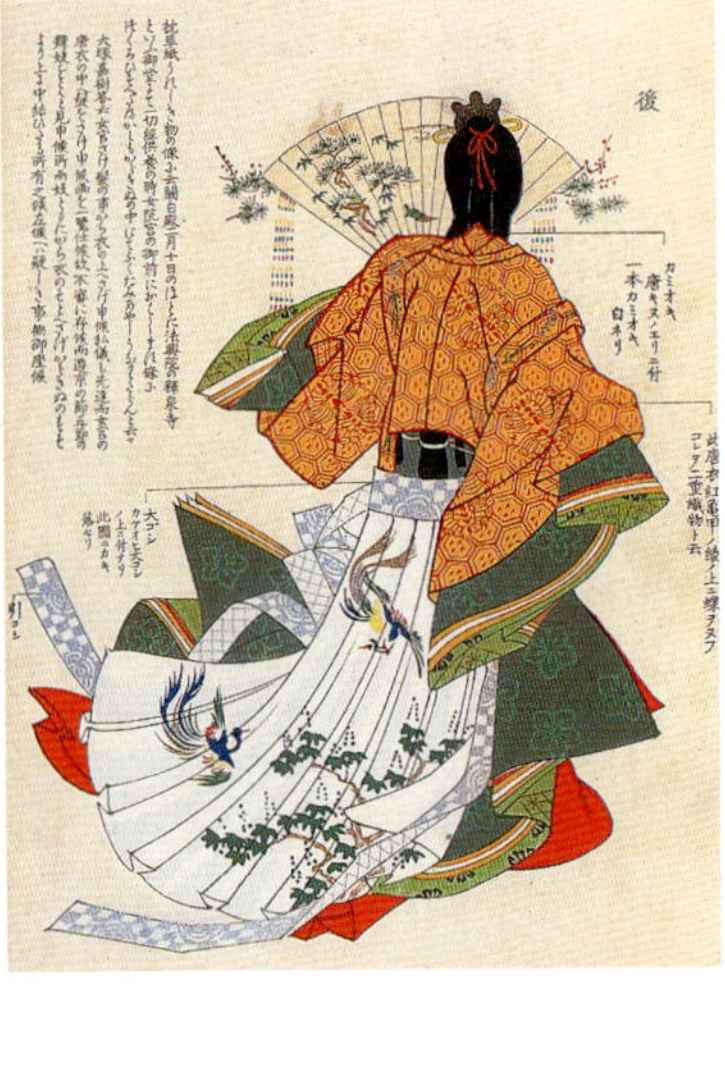

女官装束　唐衣姿図（後姿）
（故実叢書女房装束着用次第）

〈おめり〉は、「於女里」と書き、紕の古称である。衣を袷仕立てにしたときに、袖口や裾の裏地を表に折り返して縁のように見せるもの。

襲の色目には、着用者の性別や年齢などによってもきまりがあるのはもちろんのこと、「桜」「撫子」「桔梗」などという名称からもわかるように、季節によって着用時期が限られていた。参考のため、292～295頁にごく一部を四季別に掲げた。

このような襲の色目は、同じ名称であっても、用いる個人によって微妙に色調が異なるのはいうまでもない。四季二十四節七十二候というように、一年を四、五日の周期にわけ、雪月花の移り変わりに目を凝らす。そこで育まれた一人一人の感性が衣裳や調度に映されているのである。歌を詠み、物語を綴るのと同じような、季を尊ぶ教養が備わっていなければならない。

日常はもとより、宮中で繰り広げられる節会や儀式などの晴れの場、他家に招かれての宴のおりに、王朝人たちは磨き上げた感性を迸《ほとばし》らせながら、華麗な色の競演をしていたのである。

［**襲の色目の時代背景**―和様の文化の芽生え］

京都に都が遷されたのは延暦十三年（七九四）。平安京は唐の都の長安の都市構造を真似て造営されたものであり、先の奈良時代の文化を受け継いで、しばらく都は中国の影響の強い唐様が主体であったが、寛平六年（八九四）、菅原道真の建議によって遣唐使が廃止されてから、新しい日本の姿が芽生え始めた。

やがて、都も百年あまりの歳月を経てようやく落ち着きを見せ始め、天皇と強い外戚関係を結んで政治を掌握していた藤原氏を中心とした貴族たちによって、和様の文化が構築されていったのである。

貴族社会では、天皇はもとより高位に嫁がせるため、娘たちを教養高く育てることに力が注がれた。皇后や中宮をはじめ、彼女たちに仕える多くの女房たちで構成される後宮は、才媛たちの集う女性サロンであり、王朝の文化はまさに女性が担っていたといってもいいだろう。

このような王朝の雅びな文化の基調をなしたのは、日本の自然風土を尊ぶという和の精神であり、より細やかな情感の表現を可能にした「かな文字」の成立で、王朝文化の隆盛をみたといえよう。それまで中国伝来の漢字を用いていた男社会でも、女性のものとされていた「かな」が次第に受け入れられるようになり、漢詩に代わって三十一文字の和歌が盛んに詠まれるようになった。『古今和歌集』が紀貫之らによって編纂され、『土佐日記』『竹取物語』『源氏物語』が著わされ、そして清少納言が『枕草子』をものしたのである。

これらの文学の基本となったのは、三方を山で囲まれた京都の美しい自然景観である。四季それぞれに細やかに移りゆく草木花の彩りを、いかに俊敏にとらえて表現するかということに力が注がれた。

その自然界の色の移ろいは、宮中に暮らす人々の衣裳や調度、手紙や料紙など、身辺のさまざまなものに取り入れられたのである。

柳：表-白（白生絹） 裏-薄青（蓼藍×刈安）

紅梅：表-紅梅（紅花） 裏-蘇芳（蘇芳）

花山吹：表-淡朽葉（刈安） 裏-黄（槐）

桜：表-白（白生絹） 裏-赤花（紅花）

藤：表-薄色（紫根） 裏-萌黄（蓼藍×刈安）

若草：表-淡青（蓼藍×黄蘗）
裏-濃青（蓼藍×刈安）

躑躅：表-蘇芳（蘇芳） 裏-青打（蓼藍×刈安）

菫：表-紫（紫根） 裏-淡紫（紫根）

蟬の羽：表-檜皮色(阿仙)
裏-青(蓼藍×刈安)

卯の花：表-白(白生絹) 裏-青(蓼藍×刈安)

撫子：表-紅梅(紅花) 裏-青(蓼藍×刈安)

杜若：表-紫(紫根) 裏-萌黄(蓼藍×刈安)

牡丹：表-白(白生絹) 裏-紅梅(紅花)

蓬：表-淡萌黄(蓼藍×黄蘗)
裏-濃萌黄(蓼藍×刈安)

楝：表-淡紫(紫根) 裏-青(蓼藍×刈安)

橘：表-濃朽葉(刈安×日本茜) 裏-黄(槐)

秋

黄菊：表-黄（支子） 裏-青（蓼藍×刈安）

萩：表-蘇芳（蘇芳） 裏-青（蓼藍×刈安）

紅葉：表-黄（刈安） 裏-蘇芳（蘇芳）

女郎花：表-経青（蓼藍） 緯黄（槐）
裏-青（蓼藍×刈安）

櫨：表-赤色（日本茜） 裏-黄（刈安）

紫苑：表-淡紫（紫根） 裏-青（蓼藍×刈安）

落栗：表-蘇芳（蘇芳×矢車） 裏-香（丁子）

桔梗：表-二藍（蓼藍×紅花）
裏-濃青（蓼藍×刈安）

冬

雪の下：表-白（白生絹） 裏-紅梅（紅花）

氷：表-白（白生絹） 裏-白（練絹）

四季

今様：表-紅梅（紅花） 裏-濃紅梅（紅花）

松：表-青（蓼藍×刈安） 裏-紫（紫根）

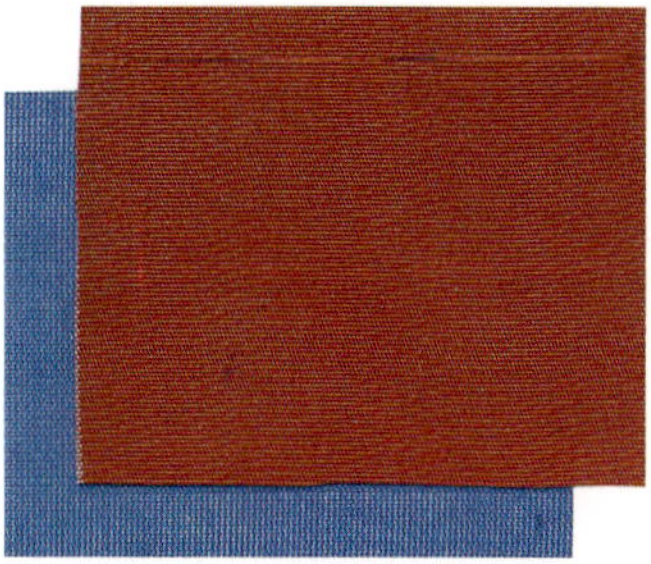

檜皮：表-蘇芳（蘇芳×矢車） 裏-縹（蓼藍）

海松：表-萌黄（蓼藍×黄蘗） 裏-縹（蓼藍）

胡桃：表-香（丁子） 裏-青（蓼藍×刈安）

木賊：表-萌黄（蓼藍×刈安） 裏-白（練絹）

【ま】
ますはないろ　舛花色 ……151
マゼンタ……83
まそほ　真朱……23
まっちゃいろ　抹茶色 ……177
まつのかさね　松の襲……167　295
まつばいろ　松葉色 ……167
マホガニー ……237
マラカイト・グリーン ……177
マリン・ブルー ……151
マルーン ……237
マロン ……237

【み】
みがきいろ　瑩色 ……265
みかんいろ　蜜柑色……83
みずあさぎ　水浅葱 ……140
みずいろ　水色 ……141
ミッドナイト・ブルー ……151
みどりいろ　緑色 ……162
みなとねずみ　湊鼠 ……260
ミモザ ……201
みるいろ　海松色 ……173
みるちゃ　海松茶 ……237
みるのかさね　海松の襲……173　295

【む】
むしあお　虫襖 ……175
むらさきにび　紫鈍……99

【も】
もえぎいろ　萌黄色 ……164
モーブ ……117
もくらんいろ　木蘭色 ……218
モス・グリーン ……177
もみいろ　紅絹色……41
もみじいろ　紅葉色……34
もみじのかさね　紅葉の襲 ……35　294
ももしおちゃ　百塩茶 ……237
ももぞめ　桃染……47

【や】
やなぎいろ　柳色 ……158
やなぎちゃ　柳茶 ……160
やなぎねずみ　柳鼠 ……265
やなぎのかさね　柳の襲……159　292
やまあいずり　山藍摺 ……147
やまばといろ　山鳩色 ……170
やまぶきいろ　山吹色 ……186
やまぶきちゃ　山吹茶 ……231
やまももいろ　楊梅色　山桃色 ……196

【ゆ】
ゆきのしたのかさね　雪の下の襲 ……295
ゆるしいろ　聴色……53

【よ】
ようかんいろ　羊羹色……59
よもぎいろ　蓬色 ……161
よもぎのかさね　蓬の襲……161　293

【ら】
ライラック ……117
らくだいろ　駱駝色 ……235
ラベンダー ……117

【り】
りかんちゃ　璃寛茶 ……226
りきゅういろ　利休色 ……201
りきゅうちゃ　利休茶 ……237
りきゅうねずみ　利休鼠 ……260

【る】
ルビー……83
るりいろ　瑠璃色 ……149

【れ】
レモン・イエロー ……201
れんがいろ　煉瓦色……27

【ろ】
ロイヤル・パープル……92
ろいろ　呂色 ……256
ろういろ　蠟色 ……256
ローズ・ピンク……83
ろくしょういろ　緑青色 ……174
ろこうちゃ　路考茶 ……225

【わ】
ワイン・レッド ……117
わかくさいろ　若草色 ……169
わかくさのかさね　若草の襲……169　292
わかたけいろ　若竹色 ……163
わかないろ　若菜色 ……168
わかなえいろ　若苗色 ……168
わかみどり　若緑 ……177
わすれなぐさいろ　勿忘草色 ……151
わさびいろ　山葵色 ……177

にんじんいろ　人参色……82

【ね】
ネイビー・ブルー……151
ネープルス・イエロー……201
ねずみいろ　鼠色……256

【の】
のぞきいろ　覗き色……141

【は】
はいいろ　灰色……257
バイオレット……116
ばいこうちゃ　梅幸茶……226
はいざくらいろ　灰桜色……82
はぎいろ　萩色……69
はぎのかさね　萩の襲……69　294
はくど　白土……262
はじいろ　波自色　櫨色……195
はじのかさね　櫨の襲……195　294
はしたいろ　半色……98
はしたいろのかさね　半色の襲……98
はだいろ　肌色……82
はっきん　白金……273
はとばねずみ　鳩羽鼠……261
はとばむらさき　鳩羽紫……116
はないろ　花色……145
はなだいろ　縹色　花田色……138
はなやまぶきのかさね　花山吹の襲……186　292
はねず　朱華……54
バフ……237
ばらいろ　薔薇色……82
はりずり　榛摺……208
パロット・グリーン……177
パンジー……116

【ひ】
ピー・グリーン……177
ピーコック・グリーン……177
ピーコック・ブルー……151
ひいろ　火色……82
ひかりべに　艶紅……42
ひそく　秘色……173
ひといろ　人色……83
ひまわりいろ　向日葵色……201
びゃくぐん　白群……148
びゃくろくいろ　白緑色……174
ビリジャン……177
ひわいろ　鶸色……165
ひわだいろ　檜皮色……210
ひわだのかさね　檜皮の襲……295
びわちゃ　枇杷茶……228
ひわもえぎ　鶸萌黄……165
ピンク……83
びんろうじゅぐろ　檳榔樹黒……247

【ふ】
ふかがわねずみ　深川鼠……260
ふかきくちなし　深支子……56
ふかきくれない　深紅……44
ふかきむらさき　黒紫……88
ふかみどり　深緑……177
ふじいろ　藤色……100
ふしぞめ　柴染……209
ふじねずみ　藤鼠……261
ふじのかさね　藤の襲……100　292
ふじばかまいろ　藤袴色……108
ふじばかまのかさね　藤袴の襲……108
ふじむらさき　藤紫……100
ふたあい　二藍……110
ブラウン……237
プラム……117
フレッシュ・ピンク……83

【へ】
ベージュ……237
べに　紅……38
べにうこん　紅鬱金……55
べにかけそらいろ　紅掛空色……151
べにかけはないろ　紅掛花色……117
べにがきいろ　紅柿色……83
べにかばいろ　紅樺色……83
べにけしねずみ　紅消鼠……265
べにしたぐろ　紅下黒……250
べにとび　紅鳶……237
べにひわだ　紅檜皮……237
べにふじ　紅藤……117
べにみどり　紅碧……151
ベビー・ブルー……151
ベビー・ピンク……83
べんがらいろ　弁柄色……24

【ほ】
ぼたんいろ　牡丹色……57
ぼたんのかさね　牡丹の襲……57　293
ホライズン・ブルー……148

【せ】
せいじいろ　青磁色 ……173
せいたい　青黛 ……139
せきちくいろ　石竹色……49
ゼニス・ブルー ……150
セピア ……236
せみのはねいろ　蟬の羽色 ……221
せみのはねのかさね　蟬の羽の襲……221　293
セルリアン・ブルー ……150
せんざいみどり　千歳緑 ……166
せんちゃいろ　煎茶色 ……236

【そ】
ぞうげいろ　象牙色 ……224
そうでんからちゃ　宗伝唐茶 ……236
そがいろ　承和色 ……197
そひ　纁……36
そほ　赭……81
そらいろ　空色 ……148

【た】
ターコイズ・グリーン ……177
ターコイズ・ブルー ……150
たいこう　退紅……53
たいしゃいろ　代赭色……25
だいだいいろ　橙色……55
たちばなのかさね　橘の襲……188　293
たまごいろ　卵色 ……197
たまむしいろ　玉虫色 ……175
だんじゅうろうちゃ　団十郎茶 ……227
たんぽぽいろ　蒲公英色 ……200

【ち】
チェリー・ピンク……81
ちぐさいろ　千草色 ……150
ちとせみどり　千歳緑 ……166
ちょうじいろ　丁子色 ……220
ちょうしゅんいろ　長春色……82
チョコレート ……236

【つ】
つきぞめ　桃染……47
つつじいろ　躑躅色……58
つつじのかさね　躑躅の襲 ……58　292
つやべに　艶紅……42
つゆくさいろ　露草色 ……145
つるばみいろ　橡色 ……246

【て】
ティール・グリーン ……177
ていおうむらさき　帝王紫……92
ティリアン・パープル……92
てついろ　鉄色 ……151
てつこんいろ　鉄紺色 ……142
テラコッタ ……237
てりがきいろ　照柿色……82

【と】
とうおう　藤黄 ……200
とうせいちゃ　当世茶 ……225
ときあさぎ　鴇浅葱……82
ときいろ　朱鷺色　鴇色……58
ときはいろ　鴇羽色……82
ときわいろ　常磐色 ……166
とくさいろ　木賊色 ……161
とくさのかさね　木賊の襲……161　295
とのこいろ　砥粉色 ……217
とのちゃ　礪茶 ……237
トパーズ ……237
とびいろ　鳶色 ……231
どぶねずみ　丼鼠 ……259
とまりこん　留紺 ……151
とめこん　留紺 ……151
とりのこいろ　鳥の子色 ……216
どんぐりいろ　団栗色 ……207

【な】
ナイル・ブルー ……151
なえいろ　苗色 ……169
なかのむらさき　中紫……98
なすこん　茄子紺 ……114
なたねいろ　菜種色 ……201
なでしこいろ　撫子色……48
なでしこのかさね　撫子の襲 ……48　293
なのはないろ　菜の花色 ……196
なまかべいろ　生壁色 ……217
なまりいろ　鉛色 ……265
なんどいろ　納戸色 ……143
なんどねず　納戸鼠 ……265

【に】
にいろ　丹色……82
にがいろ　苦色 ……224
にせむらさき　似紫 ……114
にっけいいろ　肉桂色 ……210
にびいろ　鈍色 ……244
にゅうはくしょく　乳白色 ……265

【こ】
こういろ　香色 ……220
こうじいろ　柑子色 ……188
こうばいいろ　紅梅色……64
こうばいのかさね　紅梅の襲 ……65　292
こうろぜん　黄櫨染……66
コーヒー ……236
こおりいろ　氷色 ……264
こおりのかさね　氷の襲……264　295
こがねいろ　黄金色 ……198
こがらしちゃ　木枯茶 ……236
こがれこう　焦香 ……236
こきあけ　深緋……33
こきはなだ　深縹 ……138
こきむらさき　深紫……88
こけいろ　苔色 ……172
こげちゃ　焦茶 ……229
ココア ……236
ごすいろ　呉須色 ……150
コスモス ……116
こだいむらさき　古代紫……94
こはくいろ　琥珀色 ……233
コバルト・ブルー ……150
こびちゃ　媚茶 ……229
こぶちゃ　昆布茶 ……229
ごふん　胡粉 ……262
こむぎいろ　小麦色 ……236
コルク ……236
こん　紺 ……136
こんじょういろ　紺青色 ……115
こんてつ　紺鉄 ……142
こんねず　紺鼠 ……143

【さ】
サーモン・ピンク……81
さくらいろ　桜色……50
さくらのかさね　桜の襲 ……51　292
さくらねずみ　桜鼠……52
ざくろいろ　安石榴色 ……189
サックス・ブルー ……150
さびあさぎ　錆浅葱 ……222
さびいろ　錆色 ……222
さびぎきょう　錆桔梗 ……222
さびしゅ　錆朱 ……222
さびせいじ　錆青磁 ……222
さびなんど　錆納戸 ……222
さんごいろ　珊瑚色……26

【し】
シアン・ブルー ……150
シェル・ピンク……81
しおう　雌黄 ……199
しおんいろ　紫苑色 ……107
しおんのかさね　紫苑の襲……107　294
しかんちゃ　芝翫茶 ……227
シグナル・レッド……81
しこんいろ　紫紺色 ……116
ししいろ　宍色……81
しそくいろ　脂燭色 ……115
しののめいろ　東雲色……37
しばぞめ　柴染 ……209
しゃくどういろ　赤銅色……25
しゃれがき　洒落柿……81
しゅいろ　朱色……20
しゅふつ　朱紱……36
しょうじょうひ　猩々緋……78
しょうぶいろ　菖蒲色 ……104
しらちゃ　白茶 ……216
シルバー・グレー ……265
しろごろし　白殺し ……141
しろつるばみ　白橡 ……246
しろねずみ　白鼠 ……265
じんこういろ　沈香色 ……236
しんこまいろ　新駒色 ……261
じんざもみ　甚三紅……81
しんしゃ　辰砂……23
しんしゅ　真朱……23
しんじゅいろ　真珠色 ……265
しんばしいろ　新橋色 ……150

【す】
すおうこう　蘇芳香……81
すおういろ　蘇芳色……62
スカーレット……81
スカイ・ブルー ……150
すぎいろ　杉色 ……232
すすたけいろ　煤竹色 ……234
すすたけちゃ　煤竹茶 ……234
すずめいろ　雀色　雀頭色 ……234
すずめちゃ　雀茶 ……234
ストロベリー・レッド……80
すねずみ　素鼠 ……256
スノー・ホワイト ……265
すみ　墨 ……254
すみいろ　涅色 ……258
すみれいろ　菫色 ……105
すみれのかさね　菫の襲……105　292

おうちのかさね　楝の襲 ……293
おうだん　黄丹 ……68
おうどいろ　黄土色 ……199
おうに　黄丹 ……68
オーカー ……200
オーキッド ……116
オールド・ローズ ……80
おちぐりいろ　落栗色 ……214
おちぐりのかさね　落栗の襲 ……214　294
おみなえしいろ　女郎花色 ……192
おみなえしのかさね　女郎花の襲 ……193　294
おめしちゃ　御召茶 ……235
オリーブ ……176
オリーブ・グリーン ……176
オリーブ・ドラブ ……176

【か】
カーキ ……200
ガーネット ……80
かいねり　掻練 ……41
かいむらさき　貝紫 ……92
かきいろ　柿色 ……68
かきしぶいろ　柿渋色 ……212
かきつばたいろ　杜若色 ……102
かきつばたのかさね　杜若の襲 ……103　293
かちいろ　褐色 ……142
かちがえし　褐返し ……150
かちんいろ　褐色 ……142
かっしょく　褐色 ……230
カナリア ……200
かばいろ　蒲色　樺色 ……27
かばちゃ　樺茶 ……207
かめのぞき　甕覗 ……141
からくれない　韓紅　唐紅 ……45
からしいろ　芥子色 ……198
からちゃ　唐茶 ……206
かりやすいろ　刈安色 ……182
かりろく　訶梨勒 ……232
かれちゃ　枯茶 ……228
かわらけいろ　土器色 ……228
かわらけちゃ　土器茶 ……228
かんぞういろ　萱草色 ……194
かんぞうのかさね　萱草の襲 ……194
かんとういろ　款冬色 ……200

【き】
きぎくのかさね　黄菊の襲 ……197　294
ききょういろ　桔梗色 ……109
ききょうのかさね　桔梗の襲 ……109　294
きくじん　麴塵 ……170
きくちなしいろ　黄支子色 ……187
きくちば　黄朽葉 ……191
きくちばのかさね　黄朽葉の襲 ……191
きつねいろ　狐色 ……235
きつるばみ　黄橡 ……191
きなりいろ　生成色 ……223
きぬねずみ　絹鼠 ……259
きはだいろ　黄蘗色 ……184
キャメル ……235
きゃらいろ　伽羅色 ……235
キャラメル ……235
きょうむらさき　京紫 ……94
きら　雲母 ……264
きんいろ　金色 ……270
ぎんいろ　銀色 ……274
ぎんかいしょく　銀灰色 ……259
ぎんしゅ　銀朱 ……21
きんちゃ　金茶 ……231
ぎんねず　銀鼠 ……259

【く】
くさいろ　草色 ……176
くさやなぎ　草柳 ……226
くさやなぎちゃ　草柳茶 ……160
くちなしいろ　支子色　梔子色 ……56
くちばいろ　朽葉色 ……190
クリーム ……200
くりいろ　栗色 ……214
くりいろ　皂色 ……258
くりうめいろ　栗梅色 ……236
くりかわいろ　栗皮色 ……215
くるみいろ　胡桃色 ……211
くるみのかさね　胡桃の襲 ……295
グレー ……265
くれない　紅 ……38
くれないのかさね　紅の襲 ……39
くろがきいろ　黒柿色 ……81
くろつるばみ　黒橡 ……246
クロム・イエロー ……200
クロム・グリーン ……176
くわぞめ　桑染 ……215
ぐんじょういろ　群青色 ……148

【け】
けしずみいろ　消炭色 ……265
けしむらさき　滅紫 ……99
けんぽうぐろ　憲法黒 ……248

■索引［色名　襲の色目］

【あ】
あい　藍……128
あいしたぐろ　藍下黒……251
あいてつ　藍鉄……142
あいねず　藍鼠……143
アイボリー……265
あいみるちゃ　藍海松茶……235
あおかち　青褐……142
あおくちば　青朽葉……172
あおぐろ　青黒……142
あおしろつるばみ　青白橡……170
あおずり　青摺……147
あおたけいろ　青竹色……163
あおねず　青鼠……143
あおに　青丹……176
あおにび　青鈍……144
あおみどり　青緑……162
あおやぎちゃ　青柳茶……160
あかくちば　赤朽葉……60
あかくちばのかさね　赤朽葉の襲……60
あかこういろ　赤香色……56
あかしろつるばみ　赤白橡……61
あかに　赤丹……80
あかねいろ　茜色……28
あくいろ　灰汁色……265
あけ　緋……28
あけぼのいろ　曙色……37
あさぎいろ　浅葱色……140
あさきくちなし　浅支子……56
あさはなだ　浅縹……138
あさむらさき　浅紫……98
あさみどり　浅緑……176
あずきいろ　小豆色……59
あせんちゃ　阿仙茶……209
アップル・グリーン……176
あぶらいろ　油色……200
アプリコット……80
あまいろ　亜麻色……223
あめいろ　飴色……235
アメジスト……116
あやめいろ　菖蒲色……104
あらいがき　洗柿……80
あらいしゅ　洗朱……23
あらぞめ　粗染……53
あんこうしょく　暗紅色……80
あんずいろ　杏色……80
アンバー……235

【い】
イエロー・オーカー……200
いちいいろ　一位色……222
いちごいろ　苺色……80
いっこんぞめ　一斤染……53
いまよういろ　今様色……46
いまようのかさね　今様の襲……295
いわいちゃ　岩井茶……235
インディゴ……150

【う】
ウイスタリア……116
うぐいすいろ　鶯色……164
うぐいすちゃ　鶯茶……235
うこんいろ　鬱金色……185
うすいろ　薄色……98
うすがきいろ　薄柿色……80
うすくもねずみ　薄雲鼠……259
うすこういろ　薄香色……235
うすずみいろ　薄墨色……265
うつぶしいろ　空五倍子色……252
うのはないろ　卯の花色……263
うのはなのかさね　卯の花の襲……263　293
うめぞめ　梅染……249
うめねず　梅鼠……265
うめのかさね　梅の襲……65
うらやなぎ　裏柳……160
うらはいろ　裏葉色……160
うらはやなぎ　裏葉柳……160
ウルトラマリン……120
うるみしゅ　潤朱……80

【え】
えどちゃ　江戸茶……225
えどむらさき　江戸紫……96
エバー・グリーン……177
えびいろ　葡萄色……106
えびちゃ　葡萄茶……233
えびねず　葡萄鼠……265
えびのかさね　葡萄の襲……106
エメラルド・グリーン……176
えんじいろ　臙脂色……70
えんしゅうちゃ　遠州茶……235
えんたんいろ　鉛丹色……80
えんぱく　鉛白……262

【お】
おいたけいろ　老竹色……176
おうちいろ　楝色……105

伊勢物語［新潮日本古典集成］ 渡辺実校注 新潮社 一九七六年

色々な色 近江源太郎監修 光琳社出版 一九九六年

色の彩時記 目で遊ぶ日本の色 朝日新聞社編 朝日新聞社 一九八三年

色の手帖 小学館辞典編集部編 小学館 一九八六年

色の歴史手帖―日本の伝統色十二ヵ月― 吉岡幸雄著 ＰＨＰ研究所 一九九五年

陰陽五行［淡交ムック］ 木場明志監修 淡交社 一九九七年

江戸学事典 弘文堂 一九八四年

加賀染 太郎田屋與右衛門 高桒砂夜子著 加賀染振興協会 一九九一年

かちん染の研究 山本和人著『姫路美術工芸館紀要』1 姫路市書写の里・美術工芸館 二〇〇〇年

近世風俗史（守貞謾稿）三［岩波文庫］ 喜多川守貞著 宇佐見英機校訂 岩波書店 一九九九年

源氏物語 一〜八［新潮日本古典集成］ 石田穣二・清水好子校注 新潮社 一九七六〜八五年

源氏物語図典 秋山虔・小町谷照彦編 小学館 一九九七年

源氏物語の色［別冊太陽 日本のこころ60］ 平凡社 一九八七年

原色 万葉植物図鑑 小村昭雲著 桜楓社 一九六八年

交替式［新訂増補 国史大系26］ 吉川弘文館 一九六五年

古今和歌集［新潮日本古典集成］ 奥村恆哉校注 新潮社 一九七八年

事典 色彩自由自在 末永蒼生著 晶文社 一九九四年

字統 白川静著 平凡社 一九八四年

続日本紀 一［新日本古典文学大系］ 青木和夫・稲岡耕二・笹山晴生・白藤礼幸校注 岩波書店 一九八九年

染織と生活№10 染織と生活社 一九七五年

染料植物譜 後藤捷一・山川隆平編 はくおう社 一九三七年

茶の文化史［岩波文庫］ 村井康彦著 岩波書店 一九七九年

ＤＩＣカラーガイド 日本の伝統色 ＧＥ企画センター編 大日本インキ化学工業株式会社

天工開物［東洋文庫］ 宋応星撰 藪内清訳注 平凡社 一九六九年

日本逸史［新訂増補 国史大系8］ 吉川弘文館 一九六五年

日本色彩文化史 前田千寸著 岩波書店 一九六〇年

日本色名大鑑 上村六郎・山崎勝弘著 甲文社 一九五〇年

日本書紀 一〜五［岩波文庫］ 坂本太郎・家永三郎・井上光貞・大野晋校注 岩波書店 一九九四〜九五年

日本大百科全書 全二十五巻 小学館 一九八九年

日本の色―植物染料のはなし 吉岡常雄著 紫紅社 一九八三年

日本の傳統色彩 長崎盛輝著 京都書院 一九八八年

日本の伝統色 日本色彩研究所編 読売新聞社 一九八七年

日本文学色彩用語集成 上代一、上代二、中古、中世 伊原昭著 笠間書院 一九八〇・八六・七七・七五年

人気作家に学ぶ日本画の技法 画材と技法 林功・箱崎睦昌監修 同朋舎出版 一九九七年

panoramic mag. *is* 増刊号色 ポーラ文化研究所 一九八二年

平安の美裳 かさねの色目 長崎盛輝著 京都書院 一九八八年

枕草子 上下［新潮日本古典集成］ 萩谷朴校注 新潮社 一九七七年

万葉集 一〜四［日本古典文学大系］ 岩波書店 一九五七〜六二年

明治百年 日本伝統色 日本流行色協会 一九六七年

有職故実図典―服装と故実― 鈴木敬三著 吉川弘文館 一九九五年

律令［日本思想大系3］ 井上光貞・関晃・土田直鎮・青木和夫校注 岩波書店 一九七六年

和紙［別冊太陽 日本のこころ40］ 平凡社 一九八二年

【著者紹介】

昭和二十一年四月二日、吉岡常雄（昭和六十三年歿）、倭子（平成十年歿）の長男として、京都市伏見区に生まれる。生家は江戸時代から続く染屋で、父常雄はのちに大阪芸術大学教授として教壇に立つとともに、世界の染色研究に没頭。とくに貝紫の研究は他の追随を許さないものであった。伯父に日本画壇の重鎮、吉岡堅二がいる。

生家の「染司よしおか」五代目継承を嫌い、ジャーナリストを志望し、昭和四十二年、早稲田大学第一文学部文芸学科に入学。しかし、卒業後、父や伯父らの傍らにいて見てきた日本の美術工芸への興味、さらには京都の重層な伝統への関心は断ち切りがたく、昭和四十八年、自らが代表となり、美術工芸図書出版「紫紅社」を設立。社名に日本古来の代表色といえる紫と紅を配したことは、氏の活動の源泉をあらわしていることはいうまでもない。

紫紅社で、豪華本『琳派』（全五巻）、『根来』『正倉院裂と飛鳥天平の染織』『狂言の装束』『日本の髪型』など七十冊（平成十二年四月現在）におよぶ出版活動を行ない、さらに『日本の意匠』（全十六巻、京都書院刊）、『日本の染織』（全二十巻、京都書院刊）の編集長として、伝統美の集大成を編む。また、電通や朝日新聞社の委嘱を受け、コマーシャル制作や編集制作、美術展覧会の催事企画なども行なう。そのまま、出版、広告、催事の世界でその才を生かすと思われたが、生家に戻ることを決心、昭和六十三年、「染司よしおか」五代目当主を嗣ぎ、染師福田伝士と二人三脚で植物染による日本の伝統色の再現に取り組む。

平成三年に奈良薬師寺三蔵院にかかげる幡五旒を多色夾纈によって制作し、きもの文化賞を受賞（財団法人民族衣裳文化普及協会）。同四年、薬師寺「玄奘三蔵会大祭」での伎楽装束四十五領を制作。同五年、奈良東大寺の伎楽装束四十領を制作。天平の時代の色彩をすべて植物染料によって再現して話題となる。

執筆活動も急火の勢いで、『色の歴史手帖』（PHP研究所）をはじめとして、『京都の意匠』Ⅰ・Ⅱ（建築資料研究所）、『染と織の歴史手帖』（PHP研究所）、『京都町家　色と光と風のデザイン』（講談社）など力作が続いている。最近作はエッセイスト青木玉氏との対談『きもの暮らし』（PHP研究所）。また、『AERA』誌上の「現代の肖像」に採り上げられたのも記憶に新しい。

（本書企画編集　槇野修記）

日本の色辞典

二〇〇〇年六月二〇日　第一刷発行
二〇〇一年十二月十五日　第三刷発行

定価＝二、八〇〇円（税別）

著　者　吉岡幸雄
企画・編集　槇野　修
染　色　染司よしおか　福田伝士
印　刷　ニューカラー写真印刷株式会社
製　本　新日本製本株式会社
発行所　紫紅社
〒六〇五-〇〇八九
京都市東山区古門前通大和大路東入ル元町三六七
電　話　〇七五-五四一-〇二〇六
FAX　〇七五-五四一-〇二〇九
http://www.artbooks-shikosha.com/
E-mailshikosha@artbooks-shikosha.com

ISBN4-87940-549-3

■紫紅社の本■

自然の色を染める 家庭でできる植物染

■監修　吉岡幸雄　福田伝十
■染色　染司よしおか
定価＝七、二八二円（税別）

春は蓬、夏は涼やかな藍、実りの秋は刈安や茜、安石榴の実、凍てつく冬には鮮やかな紅の花。季節を運ぶ植物を使って、四季折々の日本の伝統色を染め出す。

A４判定型（２９７×２１０ミリ）総カラー：２０８頁　工程写真１２００点

日本伝統絞りの技

■著者　榊原あさ子
定価＝七、五〇〇円（税別）

縫い方やくくり方が初心者にも手にとるようにわかる、絞り染めの決定版。有松・鳴海絞りの伝統的技法約五十種を紹介する。

A４判定型（２９７×２１０ミリ）総カラー：１９６頁　工程写真７４０点

日本の文様図典

定価＝六、六〇二円（税別）

文様を見る、文様を知る、便利な文様絵引き事典。日本の文様六百二十図を収録し、その由来も解説する。

B５判定型（２５７×１８２ミリ）総２７６頁　カラー：１２頁

日本の色 植物染料のはなし

■著者　吉岡常雄
定価＝三、五〇〇円（税別）

自然界に宿る色彩を日本人はどのように用い、表現してきたか。正倉院裂や桃山期の小袖など、美しい染織品をたどりながら日本の色を語る。伝統色に染め上げた実物標本裂三十二色を貼付。

A５判定型（２１０×１４８ミリ）総カラー：１２８頁（函入）

いにしえの雅びな世界 王朝のあそび

■執筆　白畑よし　清水好子
切畑健　灰野昭郎　畑正高
定価＝六、六〇二円（税別）

桜狩り、薫物合せに雛遊び、かるた。王朝人の華麗なる遊びの数々を絵画資料や工芸品で再現する。

A４判変型（２９７×２２０ミリ）総２０４頁　カラー：１６０頁

紫紅社
京都市東山区古門前通大和大路東入ル元町３６７　電話０７５－５４１－０２０６　FAX０７５－５４１－０２０９
http://www.artbooks-shikosha.com/　E-mail:shikosha@artbooks-shikosha.com　〒６０５－００８９